普通高等教育"十三五"应用型人才培养规划教材——土建类

建筑施工技术

主 编 郭凤双 施 凯

西南交通大学出版社
·成 都·

图书在版编目（CIP）数据

建筑施工技术 / 郭凤双, 施凯主编. —成都：西南交通大学出版社，2019.3（2021.7 重印）

普通高等教育"十三五"应用型人才培养规划教材. 土建类

ISBN 978-7-5643-6712-1

Ⅰ. ①建… Ⅱ. ①郭… ②施… Ⅲ. ①建筑施工 – 技术 – 高等学校 – 教材 Ⅳ. ①TU74

中国版本图书馆 CIP 数据核字（2019）第 053566 号

普通高等教育"十三五"应用型人才培养规划教材——土建类

建筑施工技术

主　编／郭凤双　施　凯	责任编辑／杨　勇
	助理编辑／王同晓
	封面设计／原谋书装

西南交通大学出版社出版发行

（四川省成都市金牛区二环路北一段 111 号西南交通大学创新大厦 21 楼　610031）

发行部电话：028-87600564　　　028-87600533

网址：http://www.xnjdcbs.com

印刷：四川森林印务有限责任公司

成品尺寸　185 mm×260 mm

印张　15　　字数　374 千

版次　2019 年 3 月第 1 版　　印次　2021 年 7 月第 2 次

书号　ISBN 978-7-5643-6712-1

定价　39.50 元

课件咨询电话：028-87600533

图书如有印装质量问题　本社负责退换

版权所有　盗版必究　举报电话：028-87600562

前　言

本书按照高等教育土建类专业的教学要求，以国家现行建设工程标准、规范和规程为依据，以建造师、施工员等职业岗位能力的培养为重点，以专业知识、职业技能、自主学习能力及综合素质培养为课程目标，结合资格证书相关考核要求，确定相关内容。

建筑施工技术是一门实践性很强的专业课程，因此，本书始终坚持以"素质为主、能力为本、需要为准"的原则进行编写。

本书对房屋建筑工程施工工序、工艺、质量标准等做了详细的阐述，内容全面，文字规范、简练，图文并茂，注重实用性及实践性；适当考虑到不同地区的施工特点和要求，力求反应国内外建筑施工技术的先进经验和技术成果。

全书共分 8 个项目，包括土方工程、地基与基础工程、砌筑工程、混凝土结构工程、预应力混凝土工程、结构安装工程、防水工程、建筑装饰装修工程等内容。

本书具有较强的针对性、实用性和通用性，可作为高等职业教育工程造价、建筑工程管理、建筑工程技术、建筑经济、建筑安装等专业的教学用书，也可供建设单位经济管理工作者、建筑安装施工企业工程造价管理人员学习参考。编者特向读者提供建议学时，见下表。

建议学时

项　目	知识点	学时
土方工程	土方工程概述、土方工程量计算	4
	土方边坡、降低地下水位的方法	4
地基与基础工程	地基加固方法	2
	桩基础工程	4
砌筑工程	脚手架工程	2
	砖砌体施工	2
	砌块砌体施工	2
混凝土结构工程	模板工程施工	4
	钢筋工程施工	4
	混凝土工程施工	6

续表

项 目	知识点	学时
预应力混凝土工程施工	先张法施工	4
	后张法施工	2
	预应力混凝土	2
结构安装工程	起重机械的使用	2
	单层工业厂房结构安装	2
防水工程	卷材防水工程	2
	刚性防水工程	2
建筑装饰装修工程	抹灰工程	2
	饰面工程	2
	涂饰工程	2

本书由四川航天职业技术学院郭凤双、施凯担任主编，郭凤双组织修订。西南科技大学吴九江、东华理工大学张京伍、河南城建学院申通、西南交通大学希望学院荆婵担任副主编。宜宾职业技术学院马相、泸州职业技术学院田小娟、中国第五冶金建设公司职工大学(中国五冶高级技工学校)钟虎明、四川航天职业技术学院郑敏参与了本书的修订工作。本书由四川航天职业技术学院李建群、中国科学院水利部成都山地灾害与环境研究所赵波审核。

本书是编者在多年一线工作和实践的基础上，多次修改、补充编写而成，可以作为建筑工程技术、工程造价、工程监理、建筑工程管理等专业的教学用书，也可以作为土建类其他层次职业教育相关专业的培训教材和土建工程技术人员的参考用书。

本书引用了大量的专业文献及规范、资料，未在书中一一注明出处，特向资料作者表示感谢。由于编者水平有限，书中难免存在不足之处，敬请读者向编者提出宝贵意见并批评指正。

编　者

2021 年 7 月

目 录

项目1 土方工程 ·· 1
    1.1 土方工程概述 ·· 1
    1.2 计算方格土方工程量 ·· 5
    1.3 土方边坡与土壁支护 ·· 6
    1.4 人工降低地下水位 ·· 16
    1.5 土方工程机械化施工 ·· 23
    1.6 土方填筑与压实 ·· 27
    思考题 ·· 32

项目2 地基桩基础工程 ··· 33
    2.1 地基加固处理的方法 ·· 33
    2.2 钢筋混凝土基础施工 ·· 37
    2.3 桩基础概述 ·· 38
    思考题 ·· 63

项目3 砌筑工程施工 ·· 64
    3.1 脚手架工程搭设 ·· 64
    3.2 垂直运输设施 ·· 72
    3.3 砌筑材料 ·· 78
    3.4 砖砌体施工 ·· 81
    3.5 砌块砌体施工 ·· 88
    3.6 冬雨季施工 ·· 91
    思考题 ·· 93

项目4 混凝土结构工程 ··· 94
    4.1 模板工程施工 ·· 94
    4.2 钢筋工程施工 ·· 112
    4.3 混凝土工程 ·· 127
    思考题 ·· 145

项目5 预应力混凝土工程施工 ·· 146
    5.1 预应力混凝土及其分类 ·· 146

5.2　先张法施工 ··· 147
　　5.3　后张法施工 ··· 155
　　思考题 ·· 169

项目6　结构安装工程 ·· 170
　　6.1　单层工业厂房结构安装 ··· 170
　　6.2　多层装配式框架结构安装 ··· 187
　　思考题 ·· 193

项目7　防水工程 ·· 194
　　7.1　概　述 ·· 194
　　7.2　卷材防水工程 ·· 196
　　7.3　刚性防水工程 ·· 209
　　思考题 ·· 214

项目8　建筑装饰装修工程 ·· 215
　　8.1　抹灰工程 ··· 215
　　8.2　饰面板（砖）工程 ·· 225
　　思考题 ·· 231

参考文献 ·· 232

引用规范名录 ·· 233

项目 1　土方工程

【学习目标】

1. 了解土方工程的施工特点，土的分类与工程性质；熟悉土方工程的分类及特征以及土的工程性质对土方施工的影响；掌握土方工程量的计算方法。

2. 了解土方边坡和土壁支护的基本形式以及排水与降水的基本类型；熟悉土方边坡的确定方法及影响因素，能够对造成边坡塌方和产生流砂的原因进行分析，并采取有效的防治措施；重点掌握土壁支护的构造要求和施工方法，轻型井点降水的设计与施工方法。

3. 熟悉土方施工机械的性能、适用范围、作业方法，能够根据工程情况初步选择施工机械；掌握土方填土土料的选用要求、填土与压实方法及质量检查方法。

【工程导入】

2021年6月10日，由中建四局承建的全国房建最深基坑——恒大中心项目基坑8道内支撑施工全面完成。这座42.35 m超深基坑项目继地连墙节点，桩基础节点两大节点后，将完成基坑支护及土石方工程。届时将标志着中国民用建筑最深基坑的诞生。为恒大深圳湾超级总部基地进入主体工程建设奠定了坚实基础。

1.1　土方工程概述

1.1.1　土方工程施工特点

土方工程是一切建筑物施工的先行，也是建筑工程施工中的重要环节之一。包括场地平整、基坑和基槽的开挖、地下建筑物的开挖、回填工程等，也包括施工排水、降水、土壁支撑等辅助施工过程，土方工程施工的特点如下。

1. 工程量大，劳动强度高

大型工业企业的场地平整、房屋及设备基础、厂区道路及管线的土方工程量往往可以达几十万至数百万立方米以上，施工面积达数平方千米。大型基坑的开挖，有的甚至达20多米。且工期长、任务重、劳动强度高。因此在施工时，为了减轻繁重的体力劳动，提高生产效率，加快施工进度，降低工程成本，尽可能地采用机械化施工。合理地选择土方机械，组织机械化施工，对于缩短工期，降低工程成本具有很重要的意义。

2. 施工条件复杂

土方工程多为露天作业，土、石又是天然物质，种类繁多，施工受到地区、气候、水文地质和工程地质等条件的影响，在地面建筑物稠密的城市中进行土方工程施工，还会受到施工环境的影响。因此，在施工前应做好调查研究，并根据本地区的工程及水文地质情况以及气候、环境等特点，制定合理的施工方案组织施工。

3. 受场地影响大

任何建筑物基础都有一定的埋置深度，基坑（槽）的开挖、土方的留置和存放都会受到施工场地的影响，特别是城市的施工，场地狭窄，往往由于施工方案不妥，导致周围建筑物与道路等出现安全问题。因此施工前必须充分熟悉场地情况，了解周围建筑结构形式和地质技术资料，科学规划，制定切实可行的施工方案以确保周围建筑物和场地道路安全。

1.1.2 土的分类与鉴别方法

土的分类法很多，在土方工程施工中，常根据土体开挖的难易程度将土划分为松软土、普通土、坚土、砂砾坚土、软石、次坚石、坚石、特坚石八类。前四类属于一般土，后四类属于岩石，土的分类和鉴别方法见表1.1。

表1.1　土的工程分类与现场鉴别方法

土的分类	土的级别	土的名称	开挖方法及工具
一类土 （松软土）	Ⅰ	砂；粉土；冲积砂土层；疏松的种植土；淤泥（泥炭）	用锹、锄头挖掘，少许用脚蹬
二类土 （普通土）	Ⅱ	粉质黏土；潮湿的黄土；夹有碎石、卵石的砂；种植土、填土	用锹、锄头挖掘，少许用镐翻松
三类土 （坚土）	Ⅲ	软及中等密实黏土；重粉质黏土；干黄土及含碎石、卵石的黄土；粉质黏土；压实的填土	主要用镐，少许用锹、锄头挖掘，部分用撬棍
四类土 （砂砾坚土）	Ⅳ	坚硬密实的黏土或黄土；含碎石、卵石的中等密实的黏土或黄土；粗卵石；天然级配砂石；软泥炭岩	先用镐、撬棍，然后用锹挖掘，部分用锲子及大锤
五类土 （软石）	Ⅴ～Ⅵ	硬质黏土；中等密实的页岩、泥灰岩；白垩土；胶结不紧的砾岩；软的石灰岩及贝壳石灰岩	用镐或撬棍、大锤挖掘，部分使用爆破方法
六类土 （次坚石）	Ⅶ～Ⅸ	泥灰岩；砂岩；砾岩；坚实的页岩、泥炭岩、密实的石灰岩；风化花岗岩、片麻岩及正长岩	用爆破方法开挖，部分用镐

续表

土的分类	土的级别	土的名称	开挖方法及工具
七类土（坚石）	X～XIII	大理岩；辉绿岩；玢岩；粗、中粒花岗岩；坚实的白云岩、砂岩、砾岩、片麻岩、石灰岩；微风化的安山岩、玄武岩	用爆破方法开挖
八类土（特坚石）	XIV～XVI	安山岩；玄武岩；花岗片麻岩；坚实的细粒花岗岩、闪长岩、石英岩、辉长岩、辉绿岩、玢	用爆破方法开挖

1.1.3 土的工程性质

土的工程性质对土方工程施工有着直接影响，也是进行土方工程施工方案确定所必需的基本资料。土的常见工程性质有：土的密度、土的含水量、土的渗透性、土的可松性等。

1. 土的密度

土的密度中与土方工程施工有关的是土的天然密度 ρ 和土的干密度 ρ_d，表示土体的密实程度。

1）土的天然密度

土的天然密度指土在天然状态下单位体积的质量，它与土的密实程度和含水量有关。在选择运土汽车时，往往要将载重量折算成体积，此时必须用到天然密度。土的天然密度公式如式（1-1）所示：

$$\rho = m/V \tag{1-1}$$

式中 ρ——土的天然密度，kg/m^3；
m——土的总质量，kg；
V——土的体积，m^3。

土的天然密度随着土颗粒的组成孔隙的多少和含水量的变化而变化，一般黏土的天然密度为 1 600～2 200 kg/m^3，密度越大，土体越硬，挖掘越困难。

2）土的干密度

土的干密度指单位体积土中固体颗粒的质量，即土体孔隙内无水时的单位土重。计算公式如式（1-2）所示：

$$\rho_d = \frac{m_s}{V} \tag{1-2}$$

式中 ρ_d——土的干密度，kg/m^3；
m_s——土的固体颗粒质量，kg；
V——土的总体积，m^3。

干密度在一定程度上反映了土颗粒排列的紧密程度，土的干密度越大，表示土体越密实。在填土压实时，土经过碾压，质量不变，体积变小，干密度增加。通过测定土的干密度，从而判断土是否达到要求的密实度，可用来作为填土压实质量的控制指标。

2. 土的含水量

土的含水量 ω 是土中所含的水与土的固体颗粒的质量比，见公式（1-3）。

$$\omega = \frac{m_1 - m_2}{m_2} \times 100\% \tag{1-3}$$

式中　m_1——含水状态时土的质量，kg；

m_2——土经温度 105 ℃ 烘干的质量，kg。

含水量表示土体的干湿程度。含水量在 5%以下为干土；5%～30%为潮湿土；大于 30%为湿土。土的含水量随外界雨雪、地下水的影响而变化。当土的含水量超过 25%，采用机械施工就很困难。一般土含水量超过 20%时就会使运土汽车打滑或陷入泥坑。回填土夯实时若含水量过大则会产生橡皮土现象，无法夯实。土的含水量对土方边坡稳定性也有直接影响。

3. 土的渗透性

土的渗透性是指土透过水的性能。土的渗透性用渗透系数 K 表示。渗透系数表示单位时间内水穿透土层的量，以 m/d 表示。土体空隙中的自由水在重力作用下会发生流动，当基坑开挖至地下水位以下，地下水的平衡被破坏后，地下水会不断流入基坑。地下水在土中渗流时受到土颗粒的阻力，其大小与土的渗透性及地下水渗流路程长短有关。土的渗透系数见表 1.2。

表 1.2　土的渗透系数参考表

土的种类	K/（m/d）	土的种类	K/（m/d）
亚黏土、黏土	<0.1	含黏土的中砂及纯细砂	20～25
亚黏土	0.1～0.5	含黏土的细砂及纯中砂	35～50
含亚黏土的粉砂	0.5～1.0	纯粗砂	50～75
纯粉砂	1.5～5.0	粗砂夹砾石	50～100
含黏土的细砂	10～15	砾石	100～200

4. 土的可松性

自然状态下的土，经开挖后，其体积因松散而增加，以后虽经回填压实，但仍不能恢复成原来的体积，土的这种性质称为土的可松性。

土的可松性程度用可松性系数表示，见公式（1-4）。

$$\left. \begin{array}{l} K_s = \dfrac{V_2}{V_1} \\ K'_s = \dfrac{V_3}{V_1} \end{array} \right\} \tag{1-4}$$

式中：K_s——最初可松性系数；

K'_s——最终可松性系数；

V_1——土在自然状态下的体积，m³；

V_2——土经开挖后松散状态下的体积，m^3；

V_3——土经回填压实后压实状态下的体积，m^3。

土的最初可松性系数及最终可松性系数见表1.3。土的可松性对土方的平衡调配、基坑开挖时留弃土量及运输工具数量的计算均有直接影响。

表1.3 土的可松性系数

土的类别	K_s	K_s'
一类土	1.08～1.17	1.01～1.03
二类土	1.14～1.24	1.02～1.05
三类土	1.24～1.30	1.04～1.07
四类土	1.26～1.45	1.06～1.20
五类土	1.30～1.50	1.10～1.30
六类土	1.45～1.50	1.28～1.30

1.2 计算方格土方工程量

按方格网底面积图形和表1.4所列公式，计算每个方格内的挖方和填方量。此表公式是按照各计算图形底面积乘以平均高度而得出的，即平均高度法。

表1.4 常用方格网点计算公式

项 目	图 式	计算公式
一点填方或挖方（三角形）		$V = \dfrac{1}{2}bc\dfrac{\sum h}{3} = \dfrac{bch_3}{6}$ 当 $b = c = a$ 时，$V = \dfrac{a^2 h_3}{6}$
两点填方或挖方（梯形）		$V_+ = \dfrac{b+c}{2}a\dfrac{\sum h}{4} = \dfrac{a}{8}(b+c)(h_1+h_3)$ $V_- = \dfrac{d+e}{2}a\dfrac{\sum h}{4} = \dfrac{a}{8}(d+e)(h_2+h_4)$

续表

项目	图式	计算公式
三点填方或挖方（五角形）		$V = \left(a^2 - \dfrac{bc}{2}\right)\dfrac{\sum h}{5}$ $= \left(a^2 - \dfrac{bc}{2}\right)\dfrac{h_1 + h_2 + h_4}{5}$
四点填方或挖方（正方形）		$V = \dfrac{a^2}{4}\sum h = \dfrac{a^2}{4}(h_1 + h_2 + h_3 + h_4)$

注：① a——方格网的边长，m；b、c——零点到一角的边长，m；h_1，h_2，h_3，h_4——方格网四角点的施工高度，m；用绝对值代入；$\sum h$——填方或挖方施工高度的综合（m），用绝对值代入；V——挖方或填方体积，m^3。

② 本表公式是按各计算图形底面积乘以平均施工高度而得出的。

1.3 土方边坡与土壁支护

土方工程施工过程中，一旦土体在外力作用下失去平衡，就会出现土壁坍塌，即塌方事故，不仅妨碍土方工程施工，造成人员伤亡事故，还会危及附近建筑物、道路及地下管线的安全，后果严重。

造成土壁塌方的原因有如下情况：

（1）边坡过陡。这使得土体本身稳定性不够，尤其是土质差、开挖深度大的坑槽中，常发生塌方。

（2）雨水、地下水渗入基坑。这使得土体重力增大及抗剪能力降低，是造成塌方的主要原因。

（3）坑槽边缘附近大量堆土或者停放机具、材料或者由于动荷载的作用，使得土体产生的剪应力超过土体的抗剪强度。

为了防止土壁坍塌，保持土体稳定，保证施工安全，在土方工程施工中，对挖方或填方的边缘，均做成一定坡度的边坡。由于条件限制不能放坡或为了减少土方工程量而不放坡时，可设置土壁支护结构，以确保施工安全。

1.3.1 土方边坡

土方边坡坡度用挖方深度（或填方高度）H 与其边坡底宽 B 之比来表示。边坡可以做成直线形边坡、阶梯形边坡及折线形边坡（见图 1-1）。

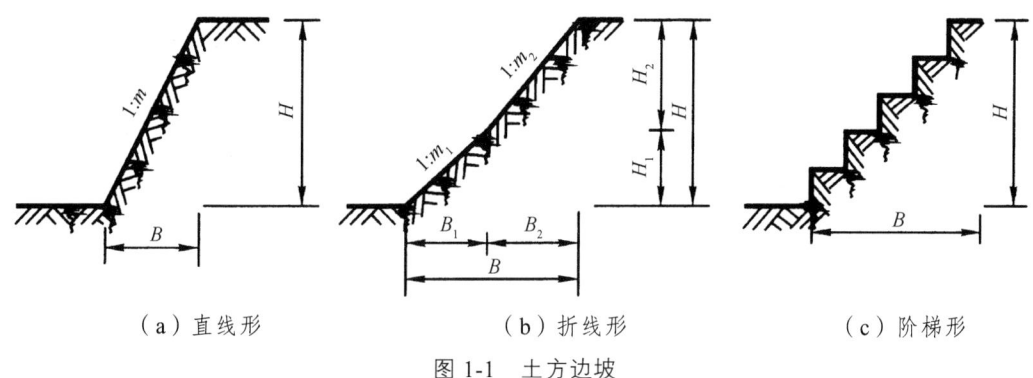

（a）直线形　　　　　　（b）折线形　　　　　　（c）阶梯形

图 1-1　土方边坡

土方边坡坡度 = $1/m = H/B$，m 称为坡度系数，$m = B/H$。

土方边坡的稳定，主要是由于土体内土颗粒间的摩阻力和内聚力，从而使土体具有一定的抗剪强度。土体抗剪强度的大小与土质有关。黏性土土颗粒之间除具有摩阻力外还具有内聚力（黏结力），土体失稳而发生滑动时，滑动的土体将沿着滑动面整个滑动；砂性土土颗粒之间无内聚力，主要靠摩阻力保持平衡。所以黏性土的边坡可陡些，砂性土的边坡则应平缓些。

土方边坡大小除土质外，还与挖方深度（填方高度）有关，此外亦受外界因素的影响。由于外界的原因使土体内抗剪强度降低或剪应力增加达到一定程度时，土方边坡也会失去稳定而造成塌方。如雨水、施工用水使土的含水量增加，从而使土体自重增加，抗剪强度降低；有地下水时，地下水在水中渗流产生一定的动水压力导致剪应力增加；边坡上部荷载增加（如大量堆土或停放机具）使剪应力增加等，都直接影响土体的稳定性，从而影响土方边坡的取值。

确定土方边坡的大小时应考虑土质、挖方深度（填方高度）、边坡留置时间、排水情况、边坡上部荷载情况及土方施工方法等因素。

（1）当土质均匀且地下水位低于基坑（槽）或管沟底面标高，其挖土深度不超过表 1.5 规定时，挖方边坡可做直壁而不加支撑的直壁。

表 1.5　直壁不加支撑挖方深度

土的类别	挖方深度/m
密实、中密的砂土和碎石类土（充填物为砂土）	1.00
硬塑、可塑的黏质粉土及粉质黏土	1.25
硬塑、可塑的黏土和碎石类土（充填物为黏性土）	1.50
坚硬的黏土	2.00

（2）当地质条件好、土质均匀且地下水位低于基坑（槽）或管沟底面标高，挖方深度在 5 m 以内时，不加支撑的边坡最陡坡度应符合表 1.6 的规定。

表 1.6　深度在 5 m 内的基坑（槽）、管沟边坡的最陡坡度

土的类别	边坡坡度（1:m）		
	坡顶无荷载	坡顶有静载	坡顶有动载
中密的砂土	1:1.00	1:1.25	1:1.50
中密的碎石土（充填物为砂土）	1:0.75	1:1.00	1:1.25
硬塑的粉土	1:0.67	1:0.75	1:1.00
中密的碎石类土（充填物为黏性土）	1:0.50	1:0.67	1:0.75
硬塑的粉质黏土、黏土	1:0.33	1:0.50	1:0.67
老黄土	1:0.10	1:0.25	1:0.33
软土（经井点降水后）	1:1.00		

（3）对永久性挖方边坡应按设计要求放坡。使用时间较长的临时性挖方边坡坡度，在山坡整体稳定情况下，如地质条件良好，土质较均匀，其边坡应符合表 1.7 的规定。

表 1.7　使用时间较长的临时性挖方边坡坡度

土的类别		边坡坡度
砂土（不包括细砂、粉砂）		1:1.25~1:1.50
一般黏性土	硬	1:0.75~1:1.10
	硬、塑	1:1.00~1:1.15
碎石类土	充填坚硬、硬塑黏性土	1:0.50~1:1.00
	充填砂土	1:1.00~1:1.50

注：① 设计有要求时，应符合设计标准。
　　② 如采取降水或其他加固措施，可不受本表限制，但应计算复核。
　　③ 开挖深度，对软土不应超过 4 m，对硬土不超过 8 m。

　　土方开挖时如果边坡太陡，容易造成土体失稳，发生塌方事故；如果边坡太平缓，不仅会增加土方量，而且可能影响邻近建筑的使用和安全。因此必须合理地确定边坡坡度，以满足安全和经济方面的要求。

　　防止边坡塌方的主要措施有下列几项：

　　① 严格按照规范要求正确留置边坡，放足边坡。土方开挖过程中应随时观察边坡土体的变化情况，边挖边检查，每 3 m 左右修坡一次。对于较深较大的基坑开挖，应设置观察点，并对土体的平面位移和沉降变化做好记录，以便及时与设计单位联系，研究相应的补救措施，确保边坡的稳定。

　　② 坑槽边缘堆置土方、建筑材料以及有机械和运输工具通过时，应于坑槽边缘保持一定距离。一般距离坑槽边缘不少于 2 m，堆置高度不超过 1.5 m。在垂直的坑壁上，此安全距离还要适当加大。软土地区不宜在基坑边上堆置弃土。

③ 做好坑槽周围的地面排水和防水工作，严防雨水、施工用水等地面水浸入边坡土体。雨季施工时，应更加注意检擦边坡的稳定性，必要时可加设支撑。

④ 坑槽开挖后，可采用塑料薄膜覆盖、水泥砂浆抹面、挂网抹面、喷浆、砌石压坡等方法进行坡面防护，防止边坡失稳。

1.3.2 土壁支护

开挖基坑（槽）或管沟，如土质与周围场地条件允许，采用放坡开挖，往往比较经济。当基坑（槽）开挖较深，且土质较差放坡后土方量过大，甚至会影响到周围建筑物城市道路地下管线，当采用放坡开挖无法保证施工安全或由于施工场地狭小无放坡条件时，一般采用支护结构对土壁进行支撑，以保证基坑（槽）的土壁稳定。

土壁的支护方法应根据工程特点、土质条件、地下水位、开挖深度、施工方法及相邻建筑物等情况，经技术经济比较后选定。

基坑（槽）支护结构的类型较多根据支护结构的受力状态不同可分为横撑式支撑、板桩支护结构、重力式支护结构。根据其工作机理和围护墙的形式可分为如图1-2所示的几种类型：

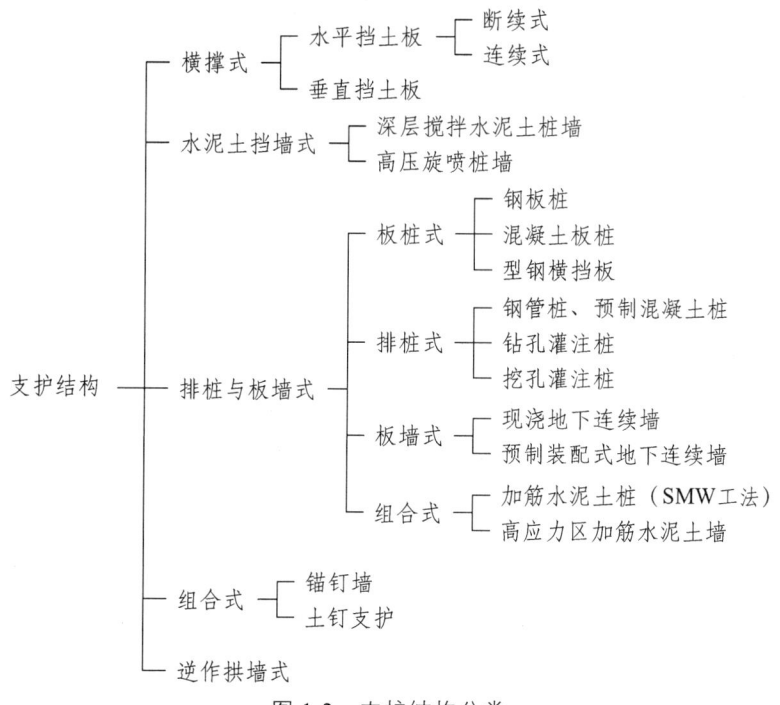

图1-2 支护结构分类

1. 横撑式支撑

横撑式土壁支撑主要用于开挖较窄的沟槽。一般根据其挡土板的不同，分为水平挡土板和垂直挡土板两类，如图1-3所示，其中水平挡土板又可以分为断续式和连续式。

横撑式支撑的适用情况见表1.8。

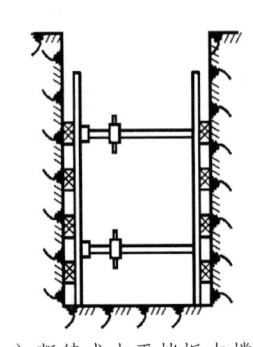 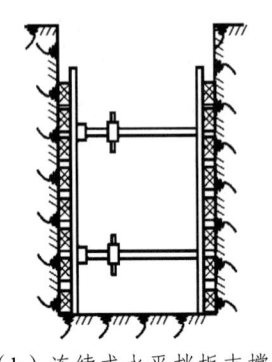 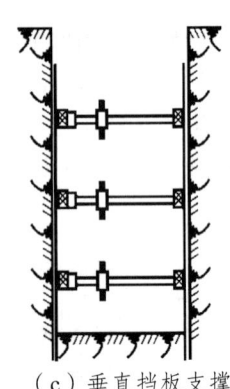

（a）断续式水平挡板支撑　　　　（b）连续式水平挡板支撑　　　　（c）垂直挡板支撑

图 1-3　横撑式支撑结构

表 1.8　横撑式支撑的适用情况

横撑式支撑的种类		适用范围
水平挡土板	断续式水平挡土板	湿度小的黏性土，挖深≤3 m
	连续式水平挡土板	松散且湿度大较大的土质，挖深≤5 m
垂直挡土板		松散且湿度大的土质

采用横撑式支撑时，应随挖随撑，支撑要牢固。施工中应经常检查，如有松动变形等现象，应及时加固或更换。支撑的拆除应按回填顺序依次进行，多层支撑应自下而上逐层拆除，随时拆填。

2. 加固型支护

加固型支护是对基坑边坡滑动棱体范围及其附近土体进行加固，改善其物理力学性能，使其成为具有一定强度和稳定性的土体结构，从而保证边坡稳定或兼有抗渗作用。

1）深层搅拌法

深层搅拌法是利用特制的深层搅拌机在边坡土体需要加固的范围内，将软土与固化剂强制拌和，使软土硬结成具有整体性、水稳性和足够强度的水泥加固土，称为水泥土搅拌桩。

深层搅拌法利用的固化剂为水泥浆或水泥砂浆，水泥的掺量为加固土质量的 7%～15%，水泥砂浆的配合比为 1∶1 或 1∶2。

深层搅拌法由于将固化剂和原地基土搅拌混合，不存在水对周围地基的影响，不会使地基侧向挤出，故对周围已有的建筑的影响很小；施工时无振动和噪声，不污染环境；加固后的土体重度不变，使软弱下卧层不产生附加沉降。深层搅拌法适用于软土地基加固。

2）高压喷射注浆法

高压喷射注浆法是利用工程钻机钻孔至设计处理的深度后，采用高压发生装置，通过安装在钻杆端部的特殊喷嘴，向周围土体喷射固化剂，将软土与固化剂强制混合，使其胶结硬化后在地基中形成直径均匀的圆柱体。该固化后的圆柱体称为旋喷桩。

高压喷射注浆法利用的固化剂为化学浆液，如水泥系浆液、水玻璃系浆液、丙凝系浆液、无机盐系浆液、尿素系浆液、氨基甲酸乙酯系浆液等。常使用的为水泥系浆液。

高压喷射加固的固化剂浆液通过装在钻杆侧面的喷嘴喷出后,具有很大的动能,形成高速、高压的射流。高压喷射加固的射流有效喷射长度愈长,则搅拌土的距离和喷射加固结体的直径愈大。射流冲击破坏土体,使土与浆液搅拌混合,凝固成圆柱状的固结体。

高压喷射注浆法采用高压发生设备及钻机。对于坚硬土层经常采用地质钻机。钻孔至设计深度拔出岩芯管,插入旋喷管,边旋喷浆液边提升旋喷管。

3. 支挡型支护

支挡型支护是利用设置在基坑土壁上的支挡构件承受土壁的侧压力及其他荷载,保持土体结构的稳定。这里主要介绍桩排式支护结构。

桩排式支护结构常用的构件有型钢桩、钢板桩、钢筋混凝土预制桩和灌注桩,其支撑方式有水平横撑、拉锚和锚杆。

1) 型钢桩支护结构

用作基坑护壁桩的型钢主要是工字钢、槽钢或 H 形型钢。型钢护壁桩主要适用于地下水位低于基坑底面标高的黏性土、碎石类土等稳定性好的土层。土质好时,在桩间可以不加挡板,桩的间距根据土质和挖深等条件而定。当土质比较松散时,在型钢间需加挡土板,以防止砂土流散。当地下水位较高时,要与降低地下水位措施配合使用。

2) 钢板桩支护结构

钢板桩截面形状有"z"形、波浪形和平板形,由带锁口或钳口的热轧型钢制成,打设方便,可重复使用,承载力大。钢板桩互相联结地打入地下,形成连续钢板桩墙,既挡土又起到止水帷幕作用,见图1-4。

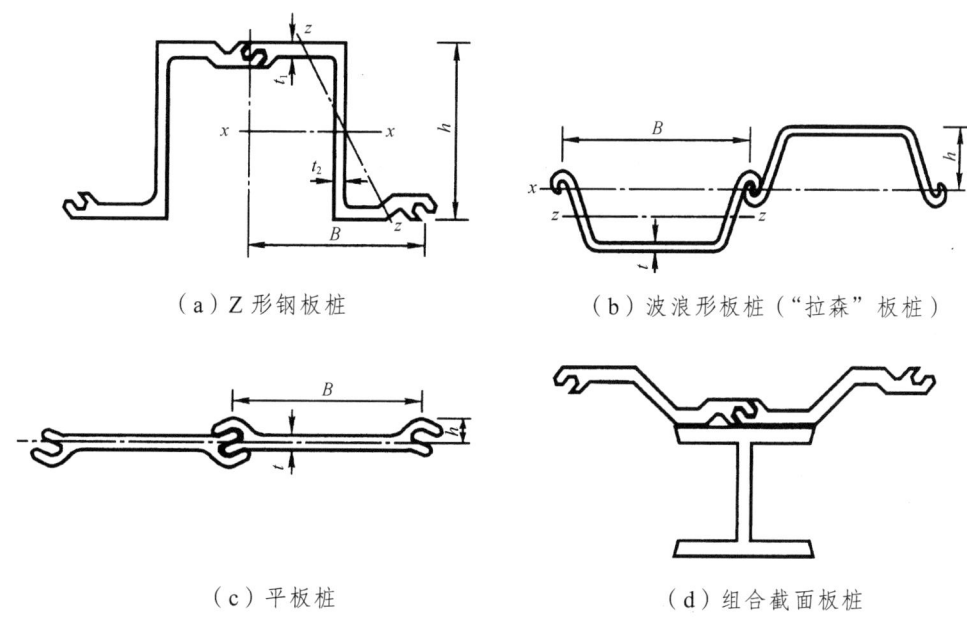

(a) Z形钢板桩　　(b) 波浪形板桩("拉森"板桩)

(c) 平板桩　　(d) 组合截面板桩

图 1-4　常用钢板桩截面形式

3）钢筋混凝土桩排支护结构

钢筋混凝土桩排支护结构采用灌注桩，具有布置灵活、施工简单、成本低、无振动影响等特点，应用广泛。

桩排的布置形式与土质情况、土压力大小、地下水位高低有关，分一字形相间排列、一字形相接排列、一字形搭接排列、交错相接排列、交错相间排列等，见图 1-5。

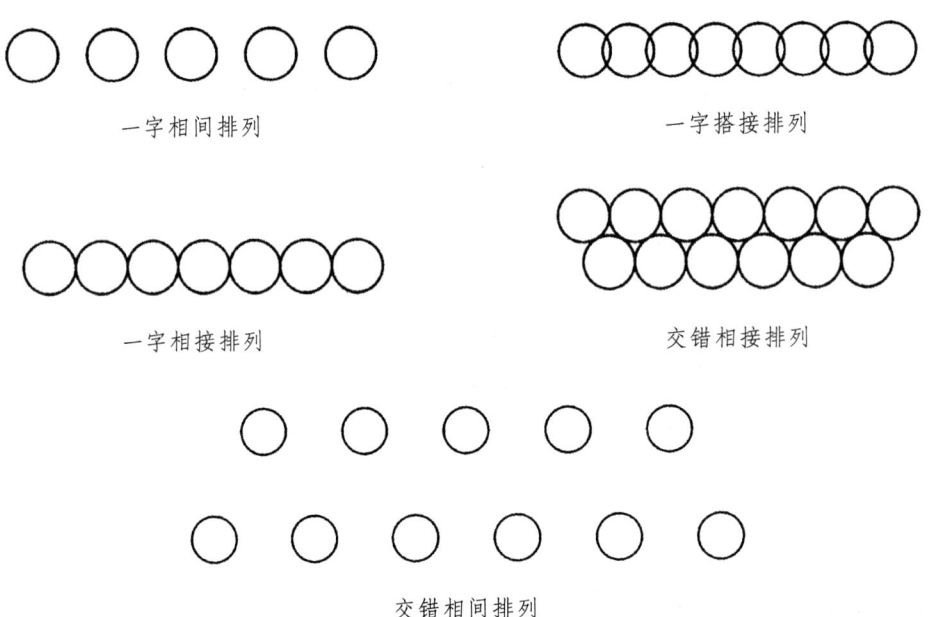

图 1-5 钢筋混凝土灌注桩排布置形式

4. 拉锚与土层锚杆

1）拉锚（拉锚式支撑）

拉锚是承受拉力的。拉杆可用钢筋或钢丝绳，一端固定在腰梁上，另一端固定在锚锭上，中间设置花篮螺丝，以调整拉杆长度。锚锭的做法：当土质较好时，可埋设混凝土梁或横木做锚锭；当土质不好时，则在锚锭前加打短桩。拉锚的间距及拉杆直径须经过计算确定。

拉锚式支撑在坑壁上只能设置一层，锚锭应设置在坑壁上主动滑移面之外。当需要设多层拉杆时，可采用土层锚杆。

2）土层锚杆

土层锚杆是埋入土层深处的受拉杆件，一端与工程构筑物相连接，一端锚固在土层中，以承受由土压力、水压力作用产生的拉力，维护支护结构的稳定。

（1）土层锚杆的构造。

土层锚杆由锚头、拉杆和锚固体三部分组成。

① 锚头。锚头由锚具、台座、横梁等组成。

② 拉杆。拉杆采用钢筋、钢管或钢绞线制成。

③ 锚固体。锚固体由锚筋、定位器、水泥砂浆锚固体组成。水泥砂浆将锚筋与土体联结成一体形成锚固体。

根据土体主动滑移面，整个锚杆分为锚固段和非锚固段。非锚固段又称自由段，处于可能滑动的不稳定的地层中，可以自由伸缩，其作用是将锚头所受荷载传至锚固段。锚固段则处于稳定的地层中，锚固段与周围土层结合，把荷载分散到周围稳定的土体中去。

土层锚杆的构造，见图1-6。

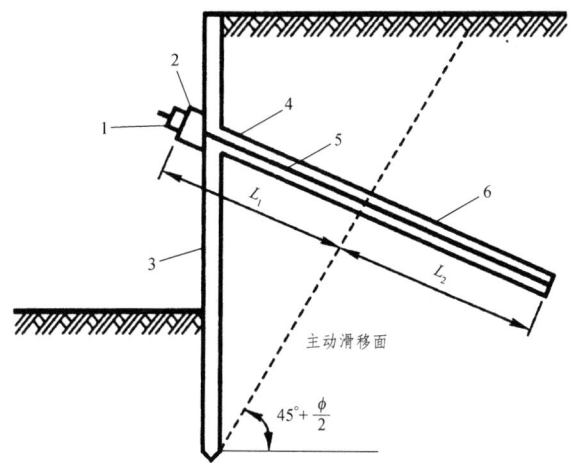

图1-6 钻孔灌浆锚杆
1—锚具；2—定位板；3—挡土桩；4—钻孔；5—拉杆；
6—锚固体；L_1—自由段；L_2—锚固段

（2）土层锚杆的类型。

① 一般灌浆锚杆钻孔后放入拉杆，灌注水泥浆或水泥砂浆，养护后形成的锚杆。

② 高压灌浆锚杆钻孔后放入拉杆，压力灌注水泥浆或水泥砂浆，养护后形成的锚杆。压力作用使水泥浆或水泥砂浆进入土壁裂缝固结，可提高锚杆抗拔力。

③ 预应力锚杆钻孔后放入拉杆，对锚固段进行一次压力灌浆，然后对拉杆施加预应力锚固，再对自由段进行灌浆所形成的锚杆。预应力锚杆穿过松软土层锚固在稳定土层中，可减小结构的变形。

④ 扩孔锚杆采用扩孔钻头扩大锚固段的钻孔直径，形成扩大的锚固段或端头，可有效地提高锚杆的抗拔力。

（3）土层锚杆承载力的计算。

土层锚杆的承载能力主要由拉杆的强度、拉杆与锚固体之间的握裹力、锚固体和孔壁之间的摩阻力三者确定。因为在一般情况下，后者均大于前两者，所以其承载能力主要由后者决定。要增大单根锚杆的承载能力，一种方法是增加锚固体长度，另一种方法是扩大锚固段直径或采用二次灌浆，这样可以缩短锚杆长度而不降低其承载能力，并且可以减少遇到坚硬土层或地下水而造成施工困难。

根据基坑深度和土压力的大小，锚杆可设置成一层或多层，最上一层锚杆要有一定的覆土厚度（一般不小于3 m），以防地面隆起。

锚杆水平间距由计算决定，但间距不宜太小，否则会相互影响，降低单根锚杆的承载力。

锚杆的水平间距一般应在 1~2 m 以上；锚杆倾角，一般与水平面成 12.5°~45°；锚杆长度，要求锚固体应设置在滑动土体以外的稳定土层中。锚杆长度一般为 15~25 m，锚固体的经济长度为 5~7 m。

（4）土层锚杆的施工。

① 钻孔清水循环一次钻进成孔法，钻杆留做拉杆；潜钻成孔法，成孔器全部连接钻杆；螺旋钻孔干作业法，成孔后插入拉杆。

② 灌浆。灌浆是锚杆施工的关键工序。水泥浆水灰比为 0.4~0.45；水泥砂浆配合比为 1:0.5 或 1:1。采用一次灌浆法，浆液经胶管压入拉杆中，拉杆管端距孔底 150 mm；采用二次灌浆法时，先灌注锚固段，再灌注非锚固段，非锚固段为非压力灌注水泥浆。

③ 预应力张拉锚固体养护达到水泥砂浆强度的 75%，方可进行预应力张拉。先取设计拉力的 10%~20% 预张拉 1~2 次，以使各部位接触紧密，锚筋平直。

张拉时控制应力取值 $0.65f_{ptk}$ 或 $0.85f_{pyk}$（f_{ptk} 和 f_{pyk} 分别为钢丝极限抗拉强度标准值和钢筋屈服强度标准值），分级加载并进行观测。

取值 75% 的设计轴向拉力为锁定荷载进行锁定作业，为减小邻近锚杆张拉的应力损失，预应力锚杆采用隔一拉一的"跳张法"张拉。

3）防腐处理

防腐处理土层锚杆属临时性结构，宜采用简单防腐方法。锚固段采用水泥砂浆封闭防腐，锚筋周围保护层厚度不得小于 10 mm；自由段锚筋涂润滑油或防腐漆，外部包裹塑料布，进行防腐处理；锚头采用沥青防腐。

5. 土钉支护

基坑开挖的坡面上，采用机械钻孔，孔内放入钢筋并注浆，在坡面上安装钢筋网，喷射厚度为 80~200 mm 的 C20 混凝土，使土体、钢筋与喷射混凝土面板结合为一体，强化土体的稳定性。这种深基坑的支护结构称为土钉支护，又称喷锚支护、土钉墙。

1）土钉支护的构造和特点

（1）土钉支护的构造。

① 土钉采用直径为 16~32 mm 的 Ⅱ 级以上的螺纹钢筋，长度为开挖深度的 0.5~1.2 倍，间距为 1~2 m，与水平面夹角一般为 10°~20°；

② 钢筋网采用直径为 6~10 mm 的 Ⅰ 级钢筋，间距 150~300 mm；

③ 混凝土面板采用喷射混凝土，强度等级不低于 C20，厚度 80~200 mm，常用 100 mm；

④ 注浆采用强度不低于 20 MPa 的水泥砂浆；

⑤ 承压板采用螺栓将土钉和混凝土面层有效地连接成整体。

（2）土钉支护的特点。

① 土钉与土体形成复合土体，提高了边坡整体稳定和承受坡顶荷载能力，增强了土体破坏的延性，利于安全施工；

② 土钉支护位移小，约 20 mm，对相邻建筑物影响小；

③ 设备简单，易于推广；

④ 经济效益好，成本低于灌注桩支护；

⑤ 适用于地下水位以上或经降水措施后的杂填土、普通黏土、非松散性砂土。

2）土钉支护的作用机理

在复合土体内，土钉与土体共同承受外荷载和自重应力。土钉有很强的抗拉、抗剪能力及与土体无法相比的抗弯刚度，所以当土体进入塑性状态后，应力逐渐向土钉转移，当土体出现裂缝时，土钉内出现弯剪、拉剪等复合应力，导致土钉锚体中浆体碎裂，钢筋屈曲。复合土体塑料变形延迟、渐进性开裂，与土钉支护的分担作用是密切相关的。土钉支护通过应力传递作用，将滑裂区域内部分应力传递到后面稳定土体中，并分散到较大范围的土体内，降低了应力集中程度。

喷射混凝土面板对坡面起约束作用，面板约束力取决于土钉表面与土的摩阻力。复合土体开裂面区域扩大并连成片时，摩阻力主要来自开裂区域后面的稳定复合土体。

由土钉形成的复合土体有效地提高了土体的整体刚度，弥补了土体抗拉、抗剪的不足，通过相互作用，显著地提高了土体的整体稳定性。

3）土钉支护的施工

土钉支护施工工序为定位、成孔、插钢筋、注浆、喷射混凝土。

（1）成孔。

采用螺旋钻机、冲击钻机、地质钻机等机械成孔，钻孔直径为 70～120 mm。成孔时必须按设计图纸的纵向、横向尺寸及水平面夹角的规定进行钻孔施工。

（2）植筋。

将直径为 16～32 mm 的Ⅱ级以上螺纹钢筋插入钻孔的土层中，钢筋应平直，必须除锈、除油，与水平面夹角控制在 10°～20°范围内。

（3）注浆。

注浆采用水泥浆或水泥砂浆，水灰比为 0.4～0.45，水泥砂浆配合比为 1∶1 或 1∶2。利用注浆泵注浆，注浆管插入到距孔底 250～500 mm 处，孔口设置止浆塞，以保证注浆饱满。

（4）喷射混凝土。

喷射注浆用的混凝土应满足如下技术性能指标：混凝土的强度等级不低于 C20，其水泥标号宜用 425 号，水泥与砂石的质量比为 1∶4～1∶4.5，砂率为 45%～55%，水灰比为 0.4～0.45，粗骨料碎石或卵石粒径不宜大于 15 mm。

混凝土的喷射分两次进行。第一次喷射后铺设钢筋网，并使钢筋网与土钉牢固连接。在此之后再喷射第二层混凝土，并要求表面平整、湿润，具有光泽，无干斑或滑移流淌现象。喷射混凝土面层厚度为 80～200 mm，钢筋与坡面的间隙应大于 20 mm。喷射完成后终凝 2 h 后进行洒水养护 3～7 d。土钉支护剖面见图 1-7。

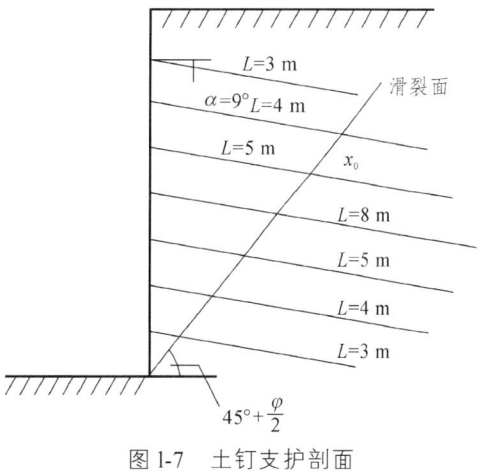

图 1-7　土钉支护剖面

1.4 人工降低地下水位

若地下水位较高,当开挖基坑或沟槽至地下水位以下时,由于土的含水层被切断,地下水将不断渗入坑内。雨季施工时,地面水也会流入坑内。这样不仅使施工条件恶化,而且土被水浸泡后会导致地基承载能力的下降和边坡的坍塌。为了保证工程质量和施工安全,做好施工排水工作,保持开挖土体的干燥是十分重要的。

基坑降水的方法有集水井降水法(明排水法)和井点降水法。集水井降水法一般宜用于降水深度较小且土层中无细砂、粉砂时;如降水深度较大或土层为细砂、粉砂,或处于软土地区,应尽量采用井点降水法。不论采用哪种方法,降水工作应持续到基础施工完毕并回填土后才停止。

1.4.1 集水井降水法

集水井降水法是在基坑开挖过程中,沿坑底周围或中央开挖有一定坡度的排水沟,在坑底每隔一定距离设一个集水井,地下水通过排水沟流入集水井中,然后用水泵抽走。见图1-8。

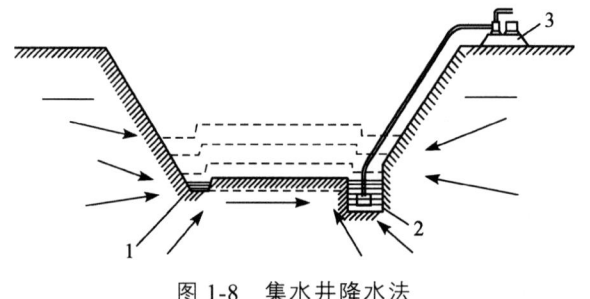

图1-8 集水井降水法
1—排水沟;2—集水井;3—水泵

1. 集水井设置

为了防止基底土结构遭到破坏,集水井应设置在基坑范围以外,地下水走向的上游。根据基坑涌水量的大小、基坑平面形状和尺寸、水泵的抽水能力,确定集水坑的数量和间距。一般每20~40 m设置一个。集水井的直径和宽度为0.6~0.8 m,坑的深度随挖土而不断加深,要保持低于挖土工作面0.7~1.0 m。当基坑挖至标高后,集水井底应低于基底1~2 m,并铺设碎石滤水层,以免抽水时间较长时将泥沙抽出,并发生坑底土扰动现象。

集水井降水是一种常用的简易的降水方法,适用于面积较小、降水深度不大的基坑(槽)、开挖工程,也适用于水流较大的粗粒土层的排、降水。对软土或土层中含有细砂、粉砂或淤泥层者,不宜采用这种方法,因为在基坑中直接排水,地下水将产生自下而上或从边坡向基坑的动水压力,容易导致边坡塌方和出现流砂现象,并使基底土的结构遭受破坏。

2. 水泵性能及选用

集水井降水法常用的水泵有离心泵和潜水泵。

1）离心泵

离心泵由泵壳、泵轴及叶轮组成，其管路系统包括滤网和底阀、吸水管和出水管。

离心泵的抽水原理是利用叶轮高速旋转时所产生的离心力，将轮心部分的水甩往轮边，沿出水管压向高处。此时叶轮中心形成部分真空，这样，水在大气压力作用下，就能不断地从吸水管内自动上升进入水泵。离心泵的抽水能力大，宜用于地下水量较大的基坑。

离心泵的选择，主要根据流量与扬程而定。对基坑排水来说，离心泵的流量应满足基坑涌水量要求，一般选用吸水口径 50.8~101.6 mm 的离心泵；离心泵的扬程在满足总扬程的前提下，主要是考虑吸水扬程能否满足降水深度要求，如果不够，则可另选水泵或将水泵位置降低至坑壁台阶或坑底上。

2）潜水泵

潜水泵是由立式水泵与电动机组合而成，电动机有密封装置，水泵装在电动机上端，工作时浸在水中。这种泵具有体积小、质量轻、移动方便及开泵时不需灌水等优点，在施工中被广泛使用。常用的潜水泵流量有 15 m^3/h，25 m^3/h，65 m^3/h，100 m^3/h，扬程相应为 25 m，15 m，7 m，3.5 m。

为防止电机烧坏，在使用潜水泵时不得脱水运转，或陷入泥中，也不得排灌含泥量较高的水质或泥浆水，以免泵的叶轮被杂物堵塞。

集水坑降水法设备简单，施工方便，适宜于粗颗粒土层降水。当土质为细砂或粉砂时，采用集水坑降水法，则会出现流砂现象，引发边坡坍塌，坑底凸起，施工条件恶化，无法继续土方施工作业。

1.4.2 流砂及其防治

采用集水井降水法开挖基坑，当基坑开挖到地下水位以下时，有时坑底土会形成流动状态，随地下水涌入基坑，这种现象称为流砂现象。此时，基底土完全丧失承载能力，土边挖边冒，施工条件恶化，严重时会造成边坡塌方，甚至危及邻近建筑物。流砂现象易发生在细砂、粉砂及亚砂土中。

1. 流砂发生的原因

动水压力是流砂发生的重要条件。流动中的地下水对土颗粒产生的压力称为动水压力，其性质可通过图 1-9 说明。

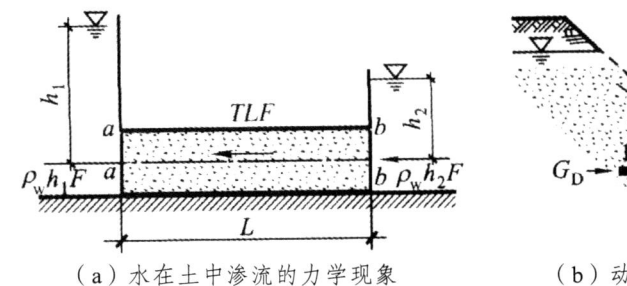
（a）水在土中渗流的力学现象

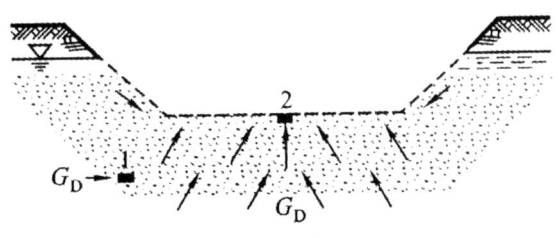
（b）动水压力对地基土的影响

图 1-9 动水压力原理图

1，2—土颗粒

图 1-9（a）中水由左端高水位 h_1，经过长度为 L，断面面积为 F 的土体，流向右端低水位 h_2，水在土中渗流时受到土颗粒的阻力 T，同时水对土颗粒作用一个动水压力 G_D，二者大小相等，方向相反。

图 1-9（a）中，作用在土体左端 a—a 截面处的静水压力为 $\rho_w \cdot h_1 \cdot F$（ρ_w 为水的密度），其方向与水流方向一致；作用在土体右端 b—b 截面处的静水压力为 $\rho_w \cdot h_2 \cdot F$，其方向与水流方向相反；水在土中渗流时受到土颗粒的阻力为 $T \cdot L \cdot F$（T 为单位土体的阻力）。根据静力平衡条件得：

$$\rho_w \cdot h_1 \cdot F - \rho_w \cdot h_2 \cdot F - T \cdot L \cdot F = 0 \tag{1-5}$$

$$T = h_1 - h_2 / L \rho_w \tag{1-6}$$

由上式可知，动水压力 G_D 与水力坡度 I 成正比，水位差愈大，动水压力愈大，而渗透路程愈长，动水压力愈小。

产生流砂现象主要是由于地下水的水力坡度大，即动水压力大，而且动水压力的方向（与水流方向一致）与土的重力方向相反，土不仅受水的浮力，而且受动水压力的作用，有向上举的趋势，见图 1-9（b）。当动水压力等于或大于土的浸水密度时，土颗粒处于悬浮状态，并随地下水一起流入基坑，即发生流砂现象。在粗大砂砾中，因孔隙大，水在其间流过时阻力小，动水压力也小，不易出现流砂。而在黏性土中，由于土粒间内聚力较大，不会发生流砂现象，但有时在承压水作用下会出现整体隆起现象。

2. 流砂的防治

流砂防治的主要途径是减小或平衡动水压力或改变其方向。具体措施为：

（1）抢挖法。即组织分段抢挖，使挖土速度超过冒砂速度，挖到标高后立即铺席并抛大石块以平衡动水压力，压住流砂。此法仅能解决轻微流砂现象。

（2）打钢板桩法。将板桩打入坑底下面一定深度，增加地下水从坑外流入坑内的渗流长度，以减小水力坡度，从而减小动水压力。

（3）水下挖土法。即不排水施工，使坑内水压与坑外地下水压相平衡，消除动水压力。

（4）用井点法降低地下水位，改变动水压力的方向，是防止流砂的有效措施。

（5）在枯水季节开挖基坑，此时地下水位下降，动水压力减小或基坑中无地下水。

（6）地下连续墙法。沿基坑四周筑起一道连续的钢筋混凝土墙，用来截住地下水流入基坑。

1.4.3　井点降水法

井点降水法就是在基坑开挖之前，在基坑四周埋设一定数量的滤水管（井），利用抽水设备抽水，使地下水位降落至基坑底以下，并在基坑开挖过程中仍不断抽水，使所挖的土始终保持干燥状态。井点降水改善了工作条件，防止了流砂发生，土方边坡也可陡些，从而减少了挖方量。

井点降水法所采用的井点类型有轻型井点、喷射井点、电渗井点、管井井点和深井井点。

施工时可根据土的渗透系数、要求降低水位的深度及设备条件等，参照表1.9选用。

表1.9 各类井点的适用范围

井点类别	土层渗透系数/(m/d)	降低水位深度/m
单层轻型井点	0.1～50	2～6
多层轻型井点	0.1～50	6～12（由井点层数而定）
喷射井点	0.1～2	8～20
电渗井点	<0.1	根据选用的井点确定
管井井点	20～200	3～5
深井井点	10～250	>15

1. 轻型井点

轻型井点是沿基坑四周以一定间距埋入直径较小的井点管至地下蓄水层内，井点管上端通过弯联管与集水总管相连，利用抽水设备将地下水通过井点管不断抽出，使原有地下水位降至基底以下。施工过程中应不间断地抽水，直至基础工程施工结束回填土完成为止。轻型井点示意图，见图1-10。

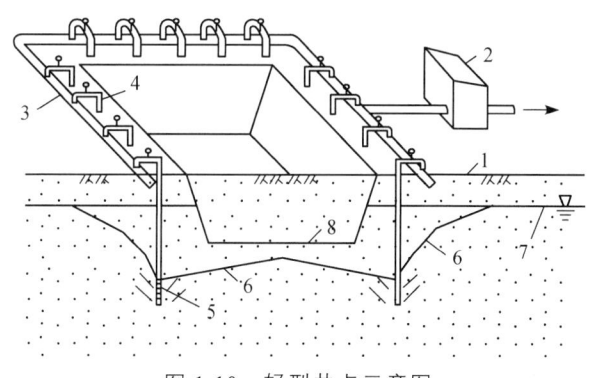

图1-10 轻型井点示意图
1—地面；2—水泵房；3—总管；4—弯联管；5—井点管；
6—抽水后水位线；7—原水位线；8—基坑底部

1）轻型井点设备

轻型井点设备由管路系统和抽水设备等组成。

（1）管路系统。

管路系统由滤管、井点管、弯联管和总管组成。

① 滤管。

滤管是井点设备的重要组成部分，对抽水效果影响较大。滤管必须深入到蓄水层中，使地下水通过滤管孔进入管内，同时还要将泥沙阻隔在滤管外，以保证抽入管内的地下水的含泥沙量不超过允许值。因此，要求滤管应具有较大的孔隙率和进水能力；滤水性良好，既能防止泥沙进入管内，又不能堵塞滤管孔隙；滤管结构强度要高，耐久性要好。滤管的构造，见图1-11。

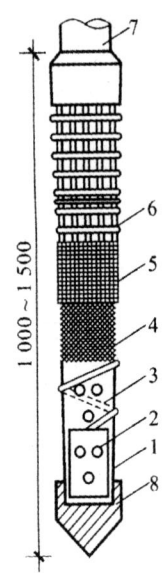

图 1-11 滤管构造

1—钢管；2—管壁上小孔；3—缠绕的铁丝；4—细滤网；5—粗滤网；
6—粗铁丝保护网；7—井点管；8—铸铁头

滤管为进水设备，直径为 50 mm，长 1.0 m 或 1.5 m。滤管的管壁上钻有 $\phi13 \sim \phi19$ 的小圆孔，外包两层滤网，内层细滤网采用钢丝布或尼龙丝布，外层粗滤网采用塑料或编织纱布。为使水流畅通，管壁与滤网间用塑料细管或铁丝绕成螺旋状将其隔开，滤网外面用粗铁丝网保护，滤管上端用螺丝套筒与井点管下端连接，滤管下端为一铸铁头。

② 井点管。

井点管直径为 50 mm，长 5 m 或 7 m，上端通过弯联管与总管的短接头相连接，下端用螺丝套筒与滤管上端相连接。

③ 弯联管。

弯联管采用透明的硬塑料管将井点管与总管连接起来。

④ 总管。

总管采用直径 100～127 mm，每段长 4 m 的无缝钢管。段间用橡皮管连接，并用钢筋卡紧，以防漏水。总管上每隔 0.8 m 设一与井点管相连接的短接头。

（2）抽水设备。

抽水设备常用的是真空泵设备和射流泵设备。

① 干式真空泵抽水设备由真空泵、离心泵和水气分离器组成。

抽水时先开动真空泵，将水气分离器抽成一定程度的真空，使土中的水分和空气受真空吸力的作用形成水气混合液经管路系统流到水气分离器中。然后开动离心泵，水气分离器中的水经离心泵由出水管排出，空气则集中在水气分离器上部由真空泵排出。

② 射流泵抽水设备由射流器、离心泵和循环水箱组成。

射流泵抽水设备的工作原理是：利用离心泵将循环水箱中的水变成压力水送至射流器内由喷嘴喷出，由于喷嘴断面收缩而使水流速度骤增，压力骤降，使射流器空腔内产生部分真空，把井点管内的气、水吸上来进入水箱。水箱内的水滤清后一部分经由离心泵参与循环，多余部分由水箱上部的泄水口排出。

射流泵井点设备的降水深度可达到 6 m，但其所带井点管一般只有 25～40 根，总管长度 30.50 m。这种设备，与原有轻型井点比较，具有结构简单、制造容易、成本低、耗电少、使用检修方便等优点，便于推广。射流泵井点排气量较小，真空度的波动较敏感，易于下降，排水能力较低，适于在粉砂、轻亚黏土等渗透系数较小的土层中降水。

2）轻型井点布置

轻型井点的布置要根据基坑平面形状及尺寸、基坑的深度、土质、地下水位高低及流向、降水深度要求等因素确定。

基坑的宽度小于 6 m，降水深度不超过 5 m 时，采用单排井点，并布置在地下水上游一侧，两端延伸长度不小于基坑的宽度。如基坑宽度大于 6 m 或土质排水不良时，宜采用双排线状井点。

基坑面积较大时，采用环形井点。有时为了施工需要，可留出一段（最好在地下水下游方向）不封闭。

井点管距基坑壁一般不小于 1 m，以防局部漏气。井点管间距应根据土质、降水深度、工程性质等按计算或经验确定。靠近河流处或总管四角部位，井点应适当加密。采用多套抽水设备时，井点系统应分成长度大致相等的段，分段位置宜在基坑拐弯处，各套井点总管之间应装阀门隔开。井点平面布置如图 1-12。

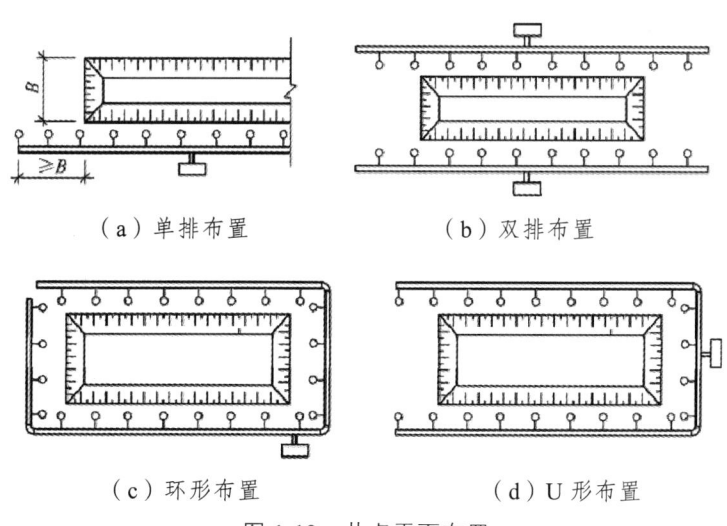

（a）单排布置　　　　　　（b）双排布置

（c）环形布置　　　　　　（d）U形布置

图 1-12　井点平面布置

1—总管；2—井点管；3—抽水设备

3）轻型井点施工与使用

轻型井点的施工顺序为：挖井点沟槽，敷设集水总管；冲孔，沉设井点管，灌填砂滤料；用弯联管将井点管与集水总管连接；安装抽水设备；试抽。

井点管沉设完毕，即可接通总管和抽水设备，然后进行试抽。要全面检查管路接头的质量，井点出水状况和抽水机械运转情况等，如发现漏气和死井（井点管淤塞）要及时处理，检查合格后，井点孔口到地面下 0.5～1 m 的深度范围内应用黏土填塞，以防漏气。

轻型井点使用时，一般应连续抽水。时抽时停，滤网易堵塞，也易抽出泥沙和使出水混浊，并可能引发附近建筑物地面沉降。抽水过程中应调节离心泵的出水阀，控制出水量，使抽水保持均匀。降水过程中应按时观测流量、真空度和井内的水位变化，并做好记录。采用轻型井点降水时，应对附近原有建筑物进行沉降观测，必要时应采取防护措施。

2. 喷射井点

当基坑开挖较深，降水深度要求大于 6 m 时，采用一般轻型井点不能满足要求，必须使用多级井点才能收到预期效果，但这样需要增加机具设备数量和基坑开挖面积，土方量加大，工期拖长，亦不经济。此时，宜采用喷射井点降水，降水深度可达 8~20 m。在渗透系数为 3~50 m/d 的砂土中应用此法最为有效。在渗透系数为 0.1~3 m/d 的粉砂、淤泥质土中效果也较显著。

1）喷射井点设备和布置

喷射井点根据其工作时使用的液体或气体的不同，分为喷水井点和喷气井点两种。两种井点工作流程虽然不同，但其工作原理是相同的。

喷射井点设备由喷射井管、高压水泵及进水排水管路组成。喷射井管有内管和外管，在内管下端设有扬水器与滤管相连。高压水（0.7~0.8 MPa）经外管与内管之间的环形空间，并经扬水器侧孔流向喷嘴。由于喷嘴处截面突然缩小，压力水经喷嘴以很高的流速喷入混合室，使该室压力下降，造成一定真空度。此时，地下水被吸入混合室与高压水汇合，流经扩散管。由于截面扩大，水流速度相应减小，使水的压力逐渐升高，沿内管上升经排水总管排出。

2）喷射井点的施工和使用

喷射井点施工顺序是：安装水泵设备及泵的进出水管路；敷设进水总管和回水总管；沉设井点管并灌填砂滤料，接进水总管后及时进行单根井点试抽，检验；全部井点管沉设完毕后，接通回水总管，全面试抽，检查整个降水系统的运转状况及降水效果；然后让工作水循环进行正式工作。

开泵初期，压力要小些（小于 0.3 MPa），以后再逐渐正常。抽水时如发现井点管周围有泛砂冒水现象，应立即关闭井点管进行检修。工作水应保持清洁，试抽两天后应更换清水，以减轻工作水对喷嘴及水泵叶轮的磨损。

3. 管井井点

管井井点是沿基坑周围每隔一定距离（20~50 m）设置一个管井，每个管井单独用一台水泵不断抽水来降低地下水位。在土的渗透系数 $K \geq 20$ m/d，地下水量大的土层中，宜采用管井井点。

管井井点由管井、吸水管及水泵组成。

管井井点采用离心式水泵或潜水泵抽水。

管井的间距一般为 20~50 m，管井的深度为 8~15 m。井内水位降低可达 6~10 m，两井中间则为 3~5 m。管井井点计算，可参照轻型井点进行。

1.5 土方工程机械化施工

土方工程的施工过程主要包括：土方开挖、运输、填筑与压实等。土方工程工程量大，人工挖土不仅劳动繁重，而且劳动生产率低，工期长，成本较高。因此，除了不适宜采用机械施工的土方工程或者小型基坑（槽）土方工程外，在土方工程施工中应尽量采用机械化、半机械化的施工方法，以减轻繁重的体力劳动，加快施工进度，降低工程成本。

常用的土方施工机械有推土机、铲运机、单斗挖土机及装载机等。

1. 推土机

推土机由拖拉机和推土铲刀组成。按铲刀的操纵机构不同，推土机分为索式和液压式两种。索式推土机的铲刀借本身自重切入土中，在硬土中切土深度较小。液压油压式推土机能使铲刀强制切入土中，切土深度较大。同时，液压式推土机铲刀还可以调整角度，具有较大的灵活性。如图 1-13 所示，为油压式 T2-100 型推土机外形图。

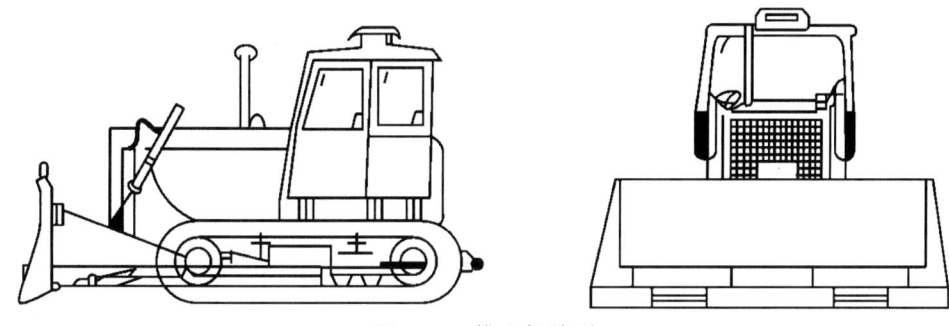

图 1-13　推土机外形

1）推土机的特点及适用范围

推土机能单独地进行挖土、运土和卸土工作，具有操纵灵活、运转方便、所需要工作面较小、行驶速度较快、易于转移、能爬 30°左右的缓坡以及配合铲运机挖土机工作等特点，能够推挖Ⅰ～Ⅳ类土，适用于场地清理，场地平整，开挖深度不大的基坑以及回填作业等。此外，还可以牵引其他无动力的土方机械。推土机的经济运距在 100 m 以内，最为有效的运距为 30～60 m。

2）推土机的作业方法

推土机的生产效率主要取决于每次推土体积和铲土运土卸土和回转等工作循环时间。铲土时应根据土质情况，尽量以最大切土深度在最短距离（6～10 m）内完成，上下坡坡度不得超过 35°，横坡不得超过 10°，为了提高生产率，可采用下坡推土、槽形推土、并列推土、多铲集运、铲刀附加侧板等方法。

2. 铲运机

铲运机由牵引机械和铲斗组成，按行走方式分为自行式和拖式两种分别如图 1-14 和图 1-15 所示。

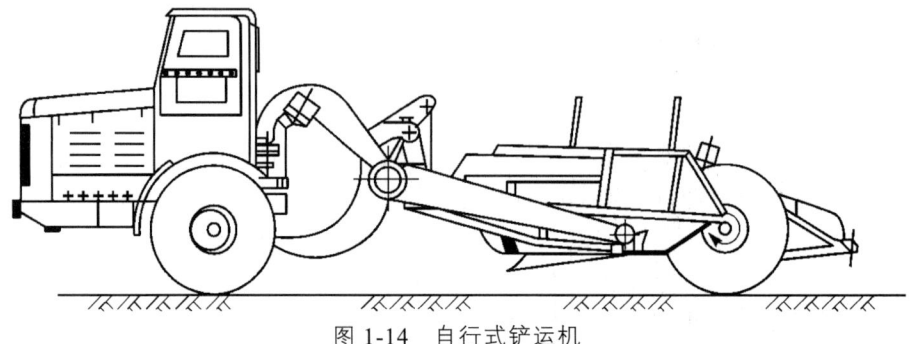

图 1-14 自行式铲运机

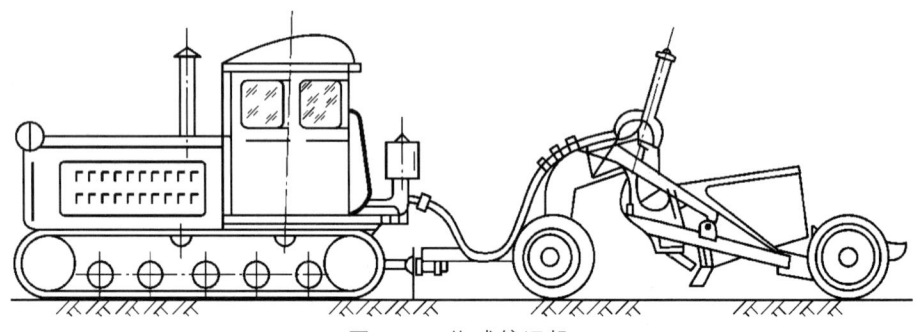

图 1-15 拖式铲运机

1）铲运机的特点及适用范围

铲运机是一种能够独立完成铲土、运土、卸土、填筑和整平等全部土方施工工序的机械，具有操作灵活、行驶速度快、对道路要求低、生产率高等特点。适宜铲运含水量在 27% 以下的 Ⅰ、Ⅱ 类土，但不适宜在砾石层、冻土地带及沼泽地区工作。铲运机通常适用于坡度在 20° 以内的大面积场地的平整、大型基坑（槽）的开挖以及路基、堤坝的填筑等。铲运机运距在 800 m 以内，且运距在 200～350 m 时最高。

2）铲运机的作业方法

铲运机的基本作业是铲土、运土、卸土三个工作行程和一个回转行程。在施工中，选定铲斗容量后，应根据工程大小、运距长短、土的性质和地形条件等选择合理的开行路线和施工方法，以提高生产率。常见的开行路线为环形路线和"8"字形路线，如图 1-16 所示。

（1）环形路线。

对于地形起伏不大，而施工地段又较短（50～100 m）和填方不高（0.1～1.5 m）的路堤基坑及场地平整工程宜采用图 1-16（a）(b）所示的环形路线。当填挖交替，且相互之间的距离又不大时，则可采用图 1-16（c）所示的环形路线。这样可以多次铲土和卸土，从而减少铲运机转弯次数，进而提高工作效率。

（2）"8"字形路线。

在地形起伏较大，施工地段狭长的情况下，宜采用"8"字形路线，如图 1-16（d）。这种运行路线，铲运机在上下坡时是斜向形式，坡度平缓。一个循环中两次转弯方向不同，故机械磨损均匀。一个循环完成两次铲土和卸土，减少了转弯次数及空车行驶距离，从而亦可缩短运行时间，提高生产率。

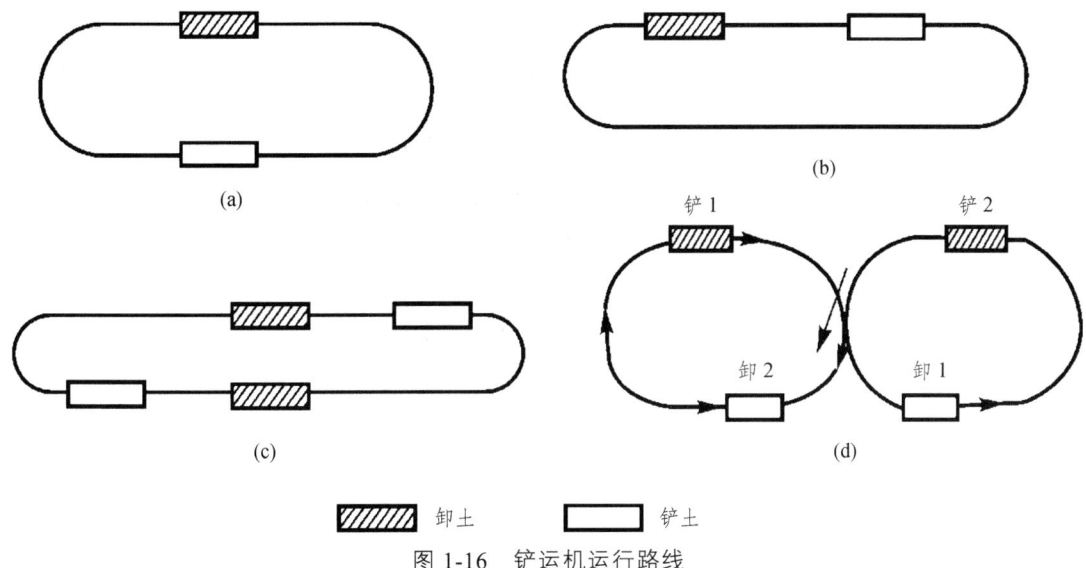

图 1-16 铲运机运行路线

3. 单斗挖土机

单斗挖土机是基坑（槽）土方开挖常用的一种机械。按其行走装置的不同，分为履带式和轮胎式两类；按其动力装置不同分为机械传动和液压传动两类；依其工作装置的不同，分为正铲、反铲、拉铲和抓铲 4 种，见图 1-17。单斗挖土机进行土方开挖作业时，需自卸汽车配合运土。

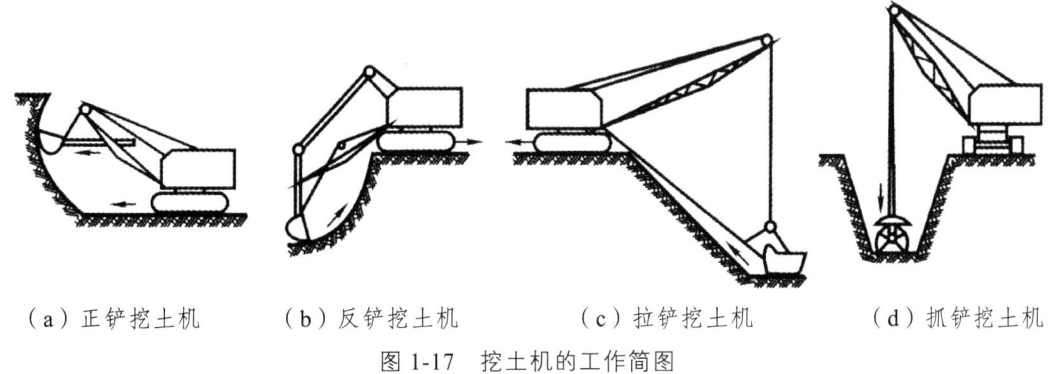

（a）正铲挖土机　　（b）反铲挖土机　　（c）拉铲挖土机　　（d）抓铲挖土机

图 1-17 挖土机的工作简图

1）正铲挖土机

正铲挖土机的工作特点是：前进向上强制切土。其挖掘力大，生产率高，能开挖停机面以上 Ⅰ~Ⅳ 类土。开挖大型基坑时需要设置坡道。正铲挖土机在基坑内作业，适用于开挖高度 3 m 以上的无地下水的干燥基坑。

正铲挖土机的生产率主要决定于每次土斗的挖土量和每次作业的循环时间。同时要考虑挖土方式和与自卸汽车的配合，尽量减小回转角度，缩短循环时间。

根据其开挖路线与运输工具的相对位置不同，正铲挖土机的作业方式有以下两种形式：

① 正向挖土，侧向卸土。

正向挖土，侧向卸土[见图1-18（a）]，是指挖土机沿前进方向挖土，运输工具停在侧面装土。此法由于挖土机卸土时动臂转角小，运输车辆行驶方便，故生产效率高，应用较广。

② 正向挖土，后方卸土。

正向挖土，后方卸土[见图1-18（b）]，是指挖土机沿前进方向挖土，运输工具停在挖土机后方装土。此法由于挖土机卸土时动臂转角大，生产率低，运输车辆要倒车开入，故一般在基坑窄而深的情况下采用。

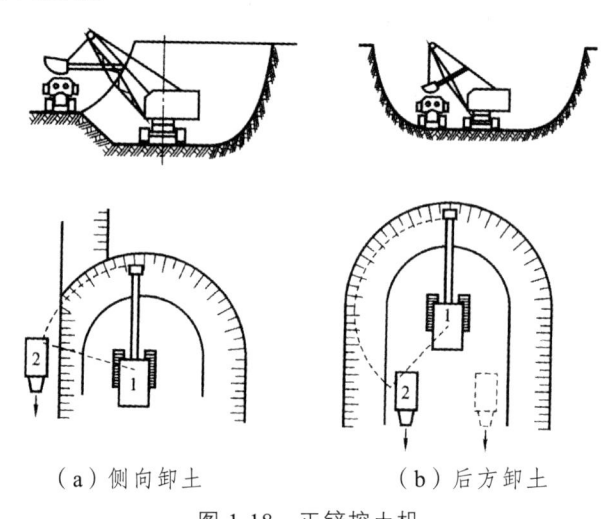

（a）侧向卸土　　　　（b）后方卸土

图1-18　正铲挖土机
1—推土机；2—汽车

正铲挖土机的挖土方式不同，其所需的工作面大小也不同。

挖土机的工作面是指挖土机在一个停机点进行挖土的工作范围。工作面的形状和尺寸取决于挖土机的性能和卸土方式。根据挖土机作业方式不同，挖土机的工作面分为侧工作面与正工作面两种。

正铲挖土机开挖大面积基坑时，必须对挖土机作业的开行路线和工作面进行设计，确定开行次序和次数，称为开行通道。基坑开挖深度较小时，可布置一层开行通道；当基坑深度较大时，则开行通道需布置多层。

2）反铲挖土机

反铲挖土机挖土的工作特点是：后退向下，强制切土。其挖掘力较大，能开挖停机面以下的Ⅰ~Ⅱ类土。反铲挖土机主要用于开挖深度4m左右的基坑、基槽和管沟等，亦可用于地下水位较高的土方开挖。

反铲挖土机的作业方式分为沟端开挖和沟侧开挖，见图1-19。

沟端开挖，挖土机停在基坑或基槽的端部，向后倒退挖土，汽车停在基坑或基槽两侧装土。其优点是挖土方便，挖掘深度和宽度较大，当基坑较宽时，可多次开行挖土。

沟侧开挖，挖土机沿基坑或基槽一侧开行挖土，将土弃于远处。其开挖方向与挖土机开行方向相垂直。挖土机工作时稳定性较差，挖掘深度和宽度较小，一般在无法采用沟端开挖方式时或挖土不需要运走时，才采用沟侧开挖方式。

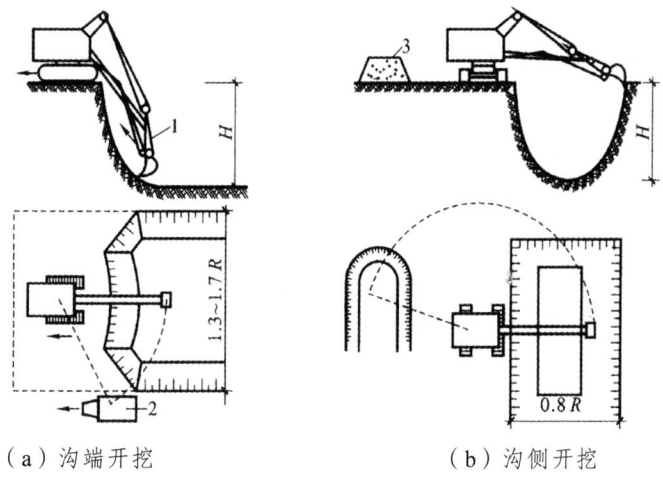

（a）沟端开挖　　　　　　（b）沟侧开挖

图 1-19　反铲挖土机作业方式
1—挖土机；2—自卸汽车；3—弃土堆

3）拉铲挖土机

拉铲挖土机的土斗用钢丝绳悬挂在挖土机动臂上，挖土时土斗在自重作用下落到地面切入土中。其挖土特点是：后退向下，自重切土。其挖土深度和挖土半径均较大，能开挖停机面以下Ⅰ～Ⅱ类土，但不如反铲动作灵活准确，适于开挖大型基坑及水下挖土。

4）抓铲挖土机

抓铲挖土机是在挖土机动臂上用钢丝绳悬吊一个抓斗，挖土时抓斗在自重作用下落到地面切土。其挖土特点是：直上直下，自重切土。抓铲挖土机挖掘力较小，能开挖停机面以下Ⅰ～Ⅱ类土，适于开挖窄而深的基坑、沉井，特别是水下挖土。

1.6　土方填筑与压实

为了保证填土的强度和稳定性，必须正确选择回填土料和填筑方法，以满足填土压实的质量要求。

土方填筑前，应对基地进行处理。清除基底上的垃圾、树皮、草根等杂物，排除坑穴中的积水、淤泥等。若填方基底为根植土或者松土，应将基底压实后进行填土。

1.6.1　填土填筑的方法

1. 填土要求

填土土料应该满足设计要求，保证填方的强度和稳定性。通常应选择强度高、压缩性小、水稳定性好的土料。如设计无要求，应符合以下规定。

（1）用碎石类土或爆破石渣作填料时，其最大粒径不得超过每层铺土厚度的2/3；使用振动碾时，不得超过每层铺土厚度的3/4。铺填时，大块料不应集中，且不得填在分段接头或填方与边坡连接处。

（2）含水量符合压实要求的黏性土，可作各层填料；

（3）淤泥和淤泥质土，一般不能用作填料，但在软土地区，经过处理含水量符合要求的，可用于填方中的次要部分；

（4）对于有机质含量大于8%或者水溶性硫酸盐含量大于5%的土，以及根植土冻土杂填土等均不能用作填土使用。但在无压实要求的填方时，则不受限制。

2. 填筑方法

填土可采用人工填土和机械填土两种方法。一般要求如下：

（1）填土应尽量采用同类土填筑，并严格控制土的含水量在最优含水量范围内，以提高压实效果；

（2）填土应从最低处开始分层填筑，每层铺土厚度应根据压实机具及土的种类而定。当采用不同类土填筑时，应将透水性较大的土层置于透水性较小的土层之下，避免在填方区形成水囊；

（3）坡地填土，应做好接槎，挖成1∶2的阶梯形（一般阶高0.5 m，阶宽1.0 m）分层填筑，分段填筑时每层接缝处均应做成大于1∶1.5的斜坡，以防填土横移。

1.6.2 填土压实方法及影响因素

1. 填土压实方法

填土压实方法有碾压法、夯实法和振动压实法，如图1-20所示。平整场地、路基、堤坝等大面积填土工程采用碾压法，较小面积的填土工程采用夯实法和振动压实法。

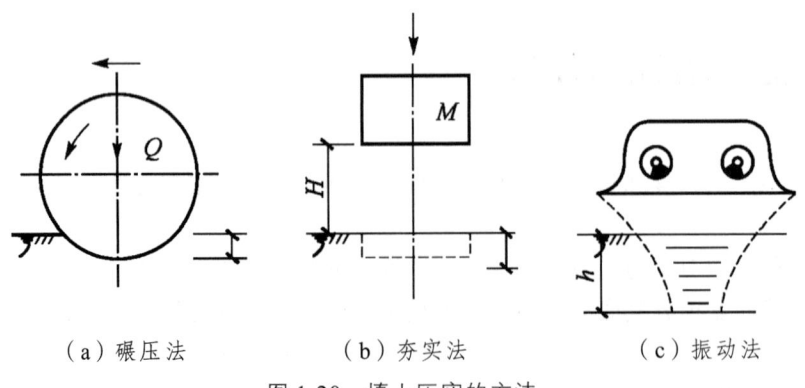

（a）碾压法　　　（b）夯实法　　　（c）振动法

图1-20　填土压实的方法

1）碾压法

碾压法是利用机械滚轮的压力压实土壤，使之达到所需的密实度。碾压机械有平碾、羊足碾和气胎碾等。

平碾又称光碾压路机，是一种以内燃机为动力的自行式压路机，按重量等级分为轻型

（30~50 kN）、中型（60~90 kN）和重型（100~140 kN）3种，适于压实砂类土和黏性土，使用土类范围较广。轻型平碾压实土层的厚度不大，但是土层上部变得较密实，当用轻型平碾初碾后，再用重型平碾碾压松土，就会取得较好的效果。如果直接用重型平碾碾压松土，则因强烈的起伏而致使碾压效果较差。

羊足碾一般无动力，靠拖拉机牵引，有单筒、双筒两种。根据碾压要求，羊足蹍又可分为空筒及装砂、注水三种。羊足碾虽然与土接触面积小，但单位面积的压力比较大，土壤压实的效果好。羊足碾适于对黏性土的压实。

气胎碾又称轮胎压路机，它的前后轮分别密排着四五个轮胎，既是行驶轮又是碾压轮。由于轮胎弹性大，压实过程中，土与轮胎都会发生变形，而随着几遍碾压后铺土密实度的提高，铺土的沉陷量逐渐减少，因而轮胎与土的接触面积逐渐缩小，故接触应力逐渐增大，最后使土料得到压实。由于气胎碾在工作时是弹性体，其压力均匀，所以填土质量较好。

用碾压法压实填土时，铺土厚度应均匀一致，碾压遍数要一致，碾压方向应从填土区的两边逐渐压向中心，每次碾压应有15~20 cm的重叠。碾压机开行速度不宜过快，否则影响压实效果。一般不应超过下列规定：平碾2 km/h；羊足碾3 km/h。

2）夯实法

夯实法是利用夯锤自由下落的冲击力来夯实土壤，适用于小面积回填土的夯实以及作业面受限制的环境下的填土夯实。夯实法分人工夯实和机械夯实两种。人工夯实所用的工具有木夯、石夯等。常用的夯实机械有夯锤、内燃夯土机和蛙式打夯机，蛙式打夯机轻巧灵活、构造简单在小型土方工程中应用最广，见图1-21，具有体积小、质量轻、对土质适应性强等特点，在工程量小或作业面受到限制的条件下尤为适用。

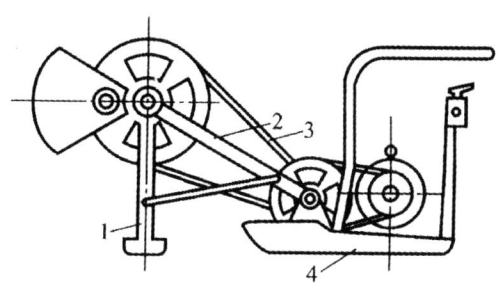

图1-21 蛙式打夯机
1—夯头；2—夯架；3—三角皮带；4—底盘

3）振动压实法

振动压实法是将振动压实机放在土层表面，借助振动机构使压实机振动土颗粒，土的颗粒发生相对位移而达到密实状态。用这种方法振实非黏性土效果较好。

振动碾是一种振动和碾压同时作用的高效能压实机械，比一般平碾提高工效1~2倍。其适用于对爆破石碴、碎石类土、杂填土或粉质黏土的压实。

2. 影响填土压实质量的因素

影响填土压实质量的因素很多，其中主要有土的含水量、压实功及铺土厚度。

1）压实功的影响

填土压实后的密度与压实机械对填土所施加的功两者之间的关系见图1-22。从图中可以看出两者并不成正比关系，当土的含水量一定，在开始压实时，土的密度急剧增加，待到接近土的最大密度时，压实功虽然增加许多，而土的密度却没有明显变化。因此在实际施工中，在压实机械和铺土厚度一定的条件下，碾压一定遍数即可，过多增加压实遍数对提高土的密度作用不大。另外，对松土一开始就用重型碾压机械碾压，土层会出现强烈起伏现象，压实效果不好。应该先用轻碾压实，再用重碾碾压，这样才能取得较好的压实效果。为使土层碾压变形充分，压实机械行驶速度不宜太快。

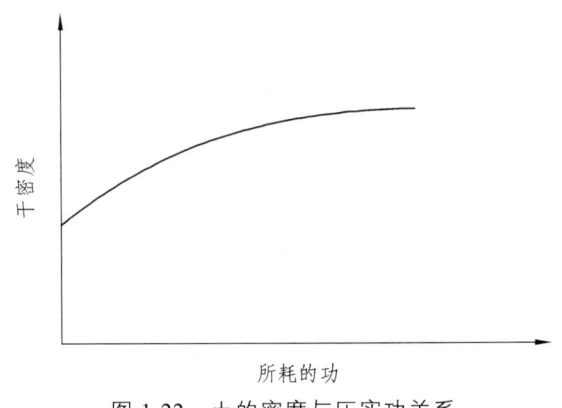

图1-22 土的密度与压实功关系

2）含水量的影响

土的含水量对填土压实质量有很大影响。较干燥的土，由于土颗粒之间的摩阻力较大，填土不易被压实；而土中含水量较大，超过一定限度时，土颗粒之间的孔隙全部被水填充而呈饱和状态，土也不能被压实。只有当土具有适当的含水量，土颗粒之间的摩阻力由于水的润滑作用而减小，土才容易被压实，见图1-23。在压实机械和压实遍数相同的条件下，使填土压实获得最大密实度时的土的含水量，称为土的最优含水量。土料的最优含水量和相应的最大干密度可由击实试验确定，表1.10所列数值可供参考。不同类型土的最佳含水量是不同的，如砂土为8%～12%，黏土为19%～23%，粉质黏土为15%～22%。在施工现场简单检验含水量的方法为"手握成团落地开花"。

为了保证填土在压实过程中具有最优含水量，土含水量偏高时，可采取翻松、晾晒、均匀掺入干土（或吸水性填料）等措施；如含水量偏低，可采取预先洒水润湿、增加压实遍数或使用大功能压实机械等措施。

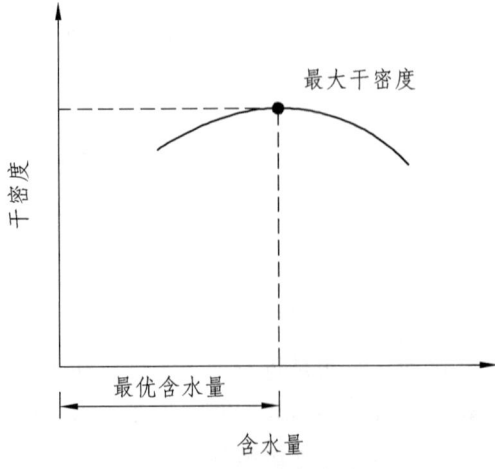

图1-23 土的干密度与含水量关系

表 1.10　土的最优含水量和最大干密度参考表

土的种类	最佳含水量（质量比）/%	最大干密度/(g/cm³)	土的种类	最佳含水量（质量比）/%	最大干密度/(g/cm³)
砂土	8~12	1.80~1.88	重亚黏土	16~20	1.67~1.79
粉土	16~22	1.61~1.80	粉质亚黏土	18~21	1.65~1.74
亚砂土	9~15	1.85~2.08	黏土	19~23	1.58~1.70
亚黏土	12~15	1.85~1.95			

3）铺土厚度

压实机械的压实作用，随土层的深度增加而逐渐减小。在压实过程中，土的密实度也是表层大，而随深度加深逐渐减小，超过一定深度后，虽经反复碾压，土的密度仍与未压实前一样。各种压实机械的压实影响深度与土的性质、含水量有关。所以，填方每层铺土厚度应根据土质、压实的密度要求和压实机械性能确定，或者按表 1.11 选用。在表 1.11 给出的范围内，轻型压实机械取小值，重型的取大值。

表 1.11　填方每层的铺土厚度和压实遍数

压实机械	每层铺土厚度/mm	每层压实遍数
平碾	250~300	6~8
羊足碾	200~350	8~16
蛙式打夯机	200~250	3~4
人工打夯	<200	3~4

3. 填土质量检查

填土压实后要达到一定密实度要求，以避免建筑物的不均匀沉降。检查压实后的实际干密度，通常采用环刀法取样。填土工程质量检验标准见表 1.12。

表 1.12　填土工程质量检验标准

项目	序号	检查项目	允许偏差或允许值/mm					检查方法
			基坑基槽	场地平整		管沟	地面基础层	
				人工	机械			
主控项目	1	标高	-50	±30	±50	-50	-50	水准仪
	2	分层压实系数	设计要求					按规定或直观检查
一般项目	1	回填土料	设计要求					取样检查或直观检查
	2	分层厚度及含水量	设计要求					水准仪及抽样检查
	3	表面平整度	20	20	30	20	20	用靠尺或水准仪

思考题

1. 什么是土的可松性？土的可松性对土方工程施工影响有哪些？
2. 什么是坡度系数？影响土方边坡大小的因素有哪些？
3. 试述集水坑降水法的施工方法及适用范围。
4. 什么叫流砂现象？其产生的原因和防治措施是什么？
5. 试述轻型井点的组成、布置和设计计算内容及施工要求。
6. 土方填筑时对土料的选择和填筑方法有哪些要求？
7. 影响填土压实质量的因素有哪些？
8. 简述正铲挖土机的工作特点、作业方式，以及工作面和开行通道的确定方法。

项目 2　地基桩基础工程

【学习目标】

1. 了解地基与基础的定义；了解地基处理的目的和意义。
2. 掌握常见地基的加固方法。
3. 掌握钢筋混凝土预制桩的制作及运输与堆放的要点，掌握锤击沉桩的施工工序。
4. 掌握灌注桩的施工要点以及钻孔灌注桩的作业流程。

【工程导入】

2018年10月24日9时，港珠澳大桥正式通车，这座世界上最长的跨海大桥，被公认为"当今最具挑战性的工程"，仅岛、桥、隧集群工程就长达35.6 km。建设者需要在松软的地基上建成世界上最长、埋深最大的海底沉管隧道，并在水深10余米且软土层厚达几十米的海中建造两个离岸人工岛，实现海中桥隧转换衔接。建设中，采用世界首创的"快速成岛法"、创造性地提出了"复合地基"方案，以及自主研发了成套沉管隧道浮运河安装技术等，建立了跨海通道建设工业化技术体系。

2.1　地基加固处理的方法

当工程结构的荷载较大，地基土质又较软（强度不足或者压缩性大），不能作为天然地基时，可针对不同情况，采取各种人工加固处理的方法，以改善地基性质，提高承载力，增加稳定性，减少地基变形和基础埋置深度。

地基加固的原理是：将土质由松变实，将土的含水量由高变低，即可达到地基加固的目的。

2.1.1　常见的地基加固方法介绍

1. 换填法

换填法也称为换填垫层法，就是将基础底面以下不太深的一定范围内的软弱土层挖去，然后以质地坚硬、强度较高、性能稳定、具有抗侵蚀性的砂、碎石、卵石、素土、灰土、煤渣、矿渣等材料分层充填，并同时以人工或机械方法分层压、夯、振动，使之达到要求的密实度，成为良好的人工地基。

2. 强夯法

强夯法是利用近十吨或者数十吨的重锤从近十米或者数十米的高处自由落下，对土进行反复多次的强力夯击，从而达到提高地基土的强度并降低其压缩性的处理目的。

强夯法的作用机理是用很大的冲击能（500~800 kJ），使得土中出现冲击波和很大的应力，迫使土中空隙压缩，土体局部液化，夯击点周围产生裂隙形成良好的排水通道，使土中的空隙水（气）顺利溢出，土体迅速固结，从而降低深度范围内土体的压缩性，提高地基承载力。同时强夯技术可以显著减少地基上的不均匀性，降低低级差异性沉降。

强夯法适用于碎石土、砂土、低饱和度的粉土和黏性土、湿陷性黄土、杂填土和素填土等地基，对于软土地基，一般处理效果不明显。

3. 挤密法

利用挤密或者振动在软弱土中挤土成孔，从侧向将土挤密，然后向孔内回填碎石砂灰土土等材料，形成碎石桩砂桩石灰桩等，与桩间土一起形成复合地基，从而提高地基承载力，减少沉降量，是深层加密处理的一种方法。

4. 高压旋喷地基施工

1）地基加固原理

高压旋喷注浆法是利用钻机把带有喷嘴的注浆管注入至土层预定的深度，以 20~40 MPa 的压力把浆液或者水从喷嘴中喷出来，形成喷射流冲击破坏土层及预定形状的空间。当能量大速度快且脉动状的喷射流的动压力大于土层结构强度时，土颗粒便从土层中剥落下来，一部分细粒土随浆液或水冒出地面，其余土颗粒在射流的冲击力离心力和重力等作用下，与浆液搅拌混合，并按照一定的浆土比例和质量大小有规律的重新排列。这样注入的浆液将冲下的部分土混合凝结成加固体，从而达到加固土体的目的。加固地基具有增大地基强度、提高地基承载力、止水防渗、减少支挡结构物的土压力、防止砂土液化和降低土的含水量等多种功能。其施工顺序如图 2-1 所示。

高压喷射注浆法的适用范围为：淤泥淤泥质土黏性土粉土黄土砂土人工填土和碎石等土质的地基。当土中含有较多的大粒径块石坚硬黏性土大量植物根茎或有过多有机质时，应根据现场实验结果确定其适用程度。

2）高压喷射注浆法的施工工艺流程如图所示。

高压喷射注浆法的施工工艺流程如图 2-2 所示。

（1）钻机就位。钻机需平置于牢固坚实的地方，钻杆（注浆管）对准孔位中心，偏差不超过 10 cm 打斜管时需按照设计调整钻架角度。

（2）钻孔下管或者打管。钻孔的目的是将注浆管顺利置入预定位置，可先钻孔后下管，亦可直接打管，在打管过程中，需防止管外泥沙或管内水泥浆小块堵塞喷嘴。

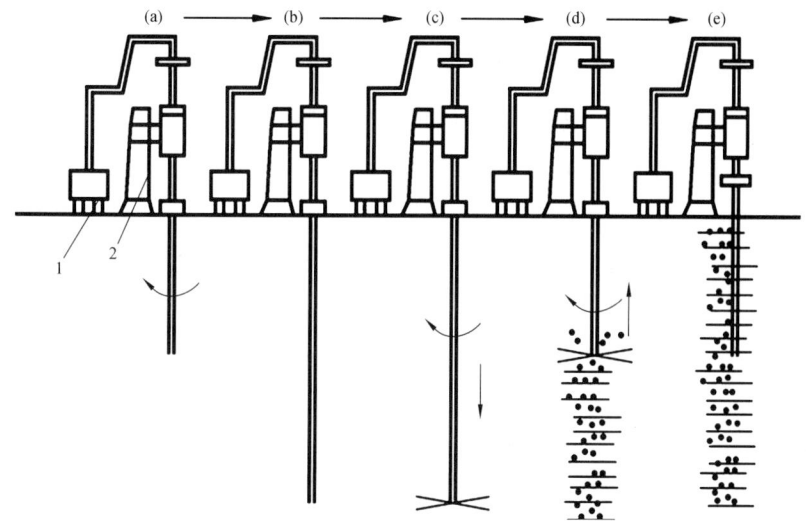

图 2-1 旋喷法施工顺序
1—超高压水力泵;2—钻机

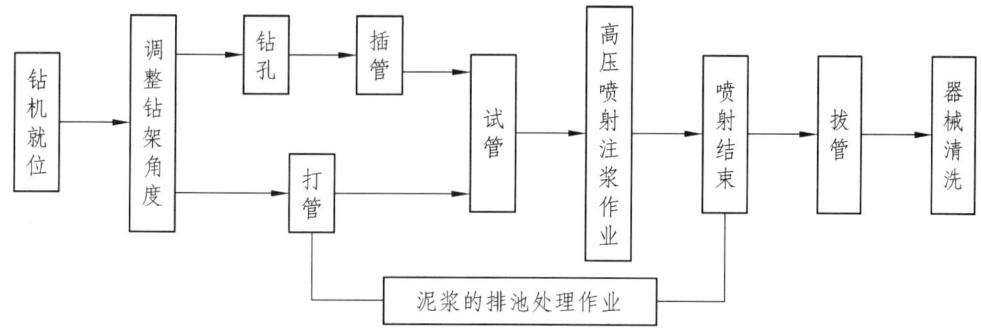

图 2-2 高压喷射注浆法的施工工艺流程

（3）试管。当注浆管置入土层预定深度后应用清水试压，若注浆设备和高压管路安全正常，则可搅拌制作水泥浆开始高压注浆作业。

（4）高压注浆作业。浆液的材料种类和配合比要视加固对象而定，一般情况下，水泥浆的水灰比为 1:1~1:2，若用以改善灌注桩桩身质量，则应减小水灰比或采用化学浆。高压射浆自上而下连续进行，注意检查浆液初凝时间、注浆流量、风量、压力旋转和提升速度等参数，应符合设计要求。

（5）喷浆结束和拔管。喷浆由下而上至设计高度后，拔出喷浆管，喷浆即告结束，将拔浆液注入注浆孔中，并将多余的清除掉。但为了防止浆液凝固时产生收缩的影响，拔管要及时，切不可久留孔中，否则浆液凝固后不能拔出。

（6）浆液冲洗。喷浆结束后应立即清洗高压泵输浆管路注浆管及喷头。

5. 深层搅拌地基施工

水泥土搅拌法是以水泥作为固化剂的主剂，通过特制的搅拌机械边钻边向软土中喷射浆液或雾状粉体，在地基深处将软土和固化剂（浆液或粉体）强制搅拌，使喷入软土中的固化剂与软土充分拌合在一起，利用固化剂与软土之间产生的一系列物理化学反应，形成抗压强度比天然土强度高得多,并具有整体性水稳定性和一定强度的水泥加固土桩柱体。由若干根这类加固土桩柱体和桩间土构成复合地基,从而达到提高地基的承载力和增大变形模量的目的。深层搅拌法是一种新技术,用于加固饱和黏性土地基。

1)深层搅拌法的施工工艺与施工要点

(1)施工工艺流程。

深层搅拌法的施工工艺流程如图 2-3 所示,施工示意图如图 2-4 所示。

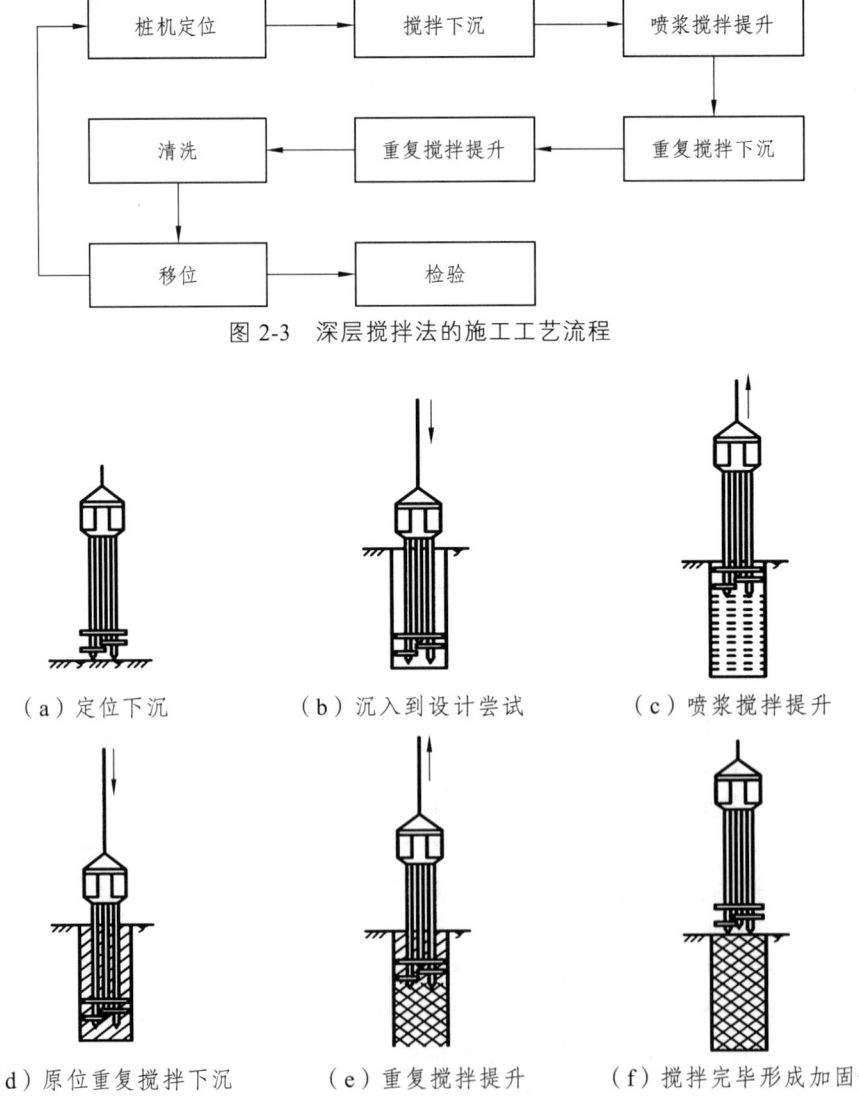

图 2-3 深层搅拌法的施工工艺流程

图 2-4 深层搅拌法的施工示意图

2)操作工艺

(1)桩机就位。利用起重机或者绞车将桩机移动到指定桩位。为保证桩位准确,必须使用定位卡,桩位偏差不大于 50 mm,导向架与搅拌轴应与地面垂直,垂直度偏差不大于 1.5%。

(2)搅拌下沉。当冷却水循环正常后,启动搅拌机的电机,使搅拌机沿着导向架切土搅拌下沉，下沉速度由电机的电流表监控，同时按照预定配比拌制水泥浆，并将其倒入集料斗备喷。

（3）喷浆搅拌提升。搅拌机下沉到设计深度后，开启灰浆泵，使水泥浆连续自动地喷入地基，并保持出口压力为 0.4～0.6 MPa，搅拌机边旋转边喷浆边按照已确定的速度提升，直至设计要求的桩顶标高。搅拌头如被软黏土包裹，应及时清除。

（4）重复搅拌下沉。为使土中的水泥浆与土充分搅拌均匀，可再次将搅拌机边旋转边沉入土中，直到设计深度。

（5）重复搅拌提升。将搅拌机边旋转边提升，再次至设计要求的桩顶标高，并上升至地面，制桩完毕。

（6）清洗。向已排空的集料斗内注入适量清水，开启灰浆泵清洗管道，直至基本干净，同时将黏附在搅拌头上的土清洗干净。

（7）移位。重复步骤 1～6，进行下一根桩的施工。

2.2 钢筋混凝土基础施工

墙下或柱下钢筋混凝土条形基础较为常见，工程中柱下基础底面形状大多是矩形，称为柱下独立基础，它只不过是条形基础的一种特殊形式，其构造如图 2-5 和图 2-6 所示。条形基础的抗弯和抗剪性能良好，可在竖向荷载较大、地基承载力不高的情况下采用，因为高度不受台阶宽高比的限制，故适宜"宽基浅埋"的场合下使用，其横断面一般呈倒 T 形。

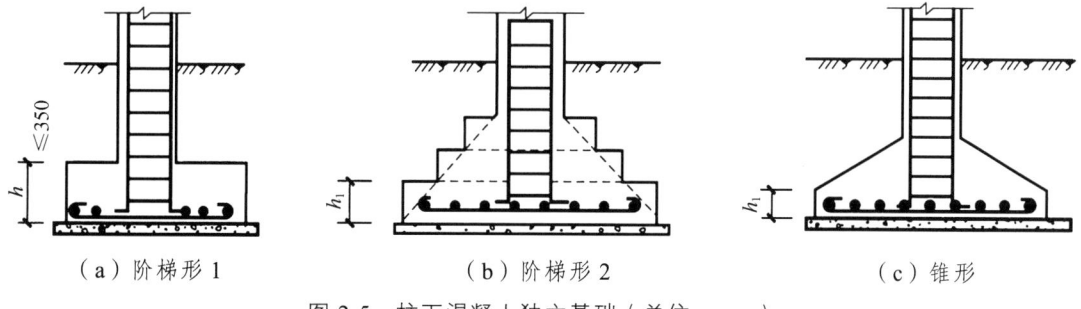

图 2-5 柱下混凝土独立基础（单位：mm）

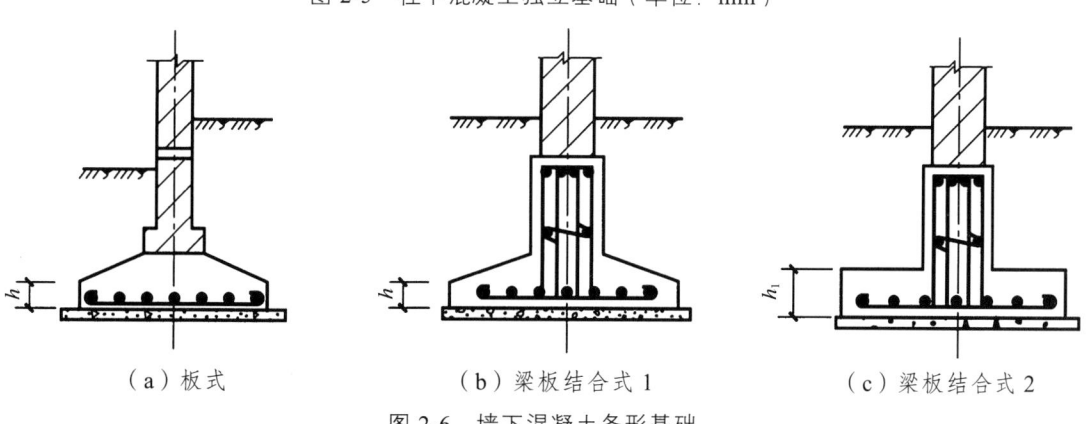

图 2-6 墙下混凝土条形基础

2.2.1 工艺流程

基槽清理、验槽→混凝土垫层浇筑、养护→抄平、放线→基础底板钢筋绑扎、支模板→相关专业施工（如避雷接地施工）→钢筋、模板质量检查，清理→基础混凝土浇筑→混凝土养护→拆模。

2.2.2 施工注意要点

（1）基槽（坑）应进行验槽，局部软弱土层应挖去，用灰土或砂砾分层回填夯实至与基底相平，并将基槽（坑）内清除干净。

（2）如地基土质良好，且无地下水基槽（坑），第一阶可利用原槽（坑）浇筑，但应保证尺正确，砂浆不流失。上部台阶应支模浇筑，模板支撑要牢固，缝隙孔洞要堵严，木模应浇水湿润。

（3）基础混凝土浇筑高度在 2 m 以内，混凝土可直接卸入基槽（坑）内，注意混凝土要充满边角。筑高度在 2 m 以上时，应通过漏斗、串筒或溜槽，以防止混凝土产生离析分层。

（4）浇筑台阶式基础应按台阶分层浇筑完成，每层先浇筑边角，后浇筑中间。应注意防止上下台阶交接处混凝土出现蜂窝和脱空现象。

（5）锥形基础如斜坡较陡，斜面应支模浇筑，并应注意防止模板上浮。斜坡较平时，可不支模，注意斜坡及边角部位混凝土的导固密度，振捣完后，再用人工方法将斜坡表面修正、拍平、拍实。

（6）当基槽（坑）因土质不一挖成阶梯形式时，先从最低处浇筑，按每阶高度，其各边搭长度不应小于 500 mm。

（7）混凝土浇筑完后，外露部分应适当覆盖，洒水养护。拆模后，及时分层回填土方并夯实。

2.3 桩基础概述

桩基础是一种常见的基础形式。它是在若干根土中单桩的顶部用承台或梁联系起来而形成的一种基础形式。桩的作用是将上部建筑物的荷载传递到承载力较大的深土层中，或使软弱土层挤密，以提高地基土的密实度及承载力。当上部建筑物荷载比较大，而地基软弱，天然地基的承载能力、沉降量不能满足设计要求时，可采用桩基础。桩基础的承载力高，沉降量小而均匀，沉降速度慢，能承受竖向力、水平力、振动力的作用，且施工进度快，质量好，因此在工业建筑、高层建筑、高耸构筑物以及抗震设防建筑中被广泛应用。

桩按传力及作用性质不同分为端承桩和摩擦桩两种。端承桩是穿过软弱土层达到坚实土层的桩。上部建筑物的荷载主要由桩尖土层的阻力来承受。摩擦桩只打入软弱土层一定深度，将软弱土层挤压密实，提高土层的密实度及承载力，上部建筑物的荷载主要由桩身侧面与土层之间的摩擦力及桩尖的土层阻力承担。

桩按施工方法分为预制桩及灌注桩。预制桩是在工厂或施工现场制作的各种材料和形式的桩（钢管桩、钢筋混凝土实心方桩、离心管桩等），然后用沉桩设备将桩沉入土中。预制桩按沉桩方法不同分为锤击沉桩（打入桩）、静力压桩、振动沉桩和水冲沉桩等。灌注桩是在施工现场的桩位处成孔，然后在孔中安放钢筋骨架，再浇筑混凝土而成，也称为就地灌注桩。

2.3.1 钢筋混凝土预制桩施工

钢筋混凝土预制桩施工前，应根据施工图设计要求、桩的类型、成孔过程对土的挤压情况、地质探测和试桩等资料，制定施工方案。一般的施工程序如图 2-7 所示。

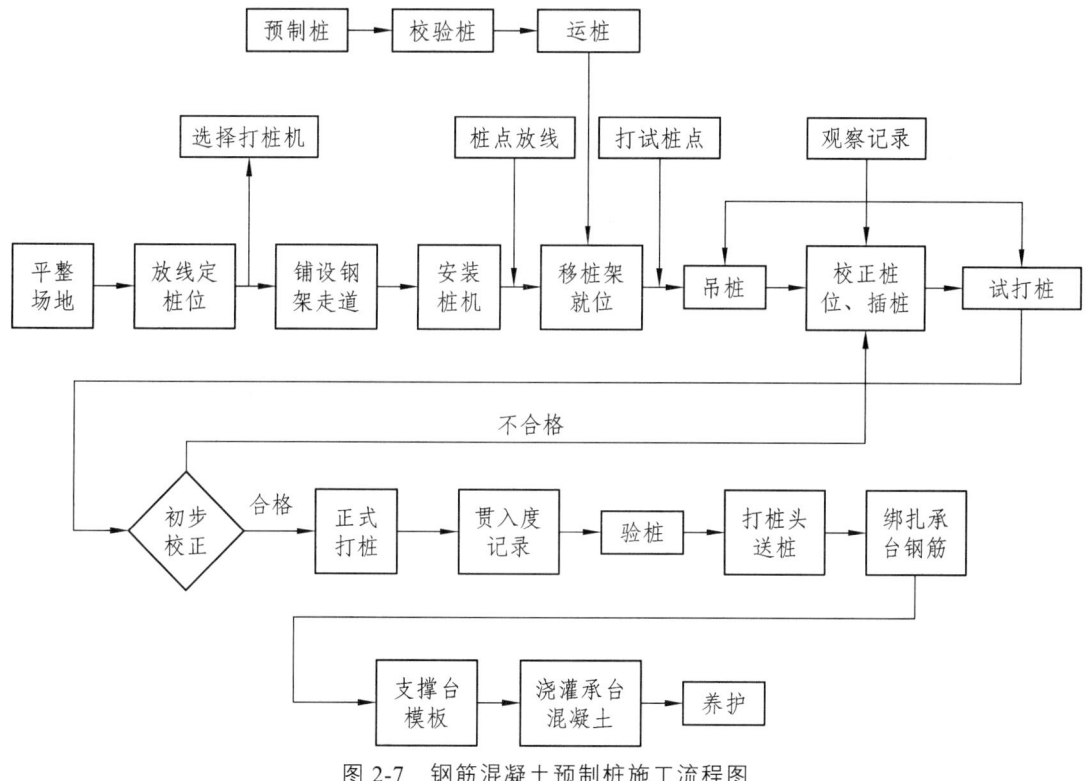

图 2-7 钢筋混凝土预制桩施工流程图

1. 打桩前的准备工作

桩基础工程在施工前应根据工程规模的大小和复杂程度，编制整个分部工程施工组织设计或施工方案。沉桩前，现场准备工作的内容有平整场地、抄平放线、铺设水电管网、沉桩机械设备的进场与安装以及桩的供应等。

1）场地平整、清除障碍

打桩施工的高空及地下障碍物，平整场地打桩前应清除地上、地下的障碍物，如地下管线、旧有基础、树木等。桩机进场及移动范围内的场地应平整压实，使地基承载力满足施工要求，并保证桩架的垂直度。施工现场及周围应保持排水通畅。架空高压电线距桩架顶部净空不小于 10 m。

2）机具就位及接通水源、电源

桩机进场后，按施工顺序铺设轨道，选定位置架设桩机和设备，接通水电源或燃炉升水，进行试机，并移机至桩位，力求桩架平稳垂直。

3）打桩试验

打试桩主要是检验打桩设备和工艺是否符合要求；了解桩的贯入深度、地基持力层强度及桩的承载力，以确定打桩方案和打桩技术。试桩时应做好试桩记录，画出各土层深度，记下打入各土层的锤击次数，最后精确测量贯入度。试桩数量不少于2根。

4）确定打桩顺序

打桩时，由于桩对土体的挤密作用，先打入的桩被后打入的桩水平挤推而造成偏移和变位或被垂直挤拔造成浮桩；而后打入的桩难以达到设计标高或入土深度，造成土体隆起和挤压，截桩过大。所以，群桩施工时，为了保证质量和进度，防止周围建筑物破坏，打桩前应根据桩的密集程度，桩的规格、长短，以及桩架移动是否方便等因素来选择正确的打桩顺序。

当桩较稀疏时（桩中心距>4d）可采用由一侧单一方向进行施打的方式，见图2-8（a），逐排施打。这样，桩架单方向移动，打桩效率高。但打桩前进方向一侧不宜有防侧移、防振动建筑物、构筑物、地下管线等，以防土体挤压破坏。

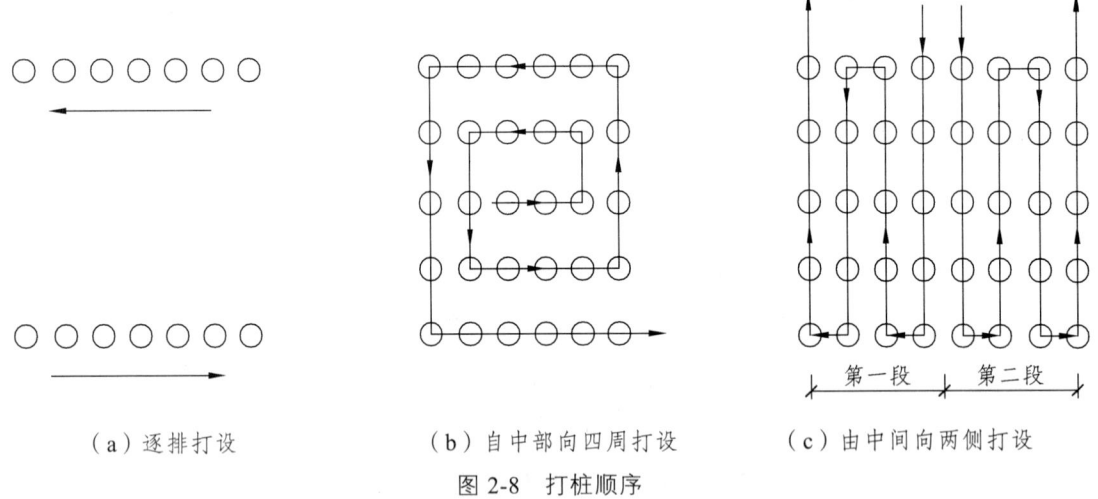

(a) 逐排打设　　(b) 自中部向四周打设　　(c) 由中间向两侧打设

图2-8　打桩顺序

当桩较密集时（桩中心距小于4倍边长或直径），应采用由中间向四周施打，见图2-8（b）]或由中间向两侧对称施打，见图2-8（c）的方法。这样，打桩时土体由中间向两侧或四周挤压，易于保证施工质量。当桩数较多时，也可采用分区段施打。

当桩的规格、埋深、长度不同时，宜遵循先大后小、先深后浅、先长后短的原则施打。

5）抄平放线，定桩位，设标尺

打桩现场附近设置水准点，数量不少于两个，用以抄平场地和检查桩的入土深度。然后根据建筑物轴线控制桩，定出桩基轴线位置及每个桩的桩位。其轴线位置允许偏差为20 mm。当桩较稀时可用小木桩定位，当桩较密时，用龙门板（标志板）定位，以防打桩时土体挤压位移使桩错位。

打桩施工前，应在桩架或桩侧面设置标尺，以观测、控制桩的入土深度。

2. 钢筋混凝土预制桩施工

钢筋混凝土预制桩承载能力较大,桩的制作工艺和沉桩工艺简单,施工速度快,沉桩机械普及,不受地下水位高低及潮湿变化影响,且较钢管桩等坚固耐用。其施工现场干净,文明程度高,但耗钢量较大(由于考虑吊装强度),桩长也不易适应土层变化。

钢筋混凝土预制桩有实心方桩和离心管桩两种。为便于制作,实心桩大多数做成方形截面,断面边长一般为 250~550 mm。管桩是在工厂用离心法成型的空心圆柱形预制桩,其直径为 400~500 mm。与实心桩相比,在使用相同体积混凝土的条件下,管桩的直径大,承载能力高。单节桩的最大长度,取决于打桩架的高度,一般在 27 m 以内,必要时可做到 30 m。若桩长超过桩架高度,则分节(段)制作,打桩时采用接桩的方法接长。

钢管混凝土预制桩所用混凝土强度等级不宜低于 C30;主筋根据桩断面大小及吊装验算确定,一般为 4~8 根,直径为 12~25 mm;箍筋直径为 6~8 mm,间距不大于 200 mm。在桩顶和桩尖部位应加强配筋。

钢筋混凝土预制施工包括桩的制作、起吊、运输、堆放和沉桩、接桩等工艺。

1)桩的制作

较短的桩(长度 10 m 以下)多在预制厂制作;较长的桩可在施工现场附近露天就地预制。确定单节桩制作长度应考虑桩架的有效高度、制作场地大小、运输和装卸能力等,同时须考虑接桩节点的竖向位置应避开硬夹层。

施工现场预制桩多采用叠层浇筑,重叠生产的层数应根据施工条件和地基承载力确定,一般不宜超过 4 层。

预制场地应平整坚实,不应产生浸水湿陷和不均匀沉陷。制桩底模应用素土夯实或垫石碴炉灰等,上抹水泥砂浆一遍;上下层桩之间、邻桩之间及桩与底模板之间应做好隔离层,以防接触面黏结及拆模时损坏棱角。常用隔离剂有纸筋石灰浆、皂角滑石粉浆、塑料布等。隔离剂要求干燥快,隔离性能好,施工方便,造价低廉。上层桩及邻桩的混凝土浇筑,应在下层及邻桩混凝土达到设计强度等级的 30%以上之后进行。对于两个吊点以上的桩,由于桩架滑轮组有左右之分,所以预制时就根据打桩顺序、行走路线来确定桩尖方向。

钢筋混凝土预制桩的钢筋骨架宜采用对焊连接,主筋接头配置在同一截面内(指 30 倍钢筋直径区域之内,但不小于 500 mm)的数量不得超过 50%;同一钢筋两个相邻接头间应大于 30 倍钢筋直径,且不小于 500 mm;桩尖应正对轴线,桩尖模板应采用钢模板,也可用钢板焊在钢筋骨架上。桩顶主筋上部以伸至最上一层钢筋网片之下为宜,应连接成"⊓"形,以有效地接受和传递冲击力。桩身混凝土保护层不可过厚,以 25 mm 为宜,否则打桩时易脱落。钢筋混凝土预制桩见图 2-9。

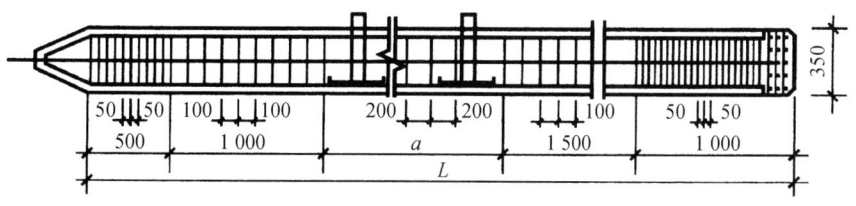

图 2-9 钢筋混凝土预制桩

表 2.1 制作钢筋混凝土预制桩的允许偏差

项次	项 目	允许偏差
钢筋混凝土预制桩	横截面边长	±5 mm
	桩顶对角线之差	10 mm
	保护层厚度	±5 mm
	桩身弯曲矢高	不大于1‰桩长,且不大于20 mm
	桩尖中心线	10 mm
	桩顶平面对桩中心线的倾斜	3 mm
	锚筋预留孔深	0～+20 mm
	浆锚预留孔位置	5 mm
	浆锚预留孔径	±5 mm
	锚筋孔的垂直度	1%
钢筋混凝土管桩	直径	±5 mm
	管壁厚度	−5 mm
	抽芯圆孔平面位置对桩中心线	5 mm
	桩尖中心线	10 mm
	下节或上节桩的法兰对中心线的倾斜	2 mm
	中节桩两个法兰对桩中心线倾斜之和	3 mm

2)桩的运输

钢筋混凝土预制桩应在混凝土强度达到设计强度等级的70%时方可起吊,达到100%时才能运输和打桩。如提前起吊,必须作强度和抗裂度验算,并采取必要措施。起吊时,吊点位置应符合设计要求。无吊环时,绑扎点的数量和位置视桩长而定,当吊点或绑扎点不大于3个时,其位置按正负弯矩相等原则计算确定;当吊点或绑扎点大于3个时,应按正负弯矩相等且吊点反力相等的原则确定吊点位置。几种不同吊点位置见图2-10。

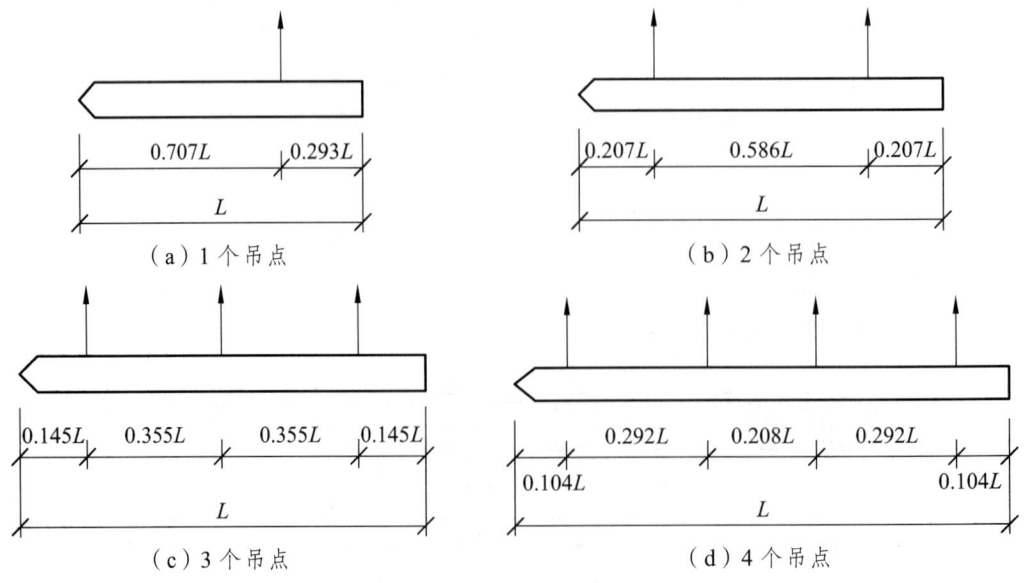

图 2-10 桩的吊点位置

桩的运输应根据打桩进度和打桩顺序确定,宜采用随打随运方法,这样可以减少二次搬运工作。当桩的运输距离较短时,可在桩的下面垫滚筒,用卷扬机拖动桩身前进;当运距较远时,可采用轻便轨道小平台车运输;对于工厂生产的短桩,可采用汽车运输。

3)桩的堆放

桩在堆放和运输中,垫木位置应与吊点位置相同,保持在同一平面上,并上下对齐。最下层垫木应适当加宽。堆放场地应平整坚实,堆放层数一般不宜超过4层,不同规格的桩应分别堆放。

3. 锤击沉桩（打入桩）施工

锤击沉桩也称打入桩,是利用桩锤下落产生的冲击能量将桩沉入土中。锤击沉桩是预制钢筋混凝土桩最常用的沉桩方法,该法施工速度快,机械化程度高,适用范围广,现场文明程度高,但施工时有噪声、污染和振动,对于城市中心和夜间施工有所限制。

1)打桩机具及选择

打桩机具主要有打桩机及辅助设备。打桩机主要包括桩锤、桩架和动力装置3部分。

（1）桩锤。

桩锤是对桩施加冲击力,将桩打入土层中的主要机具。打入桩桩锤按动力源和动作方式分为落锤、单动汽锤、双动汽锤和柴油锤。

① 落锤。

落锤是靠电动卷扬机或人力将锤拉升到一定高度,然后自由落下,利用落锤自重夯击桩顶,将桩沉入土中,见图 2-11。落锤一般用生铁铸成,为搬运方便和适应桩锤重量的变化,可以分片铸造。施工时根据所需重量用螺栓将各片连接起来,搬运时再拆开分片运输。落锤重 5~15 kN,提升高度可随意调整,1 min 打桩 6~20 次。该种锤构造简单,使用方便,冲击力大,但打桩速度慢,效率低,适用于在普通黏土和含砾石较多的土中打桩。

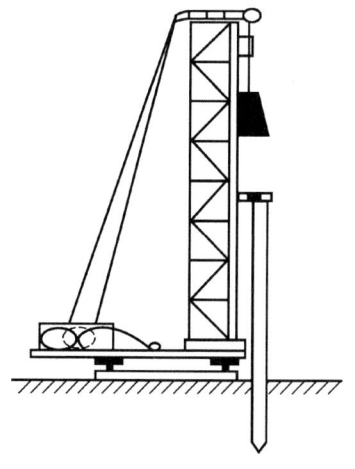

图 2-11 落锤锤击法施工
1—钻杆；2—送水管；3—主机；4—钻头；5—沉淀池；6—潜水泥浆泵；
7—泥浆池；8—砂石泵；9—抽渣管；10—排渣胶管

② 单动汽锤。

单动汽锤利用蒸汽或压缩空气的压力将桩锤的汽缸上举,然后自由下落冲击桩顶,其冲击部分为汽缸。单动汽锤重 15~150 kN,冲击力较大,落距较小,打桩速度快,1 min 锤击 60~80 次,适用于各种桩在各类土中施工,见图 2-12。

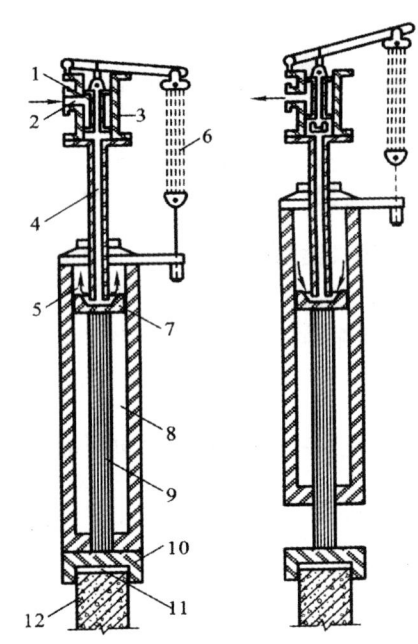

图 2-12 单动汽锤构造示意图
1—活塞;2—进汽口;3—缸套;4—锤芯进汽管;5—汽室;6—拉簧;7—活塞;
8—锤壳;9—顶杆;10—桩帽;11—桩垫;12—桩

③ 柴油锤。

柴油锤一般分为导杆式和筒式两种,其工作原理是利用燃油爆炸产生的力推动活塞上下往复运动进行沉桩。首先利用机械能将活塞提升到一定高度,然后自由下落,使燃烧室内压力增大,产生高温而使燃油燃烧爆炸,其作用力将活塞上抛,反作用力作用于桩顶。这样,活塞不断下落、上抛,循环进行,可将桩打入土中。柴油锤冲击部分重量为 1.2 kN, 6.0 kN, 12 kN, 18 kN, 25 kN, 40 kN, 60 kN。1 min 锤击次数为 40~80 次。但施工时有噪声和污染、振动等危害,在城市中心和夜间施工受到一定限制;另外,在软土和过硬土层施工时,由于贯入度过大和过小,使桩锤反跳高度过小和过大。在软土中打桩时,反跳高度过小,燃烧室压力小,燃油不能爆炸(称熄火),造成工作循环中断,使打桩效率降低。反之,硬土中打桩,桩锤反弹高度大,使桩顶、桩身被打坏,或使桩锤顶部被活塞冲撞损伤。柴油锤类型见图 2-13。

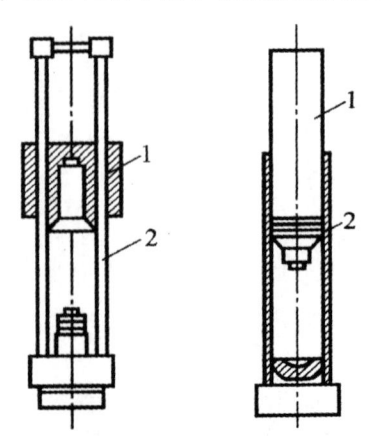

(a)杆式柴油锤 (b)筒式柴油锤
图 2-13 柴油锤类型示意图
1—活塞;2—汽缸

桩锤的类型,应根据施工现场情况、机具设备条件及工作方式和工作效率进行选择。然后根据工程的地质条件、桩的类型和结构、桩的密集程度及施工条件，参照表 2.2，选择桩锤重。

表 2.2 选择锤重参考表

锤 型			柴油锤（×10 kN）					蒸汽锤（单动）（×10 kN）		
			1.8	2.5	3.2	4	7	3~4	7	10
锤型资料	冲击部分重		1.8	2.5	3.2	4.6	7.2	3~4	5.5	9
	锤总重		4.2	6.5	7.2	9.6	18	3.5~4.5	6.7	11
	锤冲击力		~200	180~200	300~400	400~500	500~1000	~200	~300	350~400
	常用冲程/m				1.8~2.3			0.6~0.8	0.5~0.7	0.4~0.6
适用的桩规格	预制方桩、管桩的边长或直径/cm		30~40	35~45	40~50	40~50	55~60	35~45	40~45	40~50
	钢管桩直径/cm			40		60	90			
黏性土	一般进入深度/m		1~2	1.5~2.5	2~3	2.5~3.5	3~5	1~2	2.5~3.5	3~5
	桩尖可达到静力触探 P_2 平均值（×0.1 MPa）		30	40	50	50	50	30	40	50
砂土	一般进入深度/cm		0.5~1	0.5~1	1~2	1.5~2.5	2~3	0.5~1	1~1.5	1.5~2
	桩尖可达到标准贯入击数 N 值		15~25	20~30	30~40	40~45	50	15~25	20~30	30~40
岩土（软质）	桩尖可进入深度/m	强风化		0.5	0.5~1.5	1~2	2~3		0.5	0.50~1
		中等风化			表层	0.51	12			表层
锤的常用控制贯入度/(cm/10 击)				2~3		3~5	4~8		3~5	
设计单位极限承载力（×10 kN）			40~120	80~160	160~200	300~500	500~1000	60~140	150~300	250~400

注：① 适用于预制桩长度 20~40 m，钢管桩长度 40~60 m，且桩尖进入硬土层一定深度的情况，不适用于桩尖处于软土层的情况。
② 标准贯入击数 N 值为未修正的数值。
③ 本表仅供选锤参考，不能作为设计确定贯入度和承载力的依据。

（2）桩架。

桩架的作用为吊桩就位，悬吊桩锤，打桩时引导桩身方向。桩架要求稳定性好，锤击准确，可调整垂直度；机动性、灵活性好，工作效率高。桩架的种类和高度，应根据桩锤的种类、桩的长度和施工条件确定。桩架高度应为：桩长＋桩帽高度＋桩锤高度＋滑轮组高度＋起锤工作伸缩的余位调节度（1~2 m）。若桩架高度不满足，则桩可考虑分节制作，现场接桩；若采用落锤还应考虑落距高度。

桩架形式多种多样，常用桩架基本为两种形式，一种是沿轨道或滚杠行走移动的多能桩架，如图 2-14 所示，另一种为装在履带式底盘上可自由行走的桩架，如图 2-15 所示。

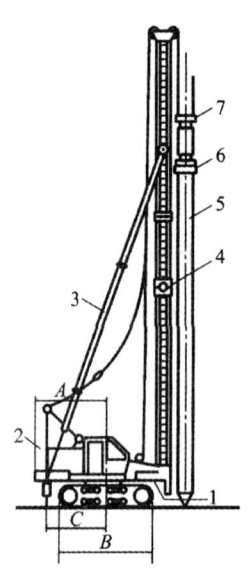

图 2-14　履带式桩架
1—立柱支撑；2—发动机；3—斜撑；4—立柱；
5—桩；6—桩帽；7—桩锤

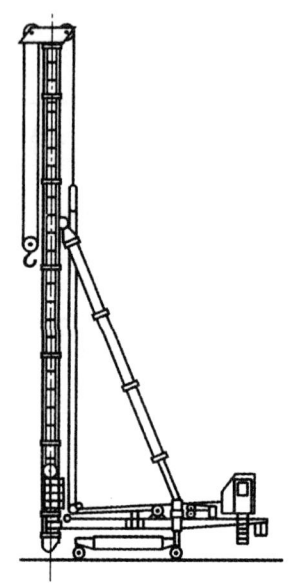

图 2-15　多能桩架

（3）动力设备。

打桩机械的动力装置及辅助设备主要根据选定的桩锤种类而定。落锤以电源为动力，再配置电动卷扬机、变压器、电缆等；蒸汽锤以高压饱和蒸汽为驱动力，配置蒸汽锅炉、蒸汽绞盘等；气锤以压缩空气为动力源，需配置空气压缩机、内燃机等；采用柴油锤，以柴油为能源，桩锤本身有燃烧室，不需要外部动力设备。

2）打桩施工

（1）提锤吊桩。

桩机就位后应平稳垂直，导杆中心线与打桩方向一致，并检查桩位是否正确。然后将桩锤和桩帽吊起，使锤底高度高于桩顶，以便进行吊桩。

吊桩时，用桩架上的钢丝绳和卷扬机将桩提升就位，吊点数量和位置与桩运输起吊相同。桩提离地面时，用拖绳稳住桩下部，防止桩身撞击桩架。桩提升到垂直状态后，送入桩架导杆内，桩尖垂直对准桩位中心，扶正桩身，将桩缓缓下放插入土中。桩的垂直度偏差不得超过 0.5%。

桩就位后，在桩顶放上弹性衬垫（如草纸、麻袋、草绳等），扣上桩帽或桩箍，保证桩帽与桩周围有 5～10 mm 间隙。待桩稳定后，即可脱去吊钩，再将桩锤缓慢落在桩帽上。桩锤底面、桩帽上下面及桩顶应保持水平，桩锤、桩帽（送桩）和桩身应在同一中心线上。此时在锤重作用下，桩沉入土中一定深度达到稳定位置，再次校正桩位和垂直度后，即可打桩。

（2）打桩

初打应采用小落距轻击桩顶数锤，落距以 0.5~0.8 m 为宜，随即观察桩身与桩锤、桩架是否在同一深度，桩尖不易发生偏移时，再全落距施打。

打桩宜采用重锤低击方法。重锤低击对桩顶的冲量小，动量大，桩顶不易损坏，大部分能量用于克服桩身摩擦力与桩尖阻力。另外，采用重锤低击的方法，可使桩身反弹小，反弹张力波产生的拉力不致使桩身被拉坏。再者，由于桩锤的落距小，故打桩速度快，效率高。当采用落锤或单动汽锤，落距不宜大于 1 m；采用柴油锤应使锤跳动正常，落距不超过 1.5 m。

打桩时应随时注意观察桩锤回弹情况。若桩锤经常性回弹较大，桩的入土速度慢，说明桩锤太轻，应更换桩锤；若桩锤发生突发的较大回弹，说明桩尖遇到障碍，应停止锤击，找出原因后进行处理。如果继续施打，贯入度突增，说明桩尖或桩身遭受破坏。打桩时，还要随时注意观察贯入度的变化。贯入度过小，可能在土中遇到障碍；贯入度突然增大，可能遇到软土层、土洞或桩尖、桩身破坏。当贯入度剧变，桩身发生突然倾斜、移位或严重回弹，桩顶、桩身出现严重裂缝或破坏，应暂停打桩并及时进行研究处理。

打桩时，如果要将桩顶打入土中一定深度，则应采用送桩器施打，以减少预制的长度，节省材料。送桩是将桩送入地下的工具式短桩，安放在桩顶承受锤击，通常用钢材制作，其长度和截面尺寸视需要而定。送桩施打时，应保证桩与送桩尽量在同一垂直轴线上。送桩器两侧应设置拔出吊环，拔出送桩后，桩孔应及时回填。在城市中心或建筑群中打桩时，为减少噪声和土体对原有建筑物、构筑物及地下管线的挤压，可采用钻孔排土打入桩。即先用长杆螺旋钻在浅层钻孔排土，后插入桩进行施打。也可以采用挖防振沟、砂井排水、打隔离板桩等方法减少噪声和土体挤压位移。

打桩工程属于隐蔽工程，为确保工程质量，应对每根桩施工过程进行观测，并做好记录，作为验收时鉴定质量的依据。若采用落锤、单动汽锤或柴油锤打桩，开始施打时应测量记录桩身每沉入 1 m 的锤击次数及桩锤落距的平均高度，桩下沉接近设计标高时，应在规定落距下，锤击一阵（每阵 10 击）后测量其贯入度，直至当最后贯入度小于设计要求时，即停止打桩；当采用双动汽锤和振动桩锤时，开始即应记录每沉入土中 1 m 的工作时间（同时将 1 min 锤击次数记入备注栏），以观测沉入速度及均匀程度，当桩下沉接近设计标高时，应测量记录 1 min 的沉入量，以保证桩的设计承载力。

打桩时要测量桩顶的水平标高，可采用水平仪测量控制。通常在桩架导杆底部每隔 10~20 mm 划一准线，定出桩锤应停止锤击的水平面数字，当桩锤上白线打至该数字时即应停止锤击。

4. 静力压桩施工

静力压桩是利用压桩机桩架自重和配重的静压力将预制桩逐节压入土中的沉入方法。这种方法节约钢筋和混凝土，降低工程造价，而且施工时无噪声、无振动，对周围环境的干扰小，适用于软土地区城市中心或建筑物密集处的桩基础工程，以及精密工厂的扩建工程。

静力压桩机的构造和组成如图 2-16 所示。压桩机的主要部件有桩架底盘、压梁、卷扬机、滑轮组、配置和动力设备等。压桩时，先将桩起吊，对准桩位，将桩顶置于梁下，然后开动卷扬机牵引钢丝绳，逐渐将钢丝绳收紧，使活动压梁向下，将整个桩机的自重和配重荷载通过压梁压在桩顶。当静压力大于桩尖阻力和桩身与土层之间的摩擦力时，桩被逐渐压入土中。常用压桩机的荷重有 80 t，120 t，150 t 等数种。

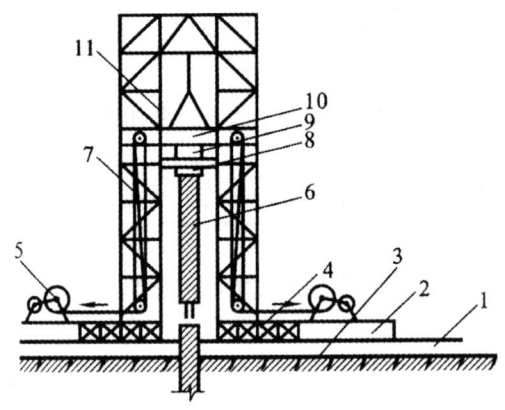

图 2-16　静力压桩机的构造

1—垫板；2—底盘；3—操作平台；4—加重物仓；5—卷扬机；6—上段桩；7—加压钢丝绳；
　　8—桩帽；9—油压表；10—活动压梁；11—桩架

静力压桩在一般情况下是分段预制、分段压入、逐段接长。每节桩长度取决于桩架高度，通常 6 m 左右。压桩桩长可达 30 m 以上，桩断面为 400 mm × 400 mm。接桩方法有焊接法、硫黄胶泥锚接法。静力压桩沉桩程序如图 2-17 所示。

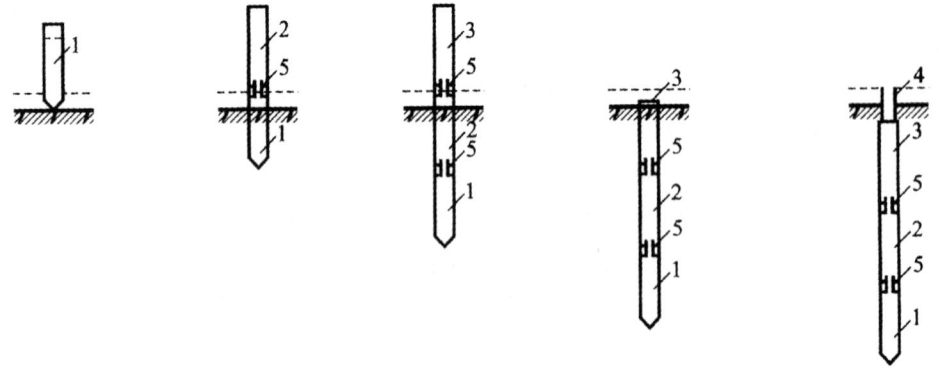

（a）准备压第一段桩　（b）接第二段桩　（c）接第三段桩　（d）整根桩压入地面　（e）采用送桩，压桩完毕

图 2-17　静力压桩程序

1—第一段桩；2—第二段桩；3—第三段桩；4—送桩；5—接桩处

压桩施工前，应了解施工现场土层土质情况，检查桩机设备，以免压桩时中途中断施工，造成土层固结，使压桩困难。如果压桩需要停歇，则应考虑将桩尖停歇在软弱土层中，以使压桩启动时阻力不致过大。压桩机自重大，行驶路基必须有足够的承载力，必要时应对路基进行加固处理。

压桩时，应始终保持桩轴心受压，若有偏移应立即纠正。接桩应保证上下节桩轴线一致，并应尽量减少每根桩的接头个数,一般不宜超过 4 个接头。施工中,若压阻力超过压桩能力,使桩架上抬倾斜时,应立即停压,查明原因。

当桩压至接近设计标高时,不可过早停压,应使压桩一次成功,以免发生压不下或超压现象。工程中有少数桩不能压至设计标高,此时可将桩顶截去。

5. 振动沉桩施工

振动沉桩是利用固定在桩顶部的振动器所产生的激振力,通过桩身使土颗粒受迫振动,使其改变排列组织,产生收缩和位移,这样桩表面与土层间的摩擦力就减少,桩在自重和振动力共同作用下沉入土中。

振动沉桩设备简单,不需要其他辅助设备,质量轻,体积小,搬运方便,费用低,工效高,适用于在黏土、松散砂土及黄土和软土中沉桩,更适合于打钢板桩,同时借助起重设备可以拔桩。

振动沉桩机构示意图如图 2-18 所示。振动箱安装在桩头,用夹桩器将桩与振动箱固定。振动箱内装有两组偏心振动块。在电动机带动下,偏心块反向同步旋转产生离心力。离心力的水平分力大小相等,方向相反,相互抵消。而垂直分力大小相等,方向相同,相互叠加,使振动箱产生垂直方向的振动,使桩与土层摩擦力减少,桩逐渐沉入土中。

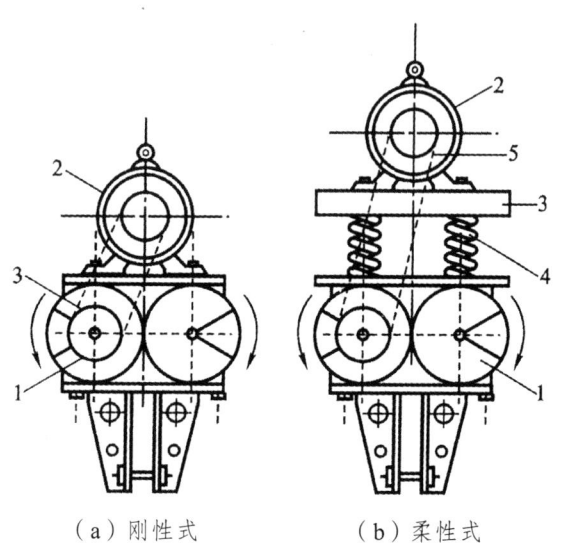

(a)刚性式　　　(b)柔性式

图 2-18　振动桩锤构造示意图

1—激振器;2—电动机;3—传动带;4—弹簧;5—加荷板

振动桩锤分为 3 种,即超高频振动锤、中高频振动锤和低频振动锤。超高频振动锤的振动频率为 100~150 Hz,与桩体自振频率一致而产生共振。桩振动对土体产生急速冲击,可大大减少摩擦力,以最小功率、最快的速度打桩,还可使振动对周围环境的影响减至最小。该种振动锤适合于城市中心施工。中高频振动锤振动频率为 20~60 Hz,适用于松散冲积层、松散及中密的砂石层施工,在黏土地区施工却显能力不足。低频振动锤适用于打大管径桩,多用于桥梁、码头工程,缺点是振幅大,产生噪声大。可采用以下方法来减少噪声:一是紧急制动法,即停振时,使马达反转制动,使其在极短时间内越过与土层的共振域;二是采用钻振结合法,即先钻孔,后沉桩,噪声可降低到 75 dB(分贝)以下;三是采用射水振动联合法。

振动沉桩器施工时,夹桩器必须夹紧桩头,避免滑动,否则影响沉桩效率,损坏机具。沉桩时,应保证振动箱与桩身在同一垂直线上。当遇有中密以上细砂、粉砂或其他硬夹层时,若厚度在 1 m 以上,可能发生沉入时间过长或穿不过现象,应会同设计部门共同研究解决。振动沉桩施工应控制最后 3 次振动,每次 5 min 或 10 min,以 1 min 平均贯入度满足设计要求为准。摩擦桩以桩尖进入持力层深度为准。

6. 接桩及桩头处理

预制桩按设计要求有时长达 30~40 m。但受桩架有效高度,现场情况,运输、吊装能力等限制,桩只能分节制作,逐节打入,现场接桩。接桩方法有硫黄胶泥锚接法、焊接接桩及法兰螺栓接桩法三种,前一种适合于软弱土层,后两种适合于各类土层。

(1)焊接接桩。

焊接接桩是上下两节桩端部四角侧面及端面预埋低碳钢钢板,当下节桩打至便于焊接操作高度(距地面 1 m 左右),同时桩尖避开硬土夹层时,将上节桩用桩架吊起,对准下节桩头。用仪器校正垂直度,接头间隙不平处用铁片填实并与桩端面预埋铁板焊牢。检查无误后,用点焊将四角连接角钢与预埋钢板临时焊接,再次检查位置及垂直度后,随即由两名焊工对角对称施焊。焊接中应防止焊点出现由于温度应力而产生的焊接变形,否则容易引起桩身歪斜。焊缝应连续饱满,焊接时间尽量缩短,以防止发生固结现象。焊接接桩适用各类土层。焊接节点见图 2-19。

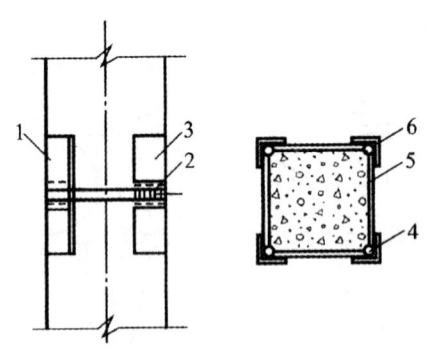

图 2-19 焊接接桩节点
1—连接角钢;2—预埋垫板;3—预埋钢板;4—主筋;5—钢板;6—角钢

(2)硫黄胶泥锚接接桩。

硫黄胶泥锚接法又称浆锚法。制桩时,在上节桩下端伸出 4 根锚筋,长度为 $15d$(d 为钢筋直径);下节桩上端预留 4 个锚筋孔,孔径为 $2.5d$,孔深为 $15d+30$ mm。接桩时,将上节桩的锚筋插入下节桩的锚筋孔,上下桩间隙 20 mm 左右。然后在四周安设施工夹箍(由 4 块木块,内衬人造革包裹 40 mm 厚树脂海绵块连接而成),将溶化的硫黄胶泥注满锚筋孔内,并使之溢出桩面,然后将上节桩下落。当硫黄胶泥冷却后,拆除施工夹箍,则可继续压桩打桩。图 2-20 为硫黄胶泥锚接节点。

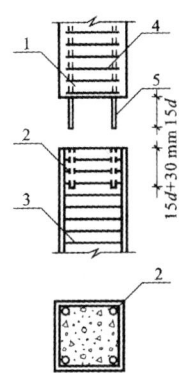

图 2-20 硫黄胶泥锚接桩节点
1—上段桩；2—锚筋孔；3—下段桩；4—箍筋；5—螺纹钢筋

7. 打入末节桩体

1）送 桩

设计要求送桩时，当送桩的中心线与桩身吻合一致方能进行送桩。送桩下端宜设置桩垫，要求厚薄均匀，若桩顶不平，则可用麻袋或厚纸垫平。送桩留下的柱孔应立即用碎石或黄砂回填密实。

2）截 桩

在打完各种预制桩开挖基坑时，按设计要求的桩顶标高将桩头多余的部分截去，截桩头时不能破坏柱身，要保证桩身的主筋伸入承台，长度应符合设计要求。当桩顶标高在设计标高以下时，将桩位挖成喇叭口，凿掉桩头混凝土，剥出主筋并焊接接长至设计要求长度，与承台钢筋绑扎在一起，用与身同强度等的混凝土与承台一起浇筑接长柱身。

2.3.2 混凝土灌注桩施工

混凝土灌注桩是直接在施工现场的桩位上成孔，然后在孔内安装钢筋骨架，浇筑混凝土成桩。灌注桩按成孔方法可分为钻孔灌注桩、沉管灌注桩、人工挖孔灌注桩等。

灌注桩与预制桩相比，能适应持力层变化制成不同长度的桩，桩径大，具有节约钢筋、节省模板、施工方便、工期短、成本低等优点，而且施工时无噪声、无振动，对土体和周围建筑物无挤压（除沉管灌注桩之外）。

1. 灌注桩施工准备工作

1）确定成孔施工顺序

（1）对土没有挤密作用的钻孔灌注桩和干作业成孔灌注桩，应结合施工现场条件，按桩机移动的原则确定成孔顺序。

（2）对土有挤密作用和振动影响的冲孔灌注桩、沉管灌注桩等，为保证邻桩不受影响，以免造成事故，一般可结合现场施工条件确定成孔顺序，如间隔1个或2个桩位成孔；在邻桩混凝土初凝前或终凝后成孔；5根以上单桩组成的群桩基础，中间的桩先成孔，外围的桩后成孔。

（3）人工挖孔桩当桩净距小于2倍直径且小于2.5 m时，桩应采用间隔开挖。排桩跳挖的最小净距不得小于4.5 m，孔深不宜大于40 m。

2）桩孔结构的控制

（1）桩孔直径的偏差应符合规范规定。在施工中，如桩孔直径偏小，则不能满足设计要求（桩承载力不够）；如直径偏大，则使工程成本增加，影响经济效益；

（2）应根据桩型来确定桩孔深度的控制标准。对桩孔的深度，一般先以钻杆和钻具粗挖，再以标准测量绳吊铊测量；

（3）护筒的位置主要取决于地层的稳定情况和地下水位的位置。

3）钢筋笼的制作

制作钢筋笼可采用专用工具人工制作。首先计算主筋长度并下料，再弯制加强筋和编绕筋，然后焊制钢筋笼。制作钢筋笼时，要求主筋环向均匀布置，箍筋的直径及间距、主筋的保护层、加强箍的间距等均应符合设计规定。钢筋笼在运输、吊装过程中，要防止钢筋扭曲变形。吊放入孔内时，应对准孔位慢放，严禁高起猛落、强行下放，防止倾斜、弯折或碰撞孔壁。为防止钢筋笼上浮，可采用叉杆对称地点焊在孔口护筒上

4）混凝土的配制

混凝土强度等级不应低于C15，水下浇筑混凝土不应低于C20，所用粗、细骨料必须符合有关要求。混凝土坍落度的要求是用导管水下灌注混凝土宜为160~220 mm，非水下直接灌注的混凝土宜为80~100 mm，非水下素混凝土宜为60~80 mm。

5）混凝土的灌注

桩孔检查合格后，应尽快灌注混凝土。灌注混凝土时，桩顶灌注标高应超过桩顶设计标高的半米以上。灌注时，若环境温度低于0 ℃时，应对混凝土采取保温措施。

2. 钻孔灌注桩施工

钻孔灌注桩是指利用钻孔机械钻出桩孔，并在孔中浇筑混凝土（或先在孔中吊放钢筋笼）而成的桩。根据钻孔机械的钻头是否在土壤的含水层中施工，钻孔灌注桩又可分为泥浆护壁成孔和干作业成孔两种施工方法。

1）泥浆护壁成孔灌注桩施工

泥浆护壁成孔是利用原土自然造浆或人造浆浆液进行护壁，通过循环泥浆将被钻头切下的土块携带排出孔外成孔，然后安装绑扎好的钢筋笼，用导管法水下灌注混凝土沉桩。此法对不论地下水高低的土层都适用，但在溶发育地应慎用。

泥浆护壁成孔灌注桩施工工艺流程如图2-21所示。

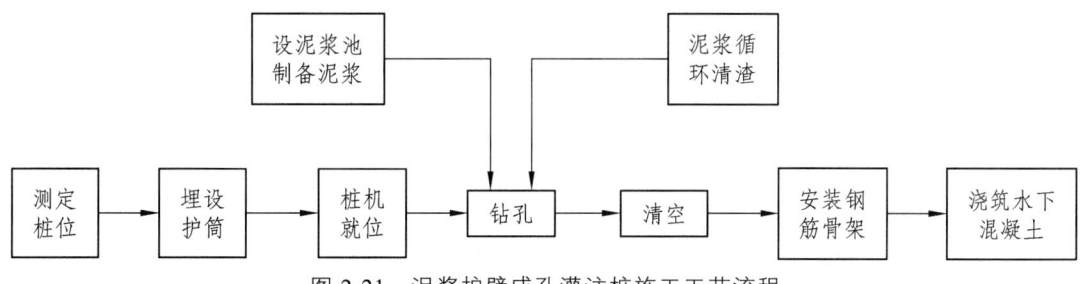

图 2-21 泥浆护壁成孔灌注桩施工工艺流程

(1) 埋设护筒。

护筒是用 4~8 mm 厚钢板制成的圆筒，护筒内径应大于钻头直径，采用回转钻时，宜大于 100 mm，采用冲击钻时，宜大于 200 mm，上部开设 1~2 个溢浆孔。

护筒的作用是固定桩孔位置，防止地面水流入，保护孔口，增高桩孔内水压力，防止塌孔，成孔时引导钻头方向。

埋设护筒时，先挖去桩孔处表土，将护筒埋入土中，其埋设深度，在黏土中不宜小于 1.0 m，在砂土中不宜小于 1.5 m。护筒中心线应与桩位中心线重合，偏差不得大于 50 mm，护筒与坑壁之间用黏土填实，以防漏水；护筒顶面应高于地面 0.4~0.6 m，并应保持孔内泥浆面高出地下水位 1.0 m 以上。

(2) 泥浆。

泥浆在桩孔内壁上形成泥皮，可以将土壁上的孔隙填堵渗密实，避免孔内壁漏水，保持护筒内水压稳定；泥浆重度大，可以加大孔内水压力，起到稳固土壁、防止塌孔的作用；泥浆有一定黏度，通过循环泥浆可将切削碎的泥石碴屑悬浮后排出，起到携砂、排土的作用；同时，泥浆还可对钻头有冷却和润滑作用。

制备泥浆的方法应根据土质条件确定：在黏性土中成孔时，可在孔中注入清水，钻机旋转时，切削土屑与水搅拌，用原土造浆。施工中应经常测定泥浆重度，并定期测定黏度、含砂率和胶体率。其控制指标为：黏度 18~22 s；含砂率不大于 4%~8%；胶体率不小于 90%。

(3) 成孔。

泥浆护壁成孔灌注桩的成孔方法按成孔机械分类有钻机成孔（回转钻机成孔、潜水钻机成孔、冲击钻机成孔）和冲抓锥成孔，其中以钻机成孔应用最多。

① 回转钻机成孔，回转钻机是由动力装置带动钻机回转装置转动，再由其带动带有钻头的钻杆移动，由钻头切削土层。适用于地下水位较高的软、硬土层，如淤泥、黏性土、砂土、软质岩层。

根据泥浆循环方式的不同回转钻机钻孔方式，分为正循环回转钻机成孔和反循环回转钻机成孔。正循环回转钻机成孔的工艺如图 2-22（a）所示

由空心钻杆内部通入泥浆或高压水，从钻杆底部喷出，携带结下的土渣沿孔壁黑向上流动，由孔口将土渣带出流入泥浆池。反循环回转钻机成孔的工艺如图 2-22（b）所示。泥浆带渣流动的方向与正循环回转钻机成孔的情形相反。反循环工艺的泥浆上流的速度较高，能携带较大的土渣。

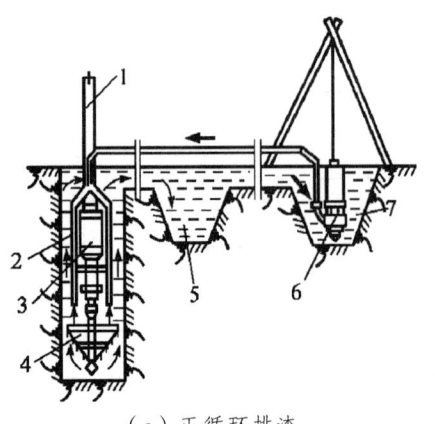 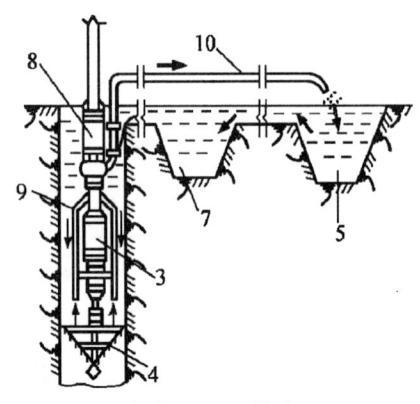

(a) 正循环排渣　　　　　　　　　(b) 反循环排渣

图 2-22　循环排渣方法

1—钻杆；2—送水管；3—主机；4—钻头；5—沉淀池；6—潜水泥浆泵；
7—泥浆池；8—砂石泵；9—抽渣管；10—排渣胶管

② 潜水钻机成孔。它是一种将动力、变速机构与钻头连在一起加以密封，潜入水中工作的一种体积小而质量轻的钻机。这种钻机的钻头带有合金刃齿，由电机带动刃齿旋转切削土层或岩层。钻头靠桩架悬吊，吊杆定位，钻孔时钻杆不旋转，正循环送入泥浆，被切碎的土屑靠泥浆排出孔外。该钻机桩架轻便，移动灵活，钻进速度快（可达 0.5 m/min），噪声小。钻孔的直径为 600～800 mm，钻孔深度可达 50 m。钻孔成孔适用于黏性土、淤泥、淤泥质土及砂土，也可钻入岩层，尤其适于在地下水位较高的土层中成孔。潜水钻机及潜水钻见图 2-23、图 2-24。

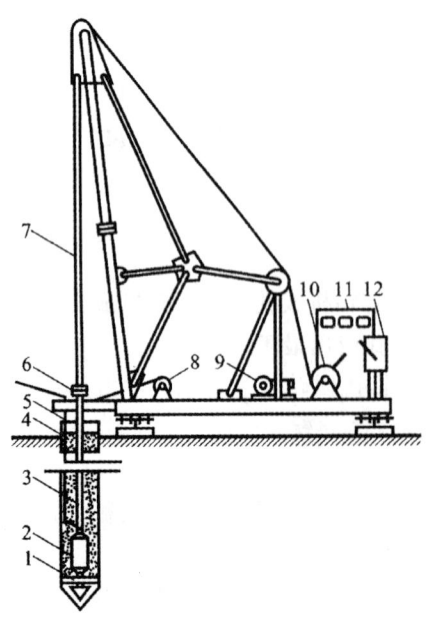 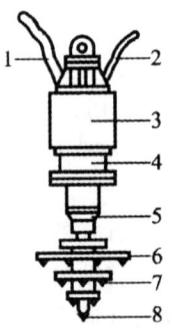

图 2-23　潜水钻机示意图　　　　　图 2-24　潜水钻

1—钻头；2—潜水钻机；3—电缆；4—护筒；　　1—泥浆管；2—防水电缆；3—电动机；
5—水管；6—滚轮；7—钻杆；8—电缆盘；　　4—齿轮减速器；5—密封装置；6—钻头；
9—卷扬机；10—10 kN 卷扬机；11—电表；　　7—合金刃齿；8—钻尖
12—起动开关

③ 冲孔是用冲击钻机把带钻刃的重钻头（又称冲锤）提升至一定高度，靠自由下落的冲击力来削切岩层，排出碎渣成孔，如图 2-25 所示。冲击钻机有钻杆式和钢丝绳式两种。前者所钻孔径较小，效率低，应用较少。后者钻孔直径大，有 800 mm、1 000 mm、1 200 mm 几种。钻头可锻制或用铸钢制造，钻刃用钢制造并与钻头焊接。

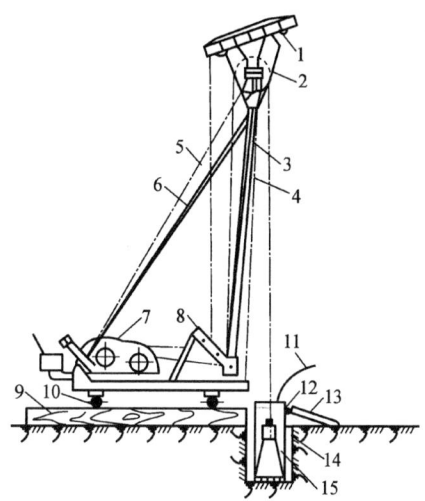

图 2-25　冲击钻示意图

1—副滑轮；2—主滑轮；3—主杆；4—前拉索；5—后拉索；6—斜撑；7—双滚筒卷扬机；8—导向轮；9—垫木；10—钢管；11—供浆管；12—溢流口；13—泥浆渡槽；14—护筒回填土；15—钻头

钻头形式有十字钻头见图 2-26（a）及三翼钻头见图 2-26（b）等。

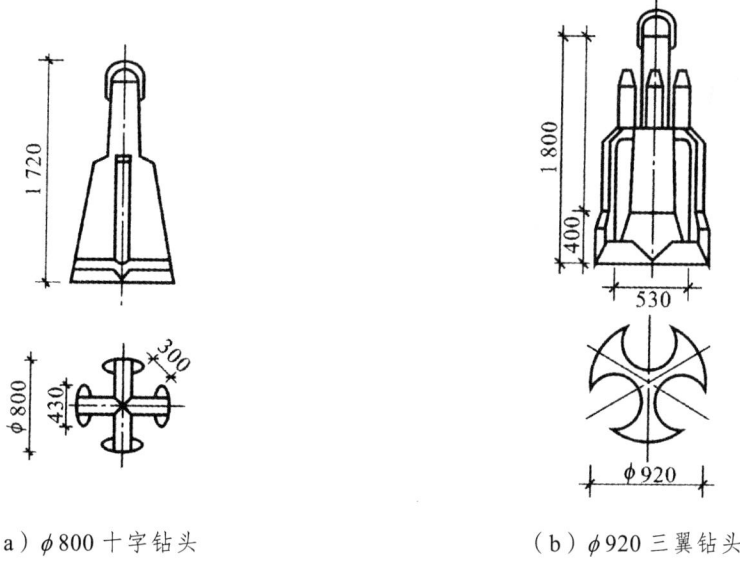

（a）ϕ800 十字钻头　　　　（b）ϕ920 三翼钻头

图 2-26　冲击钻钻头

④ 冲抓锥成孔。用冲抓锥成孔机将冲抓锥斗提升到一定高度，锥斗内有压重铁块和活动

抓片,松开卷扬机刹车时,抓片张开,钻头便以自由落体方式冲入土中,如图 2-27(a)所示。然后开动卷扬机提升钻头,这时抓片闭合抓土,冲抓锥整体被提升到地面上将土渣卸去,如图 2-27(b)所示。这种成孔方式称为抓孔。抓孔成孔的直径为 450~600 mm,成孔深度 10 m 左右。这种方式适用于在有坚硬夹杂物的黏土、砂卵石土和碎石类土中成孔。

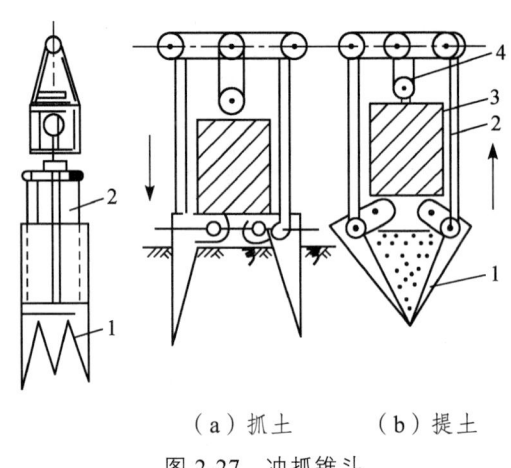

(a)抓土　　(b)提土

图 2-27 冲抓锥斗

1—抓片;2—连杆;3—压重;4—滑轮组

(4)安放钢筋笼。

钻孔达设计深度后(一般要求达到较坚实的持力层),即可安装钢筋笼。钢筋骨架预先在施工现场制作,用起重机械悬吊,在护筒上口分段焊接或绑扎后下放到孔内。吊放入孔时,不得碰撞孔壁,并应设置保护层垫块。

(5)清孔。

安放钢筋笼后,应立即清孔,即清除孔底沉渣、淤泥,以减少桩基础的沉降量。清孔宜在钢筋笼下放后进行,否则下放钢筋笼时会将孔壁土层刮落,影响清孔效果。

清孔是否彻底对泥浆护壁成孔灌注桩的承载力、沉降量影响较大,施工时应严格控制。以摩擦力为主的灌注桩,沉渣允许厚度不得大于 300 mm,以端承力为主的灌注桩沉渣允许厚度不得大于 100 mm。

(6)浇筑水下混凝土。

泥浆护壁成孔灌注桩混凝土的浇筑是在泥浆中进行,故为水下混凝土浇筑。水下混凝土的施工配合比应较设计强度等级提高一级,且不得低于 C15,骨料粒径不宜大于 30 mm,且不宜大于钢筋最小净距的 1/3。采用的水泥标号不低于 325 号,水泥用量 350~400 kg/m³。混凝土要有良好的流动性,坍落度宜为 16~22 cm。混凝土浇筑应在钢筋笼下放到桩孔内后 4 h 之内进行,以防止在钢筋表面形成过厚的泥皮,影响钢筋与混凝土之间的黏结强度。

水下浇筑混凝土通常采用导管法。导管直径为 250~300 mm,每节长 3 m,但第一节导管长度应≥4 m;节间用法兰连接,要求接头严密,不漏浆,不进水。导管顶部设有漏斗。整个导管安置在起重设备上,可以升降和拔管后水平移动。采用导管可以防止混凝土中水泥浆被水带走,又可防止泥浆进入混凝土内形成软弱夹层,保证混凝土的密实性和强度,还可减轻因混凝土自由下落所造成的离析现象。导管见图 2-28。

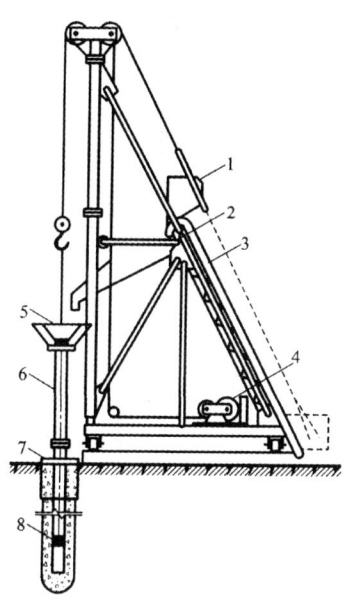

图 2-28　水下浇筑混凝土
1—上料斗；2—贮料斗；3—滑道；4—卷扬机；5—漏斗；6—导管；7—护筒；8—隔水塞

采用导管法浇筑混凝土时，先将安装好的导管吊入桩孔内，导管顶部高于泥浆面 3~4 m，导管底部距桩孔底部 0.3~0.5 m。

导管内设隔水塞（栓），用细钢丝悬吊在导管下口。隔水塞可采用预制混凝土块（四周加橡皮封圈）、橡胶球胆或软木球。前者一次性使用，后者可回收，重复使用。浇筑时，先在导管内灌入混凝土，其数量应保证混凝土第一次浇筑时，导管底端能埋入混凝土中 0.8~1.3 m。然后剪断悬吊隔水塞的钢丝，在混凝土自重压力作用下，隔水塞下落，混凝土冲出导管下口。由于混凝土重度较泥浆重度大，混凝土下沉，泥浆上浮，然后连续浇筑混凝土，边浇筑，边拔管，边拆除上部导管。拔管过程中，应始终保证导管下口埋入混凝土深度不小于 1 m。埋入深度大，混凝土顶面平整，但流出阻力大，浇筑困难，因此最大埋入深度应小于 9 m。但埋入深度过小，混凝土流出势头过强，易将上部浮沫层卷进混凝土中，形成软弱夹层。当混凝土浇筑面上升到泥浆液面附近时，导管出口处混凝土覆盖层厚度应为 1 m 左右。最后，混凝土浇筑面应超过设计标高以上 300~500 mm，当混凝土达到一定强度时，将这 300~500 mm 的浮浆软弱层凿除。

2）干作业成孔灌注桩

干作业成孔灌注桩是先用螺旋钻机在桩位处钻孔，然后在孔中放入钢筋笼，再浇筑混凝土成桩，如图 2-29 所示。干作业成孔灌注桩适用于地下水位以上的各种软硬土中成孔。干作业成孔机械有螺旋钻机、洛阳铲等。现以螺旋钻机为例，介绍干作业成孔灌注桩的施工方法。图 2-30 为长杆螺旋钻机示意图。

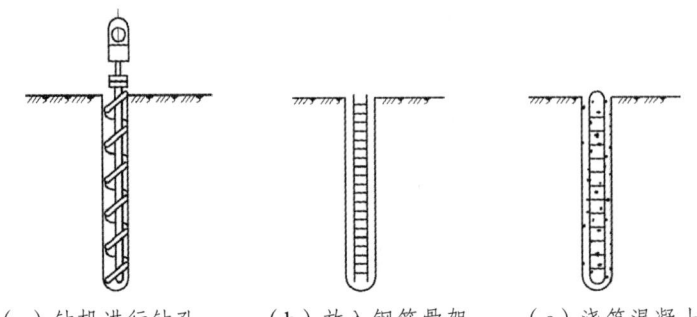

（a）钻机进行钻孔　　（b）放入钢筋骨架　　（c）浇筑混凝土

图 2-29　干作业成孔灌注桩施工过程示意图

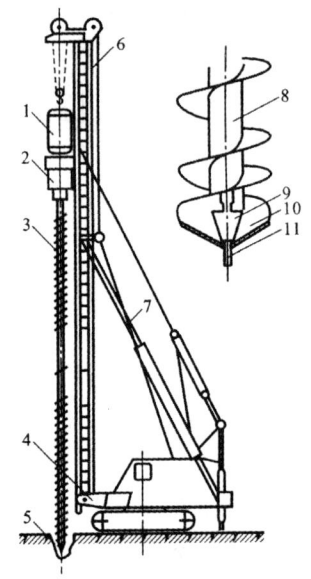

图 2-30　长螺旋钻孔机

1—电动机；2—变速器；3—钻杆；4—托架；5—钻头；6—立柱；7—斜撑；
8—钢管；9—钻头接头；10—刀板；11—定心尖

　　螺旋钻机利用动力旋转钻杆，钻杆带动钻头上的螺旋叶片旋转来切削土层，削下的土沿叶片上升排出孔外。螺旋钻机有长杆螺旋式（钻杆长度 10 m 以上）及短杆螺旋式（钻杆长度 3~8 m）。长杆螺旋钻钻头外径为 400 mm，500 mm，600 mm，钻孔深度分别为 12 m，10 m，8 m。钻进时要求钻杆垂直，如发现钻杆摇晃、移动、偏斜或难以钻进时，可能遇到坚硬夹杂物，应立即停车检查，妥善处理，否则会导致桩孔严重偏斜，甚至钻具被扭断或损坏。钻孔偏移时，应提起钻头上下反复打钻几次，以便削去硬土。如纠正无效，可在孔中局部回填黏土至偏孔处以上 0.5 m，再重新钻进。

　　钻孔达到设计深度后，应在原位空转清土，停钻后提出钻杆弃土。钻出的土及时运走，不要在孔口处堆放。孔底所余松土用夯锤夯实。钢筋笼宜一次整体吊放，如过长也可分段接长。吊放钢筋笼时应缓慢沉入，严防碰撞孔壁。经检查合格后，应及时灌注混凝土。浇筑振捣应分层进行，每层高度不大于 1.5 m。混凝土坍落度在一般黏性土中为 50~70 mm，砂类土中为 70~90 mm。干作业成孔灌注桩常用机扩法扩底，以增大桩的承载能力。图 2-31 为双管双螺旋钻孔机，用同一钻头，既能钻孔又能扩孔，一面切土，一面输土。这种钻孔直径为

350 mm，扩孔最大直径为 1 000～1 200 mm，最大钻孔深度为 4～5 m。

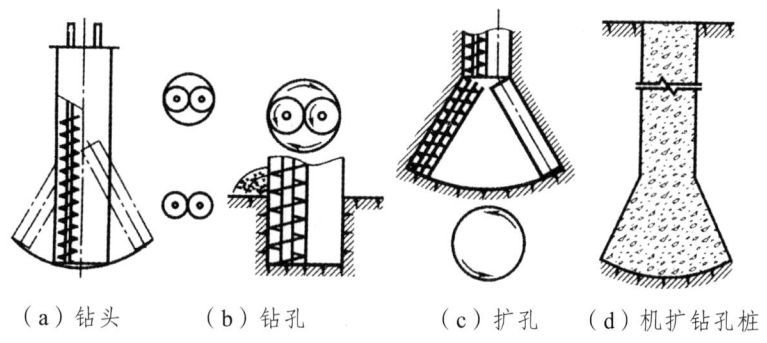

图 2-31　双管双螺旋钻孔机钻孔示意图

这种钻机有两根并列的管子，内装有输土螺旋叶片。两根管子上段是并列焊在一起的，管子上段和下段铰接，并装有两组切削刀刃，下端装有钻孔刀，侧面装有扩孔刀。管子的下段可绕铰点转动，像两条腿一样，可以并拢或张开。钻孔时两腿并拢，土被钻头切削后由高速旋转的螺旋叶片带上地面，土从管壁的缺口甩出来。

当钻孔达设计标高时，开动液压机构使两条腿逐渐张开，侧面扩孔刀开始切土，切碎的土屑从刀旁缝隙进入管内，由螺旋叶片输上地面。当扩大头直径达到设计要求后，收拢下部支管，提起钻头，即成扩孔桩孔。

3．沉管灌注桩施工

图 2-32 为沉管灌注桩施工过程。沉管灌注桩是利用锤击沉桩或振动沉桩方法，将带有桩尖的钢制桩管沉入土中，然后在钢管内放入钢筋骨架，边浇筑混凝土，边锤击、振动套管，边上拔套管，最后成桩。前者利用锤击沉管成孔，则称为锤击沉管灌柱桩；后者利用振动沉管成孔，称为振动沉管灌注桩。套管成孔灌注桩整个施工过程在套管护壁条件下进行，不受地下水位高低和土质条件好坏的限制，适合地下水位高，地质条件差的可塑、软塑、流塑以上黏土、淤泥及淤泥质土、稍密和松散的砂土中施工。

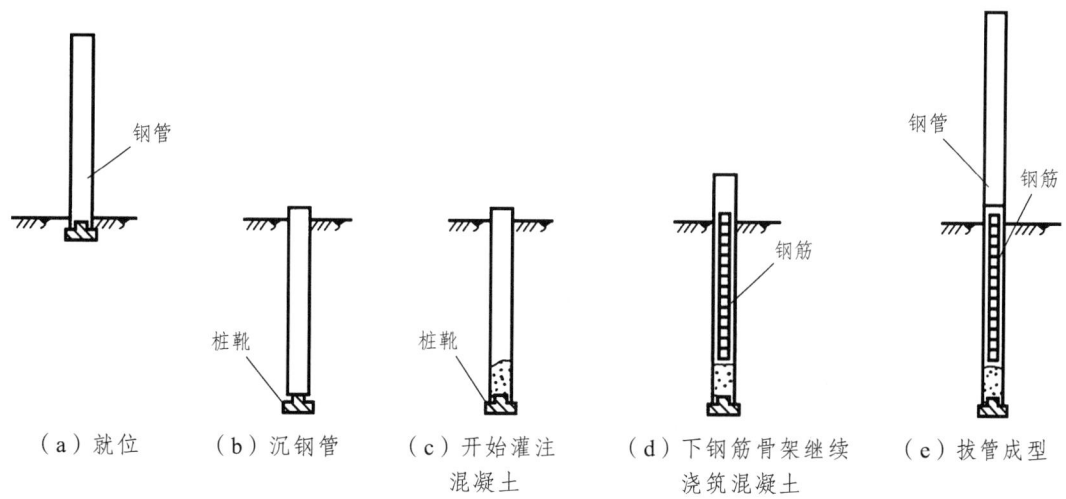

图 2-32　沉管灌注桩施工过程

1）锤击沉管灌注桩施工

锤击沉管灌注桩又称为打拔管式灌注桩，是用锤击沉桩设备（落锤、汽锤、柴油锤）将桩管打入土中成孔。施工设备如图 2-33 所示，其施工工艺流程如下：

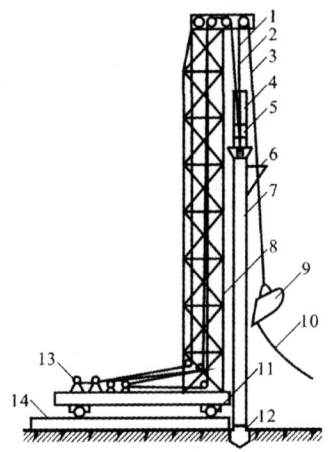

图 2-33　锤击沉管灌注桩机械设备示意图

1—柱帽钢丝绳；2—桩管钢丝绳；3—吊斗钢丝绳；4—桩锤；5—桩帽；6—混凝土漏斗；7—桩管；8—桩架；9—漏斗；10—回绳；11—行驶用钢管；12—桩靴；13—卷扬机；14—枕木

桩机就位→安放桩尖→吊放桩管→扣上桩帽→锤击沉管至要求贯入度或标高，用吊铊检查管内有无泥水并测孔深→提起桩锤→安放钢筋笼→浇筑混凝土→拔管成桩

锤击沉管灌注桩施工时，首先将打桩机就位，吊起桩管，对准预先在桩位埋好的预制混凝土桩尖，放置麻、草绳垫于桩管和桩尖连接处，以作缓冲和防止泥水进入桩管之用，然后缓慢放下桩管，套入桩尖，将桩管压入土中。然后在桩管上部扣上桩帽，检查桩管与桩锤、桩尖是否在一条垂直线上。其垂直度偏差应小于 0.5%桩管高度。

初打时应低锤轻击，观察桩管无偏移时，方能正常施打。桩锤施打的冲击频率，视桩锤的类型和土质而定。宜采用低锤密击方式，即小落距、高频率，尽量控制 1 min 击打 70 次以上，直至将桩管打至设计要求贯入度或桩尖标高，并检查管内有无泥、水浆灌入。

2）振动沉管灌注桩

振动沉管灌注桩是采用振动冲击锤（激振器）沉入套管。它与锤击沉管灌注桩的区别是用振动箱代替桩锤。振动箱与桩管刚性连接，桩管下安设活瓣桩尖。活瓣桩尖应有足够的强度和刚度，活瓣间缝隙应紧密。图 2-34 为振动沉管桩机，活瓣桩尖见图 2-35。

其施工过程如下。

（1）桩机就位。将桩尖活瓣合拢对准桩位中心，利用振动器及桩管自重，把桩尖压入土中；

（2）沉管。开动振动箱，桩管即在强迫振动下迅速沉入土中。沉管过程中，应经常探测管内有无水或泥浆，如发现水、泥浆较多，应拔出桩管，用砂回填桩孔后方可重新沉管；

（3）上料。桩管沉到设计标高后停止振动，放入钢筋笼，再上料斗将混凝土灌入桩管内，一般应灌满桩管或略高于地面；

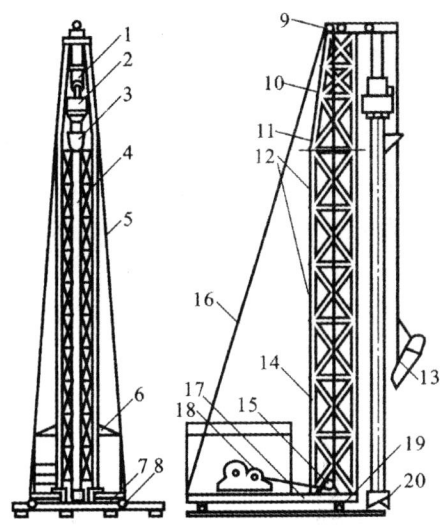

图 2-34 振动沉管设备示意图

1—滑轮组；2—激振器；3—漏斗口；4—桩管；5—前拉索；6—遮栅；7—滚筒；8—枕木；
9—架顶；10—架身顶段；11—勰；12—架身中段；13—吊斗；14—架身下段；
15—导向滑轮；16—后拉索；17—架底；18—卷扬机；
19—架压滑轮；20—活瓣桩尖

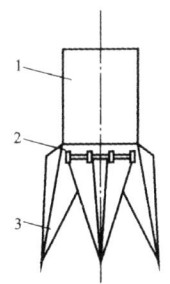

图 2-35 活瓣桩尖
1—桩管；2—锁轴；3—活瓣

（4）开始管时，应先启动振动箱 8~10 mim，并用吊铊测得框尖活瓣确已张开，混凝土确已从桩管中流出以后，卷扬机方可开始抽拔桩管，边振边拔。拔管速度应控制在 1.5 m/min 以内。

振动沉管灌注桩可采用单振法、反插法和复振法。

4. 人工挖孔灌注桩施工

采用人工挖孔灌注桩，具有机具设备简单，施工操作方便，占用施工场地小，对周围建筑物影响小，施工质量可靠，可全面展开施工，工期缩短，造价低等优点，因此得到广泛应用。

1）适用范围

人工挖孔灌注桩适用于土质较好，地下水位较低的黏土、亚黏土及含少量砂卵石的黏土层等地质条件。可用于高层建筑、公用建筑、水工结构（如泵站、桥墩）作桩基，起支承、抗滑、挡土之用。对软土、流砂及地下水位较高、涌水量大的土层不宜采用。

2）一般构造要求

桩直径一般为 800~2 000 mm，最大直径可达 3 500 mm。底部采取不扩底和扩底两种方式，扩底直径为 1.3d~3.0d（d 为桩直径），最大扩底直径可达 4 500 mm。桩底应支承在可靠的持力层上。

3）施工工艺

（1）施工程序。

场地整平，放线，定桩位→挖第一节桩孔土方→支模浇灌第一节混凝土护壁→在护壁上二次投测标高及桩位十字轴线→安装活动井盖，设置垂直运输架，安装卷扬机（或电动葫芦）、吊土桶、潜水泵、鼓风机、照明设施等→挖第二节桩孔土方→清理桩孔四壁，校核桩孔垂直度和直径→拆上节模板，支第二节模板，浇筑第二节混凝土护壁→重复上述施工过程直至设计深度→检查持力层后进行扩底→对桩孔直径、深度、扩底尺寸、持力层进行全面检查验收→清虚土，排除孔底积水→吊放钢筋笼→浇筑桩身混凝土。

当桩孔不设支承护壁和不扩底时，无支护和扩底两道工序。

（2）护壁设计和施工。

为防止桩孔土体坍滑，确保施工操作安全，大直径桩孔在施工中一般需设置护壁。护壁可采用现浇混凝土（或配少量钢筋）、喷射混凝土或型钢-木板工具式护壁、沉井等。由于现浇混凝土护壁整体性好，能紧靠土壁，受力均匀，因而应用较为广泛。对于桩径较小、深度不大、土质较好、地下水量少的桩孔也可采用型钢-木板组合工具式护壁，甚至不设护壁。

混凝土护壁分段高度根据土质情况和施工方便而定，一般为 0.9~1.0 m。

混凝土护壁一般采用 C30 或 C25 混凝土，厚度经计算确定，一般取 100~150 mm。可以加配适量直径为 6~8 mm 的钢筋，相邻两节护壁之间用钢筋拉接。

护壁施工采取一节组合钢模板（或 4~8 块弧形工具式钢模）拼装而成，拆上节、支下节，循环周转使用。模板间用 U 形卡连接，上下设两道槽钢护圈顶紧。钢圈由 2~3 块弧形槽钢组成，中间用螺栓连接，不另设支撑。第一节混凝土护壁宜高出地面 200 mm，便于挡水和定位，也可防止地面土块滚入桩孔中。

（3）挖孔方法。

由人工从上到下逐层用锹、镐挖土，遇硬土用大锤、钢钎破碎。挖土次序为先挖中间部分，后挖周边。按设计桩直径加 2 倍护壁厚度控制截面，允许尺寸误差 30 mm。扩底部分采取先挖桩身圆柱体，再按扩底尺寸从上到下削土修成扩底形。弃土装入活底吊桶或箩筐内，垂直运输，在孔口上支架、轨道，用电动葫芦或慢速卷扬机提升。

如有少量地下水，可随挖土用吊桶将泥水一起吊出。如遇大量渗水，可在一侧挖集水坑，用潜水泵排除。

思考题

1. 什么叫桩基础？桩基础的作用是什么？
2. 试述端承桩和摩擦桩的作用。
3. 如何合理地选择桩锤？
4. 如何确定打桩顺序？顺序不当会对工程质量产生什么影响？
5. 简述钢筋混凝土预制桩的施工工艺。
6. 预制桩的接桩及桩头的处理方法有哪几种？
7. 灌注桩按成孔的方法分为几种？它们的适用范围是什么？
8. 简述护筒的作用及埋设要求。

项目 3　砌筑工程施工

【学习目标】

1. 了解脚手架的种类、搭设要求及垂直运输设施。
2. 了解石砌体的施工工艺。
3. 掌握小型混凝土空心砌块的施工工艺。
4. 掌握砖砌体的施工工艺、质量要求及质量通病的防治。

【工程导入】

砖和石是古老的建筑材料,砖石结构已有数千年的应用历史,例如中国的长城,古埃及的金字塔等。砌块的生产和应用时间则较晚,仅有百余年的历史。砌体结构以它施工快速,经济耐用,材料来源广,具有良好的热工、隔音性能和较好的耐久性等优点,在我国得到广泛的应用。近年来,随着科学技术的发展,砌体材料的种类逐渐增多,不再局限于砖石,扩大了砌体结构的应用范围,使得砌体结构在我国的基本建设中占有重要的位置。

3.1　脚手架工程搭设

脚手架是指在施工现场为方便工人操作、解决楼层运输以及安全防护而搭设的支架,是施工的临时设施,也是施工作业中必不可少的工具和手段。脚手架工程对施工人员的操作安全工程质量工程成本施工进度以及邻近建筑物和场地影响都很大,在工程建造中占有相当重要的地位。

工人在地面上或楼面上砌筑墙体时,劳动生产率受砌体的砌筑高度影响,在距地面 0.6 m 左右时生产率最高,砌筑高度低于或高于 0.6 m 时,生产率下降,且工人的劳动强度增加。砌筑到一定高度,不搭设脚手架,砌筑工作则不能进行。考虑到砌墙工作效率及施工组织等因素,每次搭设脚手架的高度确定为 1.2 m 左右,称为"一步架高度",又叫墙体的可砌高度。在地面上或楼面上砌墙,砌到 1.2 m 高度左右要停止砌筑,搭设脚手架后再继续砌筑。

3.1.1 脚手架的基本分类和要求

1. 脚手架的基本要求

（1）要有足够的宽度（1.5~2.0 m）步架高度（砌筑脚手架为 1.2~1.4 m，装饰脚手架为 1.6~1.8 m），且能够满足工人操作、材料堆置以及运输的要求。其宽度应满足工人操作材料堆放及运输的要求。

（2）有足够的强度、刚度及稳定性。在施工期间，在各种荷载作用下，脚手架不变形，不摇晃，不倾斜，并有可靠的防护设施，以确保在架设、使用和拆除过程中的安全可靠性。

（3）应与楼层作业面高度统一，并与垂直运输设施（施工电梯井字架）相适应，以满足材料由垂直运输转入楼层水平运输的需求。

（4）搭拆简单易于搬运能够多次周转使用。

（5）应考虑多层作业、交叉流水作业和多种工种平行作业的需求，减少重复搭拆次数。

2. 脚手架的分类

按构造型式可以分为多立杆式（杆件组合式）、框架组合式（门式）、格构件组合式（桥式）、台架；按支固方式分为落地式、悬挑式、悬吊式（吊篮）等；按拆迁和移动方式分为人工装拆脚手架、附着升降脚手架、整体提升脚手架、水平移动脚手架和升降桥架；按用途分为主体结构脚手架、装修脚手架和支撑脚手架等；按搭设位置分为外脚手架和里脚手架；按使用材料分为木、竹和钢管脚手架。

3.1.2 多立杆式脚手架

多立杆式脚手架主要由立杆（又称立柱）、纵向水平杆（大横杆）、横向水平杆（小横杆）、底座、支撑及脚手板构成受力骨架和作业层和安全防护设施组成。常用的有扣件式钢管脚手架（扣件式节点）和碗扣式钢管脚手架（碗扣式节点）两种。

1. 扣件式钢管脚手架

扣件式钢管脚手架主要由钢管和扣件组成，如图 3-1 所示，它具有承载能力大装拆方便搭设高度大周转次数多摊销费用低等优点，是目前使用最普遍的周转材料之一。

1）扣件式钢管脚手架的主要组成部件

（1）钢管。

脚手架钢管的质量应符合《碳素结构钢》（GB/T 700—2006）中 Q235-A 级钢的规定，其尺寸应按表 3.1 所示采用。宜采用 $\phi 48 \times 3.5$ 的钢管，每根质量不应大于 25 kg。

根据钢管在脚手架中的位置和作用的不同，钢管可分为立杆、大横杆、小横杆、连墙杆、剪刀撑、水平斜拉杆，其作用分别为：

① 立杆。平行于建筑物并垂直于地面，将脚手架荷载传递给底座。

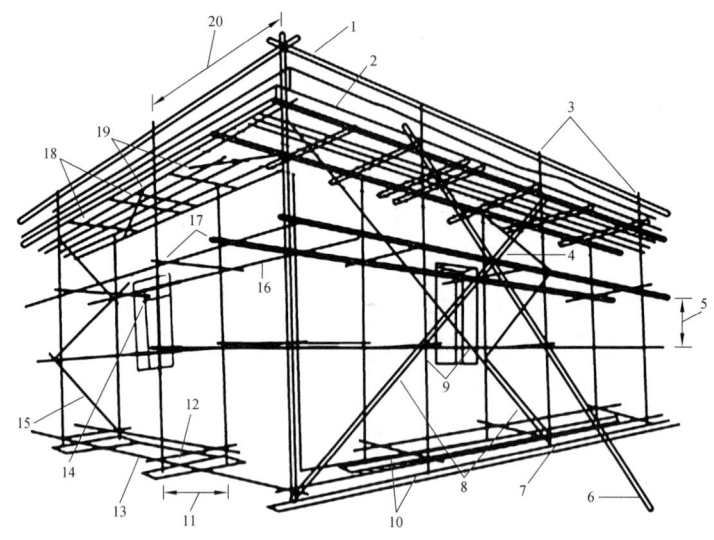

图 3-1 扣件式钢管脚手架的组成

1—防护栏杆；2—挡脚板；3—外立柱；4—内立柱；5—步距；6—抛撑；7—底座；8—剪刀撑；
9—旋转扣件；10—垫板；11—排距；12—横向扫地杆；13—纵向扫地杆；14—连墙固定件；
15—横向斜撑；16—纵向水平杆；17—直角扣件；18—横向水平杆；
19—水平斜撑；20—柱距

表 3.1 扣件式钢管脚手架钢管尺寸 mm

截面尺寸		最大长度	
外径	壁厚	横向水平杆	其他杆
48	3.5	2 200	4 000～6 500
51	3.0		

② 大横杆。平行于建筑物并在纵向水平连接各立杆，承受传递荷载给立杆。

③ 小横杆。垂直于建筑物并横向连接内外大横杆，承受传递荷载给大横杆。

④ 剪刀撑。设置在脚手架外侧面并与墙面平行的十字交叉斜杆，可增强脚手架的纵向刚度。

⑤ 连墙杆。连接脚手架与建筑物，承受并传递荷载，且可防止脚手架横向失稳。

⑥ 水平斜拉杆。设在有连墙杆的脚手架内外立柱间的步架平面内的"之"字形斜杆，增强脚手架的横向刚度。

⑦ 纵向水平扫地杆。采用直角扣件固定在距离底座上皮不大于 200 mm 处的立杆上，起约束立杆底端在纵向发生位移的作用。

⑧ 横向水平扫地杆。采用直角扣件固定在紧靠纵向扫地杆下方的立杆上的横向水平杆，起约束立杆底端在横向发生位移的作用。

（2）扣件。

扣件是钢管与钢管之间的连接件，其基本形式有 3 种，如图 3-2 所示。

 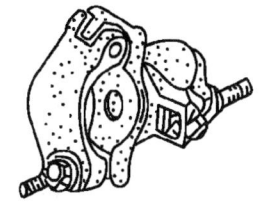 

（a）对接扣件　　　　　（b）旋转扣件　　　　　（c）直角扣件

图 3-2　扣件的形式

① 旋转扣件（回转扣），用于两根呈任意角度交叉钢管的连接；
② 直角扣件（十字扣），用于两根呈垂直交叉钢管的连接；
③ 对接扣件（一字扣），用于两根钢管的对接连接。

（3）脚手板

脚手板是提供施工作业条件并承受和传递荷载给水平杆的板件，可用竹、木等材料制成。脚手板若设于非操作层则起安全防护作用。图 3-3 为脚手板的搭接方式。

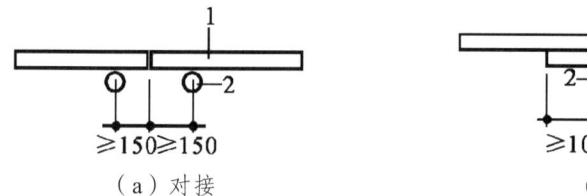

（a）对接　　　　　　　　　　　　（b）搭接

图 3-3　脚手板的对接与搭接

（4）底座。

底座设在立杆下端，承受并传递立杆荷载给地基。

（5）安全网。

多层、高层建筑用外脚手架时，均需要设置安全网，安全网应随楼层施工进度逐步上升，高层建筑除这一道逐步上升的安全网外，尚应在下面间隔 3~4 层的部位设置一道安全网，施工过程中要经常对安全网进行检查和维修。

安全网用于保证施工安全，减少灰尘噪声光污染，包括立网及平网两部分。

2）扣件式钢管脚手架的构造

扣件式钢管脚手架的基本构造形式有单排架和双排架两种，单排架和双排架一般用于外墙砌筑与装饰。

（1）立杆。横距为 1.0~1.5 m 纵距为 1.2~2.0 m，每根立杆均应设置标准底座。由标准底座底面向上 200 mm 处，必须设置纵、横向扫地杆，用直角扣件与立杆连接固定。立杆接长除顶层可以采用搭接外，其余各层必须采用对接扣件连接。立杆的对接、搭接应满足下列要求：

① 立杆上的对接扣件应交错布置，两相邻立杆的接头应错开一步，其错开的垂直距离不应小于 500 mm，且与相近的纵向水平杆距离应小于 1/3 步距，如图 3-4 所示。

② 对接扣件距主节点（立杆、大、小横杆三者的交点）的距离不应大于 1/3 步距。

③ 立杆的搭接长度不应小于 1 m，用不少于两个的旋转扣件固定，端部扣件盖板的边沿至杆端距离不应小于 100 mm。

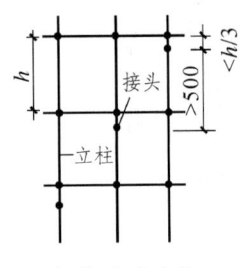 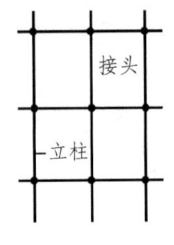 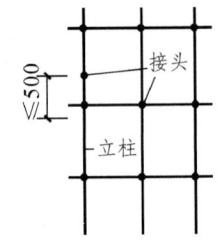

（a）正确作法　　　　　（b）错误作法（不允许）　　　（c）错误作法（不允许）

图 3-4　立杆接头的做法

（2）大横杆。大横杆要设置为水平，长度不应小于 2 跨，大横杆与立杆要用直角扣件扣紧，且不能隔步设置或遗漏。两大横杆的接头必须采用对接件连接，接头位置距立杆轴心线的距离不宜大于跨度的 1/3；同一步架中内外两根纵向水平杆的对接接头应尽量错开一跨，上下相邻两根纵向水平杆的对接接头也应尽量错开一跨，错开的水平距离不应小于 500 mm。

（3）小横杆。小横杆设置在立杆与大横杆的相交处，用直角扣件与大横杆扣紧，且应贴近立杆布置，小横杆距离立杆轴心线的距离不应大于 150 mm；当为单排脚手架时，小横杆的一端与大横杆连接，另一端插入墙内，长度不小于 180 mm；当为双排脚手架时，小横杆的两端应用直角扣件固定在大横杆上。

（4）支撑。支撑有剪刀撑（又称为十字撑）和横向支撑（又称为横向斜拉杆、"之"字撑）。剪刀撑设置在脚手架外侧面，与外墙面平行的十字交叉斜杆，可增强脚手架的纵向刚度；横向支撑是设置在脚手架内外排立杆之间的呈"之"字形的斜杆，可增强脚手架的横向刚度。双排脚手架应设剪刀撑与横向支撑，单排脚手架应设剪刀撑。

剪刀撑的设置应符合下列要求：

① 高度在 24 m 以下的单、双排脚手架均应在外侧立面的两端各设置一道剪刀撑，由底至顶连续设置；中间每道剪刀撑的净距不应大于 15 m；

② 高度在 24 m 以上的双排脚手架应在外侧立面整个长度和高度上连续设置剪刀撑；

③ 每道剪刀撑跨越立杆的根数宜在 5～7 根，与地面的倾角宜为 45～60°；

④ 剪刀撑的连接除顶层可采用搭接外，其余各接头必须采用对接扣件连接。搭接长度不小于 1 m，用不少于两个的旋转扣件连接；

⑤ 剪刀撑的斜杆应用旋转扣件固定在与之相交的小横杆的伸出端或立杆上，旋转扣件中心线距主节点的距离不应大于 150 mm。

横向支撑的设置应符合下列要求：

① 横向支撑的每一道斜杆应在 1～2 步，由底至顶呈"之"字形连布置，两端用旋转扣件固定在立杆或小横杆上；

② 一字型、开口型双排脚手架的两端均必须设置横向支撑，中间每隔 6 跨设置一道；

③ 24 m 以下的封闭型双排脚手架可不设横向支撑，24 m 以上者除两端应设置横向支撑外，中间应每隔 6 跨设置一道。

（5）连墙件。连墙件（又称为连墙杆）是连接脚手架与建筑物的部件。它既要承受、传递风荷载，又要防止脚手架横向失稳或倾覆。

连墙件的布置形式、间距大小对脚手的承载能力有很大影响，它不仅可以防止脚手架的倾覆，而且还可以加强立杆的刚度和稳定性。连墙件的布置间距见表3.2。

表3.2 连墙件布置最大间距   m

脚手架高度 H		竖向间距	水平间距
双　排	≤50	≤6（3步）	≤6（3跨）
	>50	≤4（2步）	≤6（3跨）
单　排	≤24	≤6（3步）	≤6（3跨）

连墙件根据传力性能、构造形式的不同，可分为刚性连墙件和柔性连墙件。通常采用刚性连墙件连接脚手架与建筑物。24 m以上的双排脚手架必须采用刚性连墙件与墙体连接，如图3-5所示；当脚手架高度在24 m以下时，也可采用柔性连墙件（如用铁丝或直径6钢筋），这时必须配备顶撑顶在混凝土梁、柱等结构部位，以防止向内倾倒，如图3-6所示。

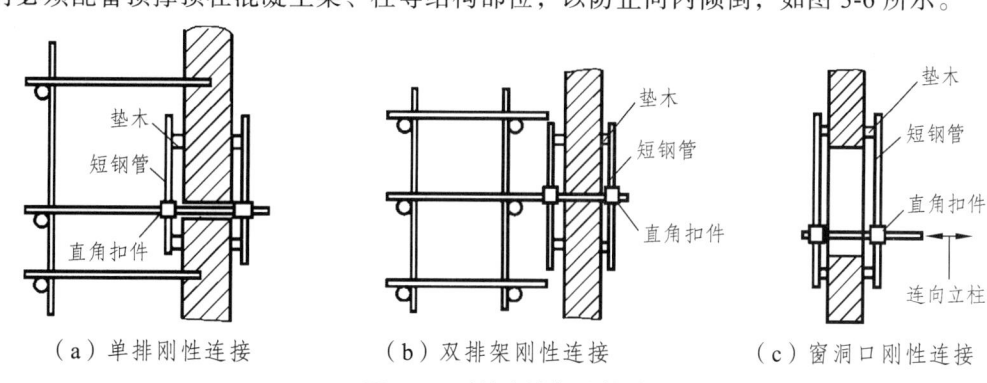

（a）单排刚性连接　　（b）双排架刚性连接　　（c）窗洞口刚性连接

图3-5　刚性连墙杆的构造

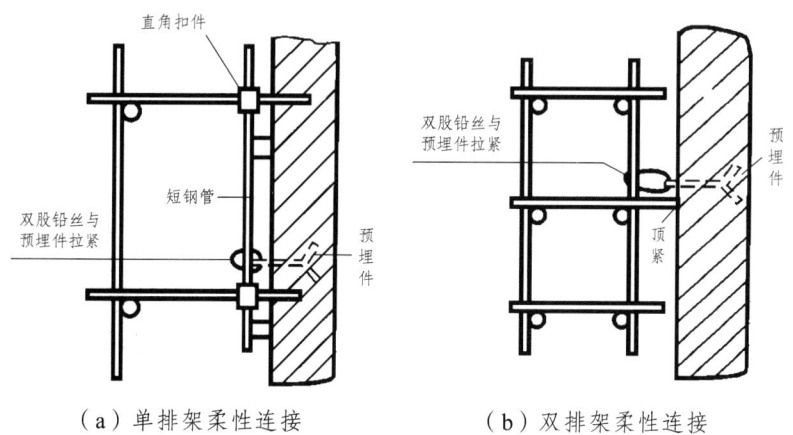

（a）单排架柔性连接　　（b）双排架柔性连接

图3-6　柔性连墙杆的构造

3）扣件式钢管脚手架的搭设与拆除

（1）扣件式钢管脚手的搭设，脚手架的搭设要求钢管的规格相同，地基平整夯实，对高层建筑物脚手架的基础要进行验算，脚手架地基的四周应排水畅通，立杆底端要设底座或垫木，垫板长度不小于2跨，本整板度不少于50 mm，也可用槽钢。

通常，脚手架的搭设顺序为：放置纵向水平扫地杆→逐根树立立杆（随即与扫地杆扣紧）

→安装横向水平扫地杆（随即与立杆或纵向水平扫地杆扣紧）→安装第一步纵向水平杆（随即与各立杆扣紧）→安装第一步横向水平杆→安装第二步纵向水平杆→安装第二步横向水平杆→加设临时斜撑杆（上端与第二步纵向水平杆扣紧，在装设两道连墙杆后可拆除）→安装第三、四步纵横向水平杆→安装连墙杆、接长立杆，加设剪刀撑→铺设脚手板→挂安全网→（向上安装重复步骤）。

开始搭设第一节立杆时，每 6 跨应暂设 1 根抛撑；当搭设至设有连墙件的构造点时，应立即设置连墙件与墙体连接，当装设两道连墙件后抛撑便可拆除；双排脚手架的小横杆靠墙一端应离开墙体装饰面至少 100 m，杆件相交的伸出端长度不小于 100 mm，以防止杆件滑脱；扣件规格必须与钢管外径一致，扣件螺栓拧紧，扭力矩为 40~65 N·m；除操作层的脚手板外，宜每隔 1.2 m 高满铺一层脚手板，在脚手架全高或高层脚手架的每个高度区段内，铺板层不多于 6 层，作业层不超过 3 层，或者根据设计搭设。

对于单排架的搭设应在墙体上留脚手架眼，但在墙体下列部位不允许留脚手架眼：砖过梁上与过梁两端成 60°角的三角形范围内及过梁净跨度 1/2 的高度范围内；宽度小于 1 m 的窗间墙；梁或梁垫下及其两侧各 500 mm 的范围内；砖砌体的门窗洞口两侧 200 mm 和墙转角处 450 mm 的范围内；其他砌体的门窗洞口两侧 300 mm 和转角处 600 mm 的范围内；独立柱或附墙砖柱，设计上不允许留脚手眼的部位。

（2）扣件式脚手架的拆除。

扣件式脚手架的拆除应按由上而下、后搭者先拆搭、先搭者后拆的顺序进行。严禁上下同时拆除，以及先将整层连墙件或数层连墙件拆除后再拆其余杆件；如果采用分段拆除，其高差不应大于 2 步架；当拆除至最后一节立杆时，应先搭设临时抛撑加固后，再拆除连墙件；拆下的材料应及时分类集中运至地面，严禁抛扔。

2. 碗扣式钢管脚手架

碗扣式钢管脚手架的核心部件是碗口接头，它由焊在立杆上的下碗扣、可滑动的上碗扣、上碗扣的限位销和焊在横杆上的接头组成，如图 3-7 所示。

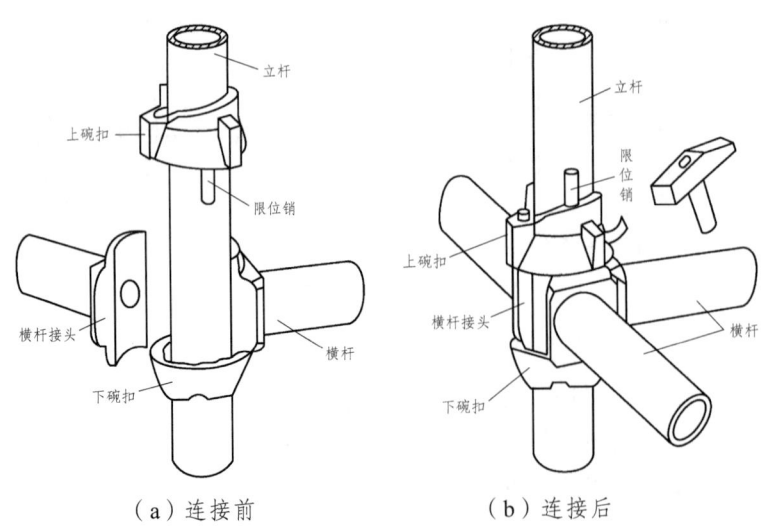

（a）连接前　　　　　（b）连接后

图 3-7　碗扣接头构造

连接时，只需将横杆插入下碗扣内，将上碗扣沿限位销扣下，顺时针旋转，靠近上碗扣螺旋面使之与限位销顶紧，从而将横杆和立杆牢固地连接在一起，形成框架结构。碗扣式接头可同时连接 4 根横杆，横杆可以相互垂直也可以偏转成一定的角度，位置随需要确定。该脚手架具有多功能、高功效、承载力大、安全可靠、便于管理、易改造等优点。

1）碗扣式钢脚手架的构配件及用途

碗扣式钢脚手架的构配件按其用途可分为主要构件、辅助构件和专用构件三类。

（1）主构件。

① 立杆。由一定长度的 $\phi 48 \times 3.5$ 钢管上每隔 600 mm 安装碗扣接头，并在其顶端焊接立杆焊接管制成，用作脚手架的垂直承力杆。

② 顶杆。即顶部立杆，在顶端设有立杆的连接管，以便在顶端插入托撑。用作支撑架（柱）、物料提升架等顶端的垂直承力杆。

③ 横杆。由一定长度的 $\phi 48 \times 3.5$ 钢管两端焊接横杆接头制成，用作立杆横向连接管，或框架水平承力杆。

④ 单横杆。仅在 $\phi 48 \times 3.5$ 的钢管一端焊接横杆接头，用做单排脚手架横向水平杆。

⑤ 斜杆。用于增强脚手架的稳定性，提高脚手架的承载力。

⑥ 底座。由 150 mm × 150 mm × 8 mm 的钢板在中心焊接连接杆制成，安装在立杆的底部，用做防止立杆下沉并将上部荷载分散传递给地基的构件。

（2）辅助构件（用于作业面及附壁拉结等的杆部件）。

① 间横杆。为满足普通钢或木脚手板的需要而专设的杆件，可搭设于主架横杆之间的任意部位，用以减小支承间距和支撑挑头脚手板。

② 架梯。由钢踏步板焊在槽钢上制成，两端带有挂钩，可牢固地挂在横杆上，用作作业人员上下脚手架的通道。

③ 连墙撑。该构件为脚手架与墙体结构间的连接件，用以加强脚手架抵抗风载及其他永久性水平荷载的能力，提高其稳定性，防止倒塌。

（3）专用构件（有专门用途的杆部件）。

① 悬挑架。由挑杆和撑杆用碗扣接头固定在楼层内支撑架上构成。用于在其上搭设悬挑脚手架，可直接从楼内挑出，不需在墙体结构设预埋件。

② 提升滑轮。用于提升小物料而设计的杆部件，由吊柱、吊架和滑轮等组成。吊柱可插入宽挑梁的垂直杆中固定，与宽挑梁配套使用。

2）搭设要点

（1）组装顺序。

组装顺序为：底座→立杆→横杆→斜杆→接头锁紧→脚手板→上层立杆→立杆连接→横杆。

（2）注意事项

① 立杆、横杆的设置。一般地，双排外脚手架立杆的横向间距取 1.2 m，横杆的步距取 1.8 m，立杆的纵向间距根据建筑物结构及作用荷载等具体要求确定，常选用 1.2 m、1.8 m、2.4 m 三种尺寸。

② 直角交叉。对一般方形建筑物的外脚手架，在拐角处两直角交叉的排架要连在一起，以增加脚手架的整体稳定性。

③ 斜杆的设置。斜杆用于增强脚手架稳定性，可装成节点斜杆，也可装成非节点斜杆。一般情况下斜杆应尽量设置在脚手架的节点上。对于高度在 30 m 以下的脚手架，可根据荷载情况，设置斜杆的框架面积为整架立面面积的 1/5～1/2；对于高度在 30 m 以上的高层脚手架，设置斜杆的框架面积不小于整架面积的 1/2。在拐角边缘及端部必须设置斜杆，中间可均匀间隔布置。

④ 连墙撑的设置。连墙撑是脚手架与建筑物之间的连接件，用于提高脚手架的横向稳定性，承受偏心荷载和水平荷载等。一般情况下，对于高度在 30 m 以下的脚手架，可 4 跨 3 步布置一个（约 40 m²）；对于高层及重载脚手架，则要适当加密；50 m 以下的脚手架至少应 3 跨 3 步布置一个（约 25 m²）；50 m 以上的脚手架至少应 3 跨 2 步布置一个（约 20 m²）。连墙撑尽量连接在横杆层碗扣接头内，同脚手架、墙体保持垂直，并随建筑物及架子的升高及时设置，尽量采用梅花形布置方式。

3.2 垂直运输设施

垂直运输设施是指担负垂直运送材料和施工人员上下的机械设备和设施。在砌筑工程中，不仅要运输大量的砖（或砌块）、砂浆，而且还要运输脚手架、脚手板和各种预制构件；不仅有垂直运输，而且有地面和楼面的水平运输，其中垂直运送是影响砌筑工程施工速度的重要因素。

目前砌筑工程采用的垂直运输设施有井架、龙门架、塔式起重机和建筑施工电梯等，这里重点介绍塔式起重机和建筑施工电梯。

3.2.1 塔式起重机

塔式起重机的起重臂安装在塔身顶部且可进行 360°的回转，它具有较高的起重高度、工作幅度和起重能力，生产效率高，且机械运转安全可靠，使用和装拆方便等优点，广泛地用于多层和高层的工业与民用建筑的结构安装。塔式起重机按起重能力可分为轻型塔式起重机（起重量为 0.5～3.0 t，一般用 6 层以下的民用建筑施工）、中型塔式起重机（起重量为 3.0～15.0 t，适用于一般工业建筑与民用建筑施工）和重型塔式起重机（起重量为 20.0～40.0 t，一般用于重工业厂房的施工和高炉等设备的吊装）。

塔式起重机的布置应保证其起重高度与起重量满足工程的需求，同时起重臂的工作范围应尽可能地覆盖整个建筑，以使材料运输切实到位。此外，主材料的堆放、搅拌站的出料口等均应尽可能地布置在起重机工作半径之内塔式起重机一般分为固定式、轨道（行走）式、附着式、爬升式等几种，如图 3-8 所示。

1. 固定式塔式起重机

固定式塔式起重机的底架安装在独立的混凝土基础上，如图 3-8（a），塔身不与建筑物拉结。这种起重机适用于安装大容量的油罐、冷却塔等特殊构筑物。

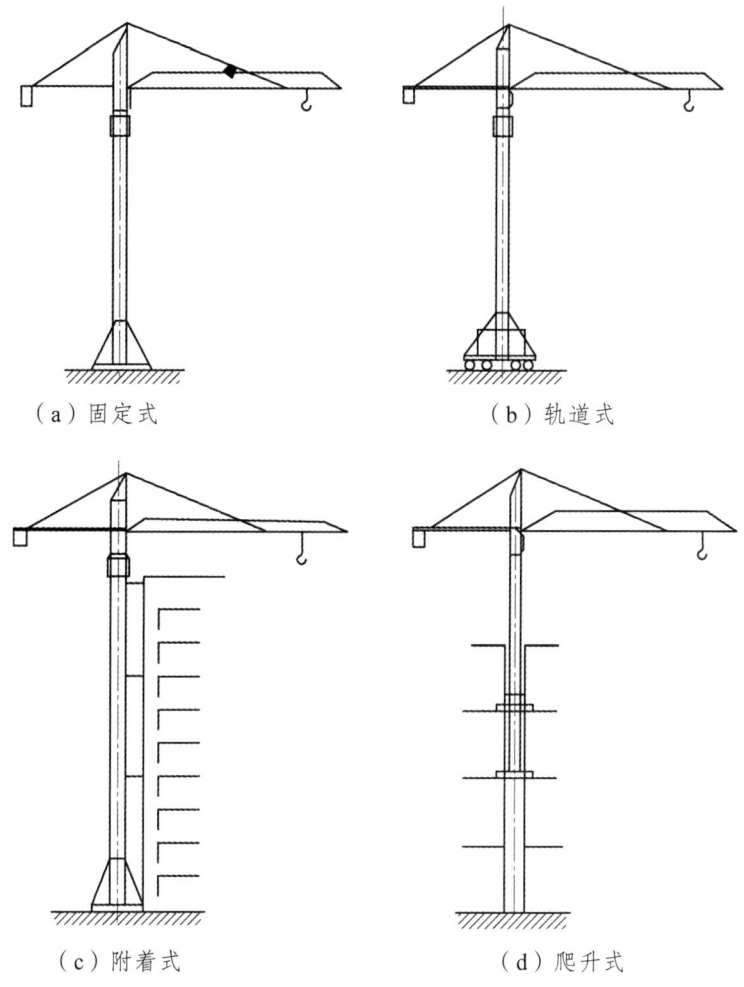

图 3-8　各种类型的塔式起重机

2. 轨道（行走）式塔式起重机

轨道（行走）式塔式起重机是一种能在轨道上行驶的起重机，如图3-8（b），它能负荷在直线和弧形轨道上行走，能同时完成垂直和水平运输，使用安全，生产效率高，但需要铺设轨道，且装拆和转移不便，台班费用较高。轨道式塔式起重机分为上回转式（塔顶回转）和下回转式（塔身回转）两类。

3. 附着式塔式起重机

附着式塔式起重机是固定在建筑物近旁混凝土基础上的起重机械，如图3-8（c），为上回转、小车变幅或俯仰变幅起重机械。塔身由标准节组成，相互间用螺栓连接，可以借助顶升系统随着建筑施工进度而自行向上接高。为了减少塔身的计算高度，规定每隔 20 m 左右将塔身与建筑物用锚固装置联结起来，以保证塔身的刚度和稳定性。一般附着式塔式起重机高度为 70～100 m，其特点是适合狭窄工地施工。

1）附着式塔式起重机基础

附着式塔式起重机底部应设钢筋混凝土基础，其构造方法有整体式和分块式两种。采用整体式混凝土基础时，塔式起重机通过专用塔身基础节和预埋地脚螺栓固定在混凝土基础上如图 3-9 所示；采用分块式混凝土基础时，塔身结构固定在行走架，而行走架的 4 个支座则通过垫板支在 4 个混凝土基础上，如图 3-10 所示。基础尺寸应根据地基承载力和防止塔吊倾覆图 2-18 整体式混凝土基础的需要确定。

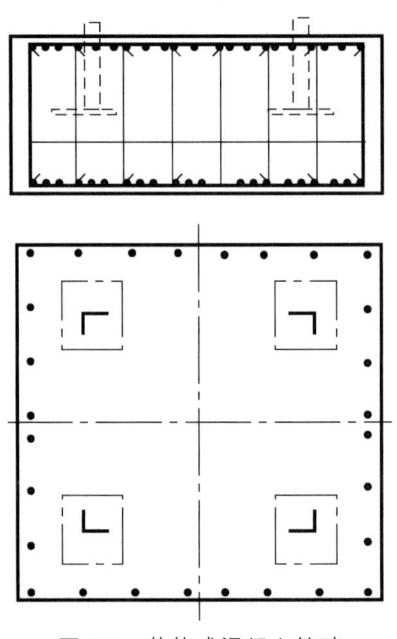

图 3-9 整体式混凝土基础

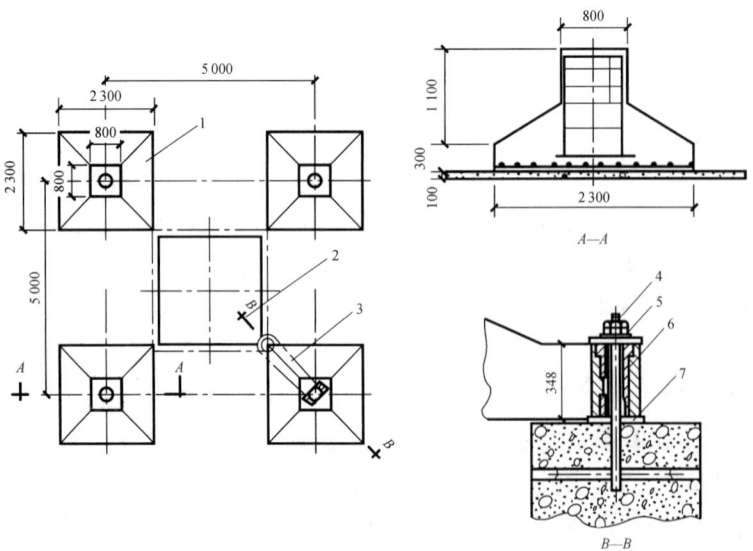

图 3-10 分块式混凝土基础（单位：mm）
1—钢筋混凝土基础；2—塔式起重机底座；3—支腿；4—紧固螺母；5—垫圈；
6—钢套；7—钢板调整片（上下各 1 片）

在高层建筑深基础施工阶段,如需在基坑边附近构筑附着式塔式起重机基础,可采用灌柱桩承台式钢筋混凝土基础;在高层建筑综合体施工阶段,如需在地下室顶板或裙房屋顶楼板上安装附着式塔式起重机,应对安装塔吊处的楼板结构进行验算和加固,并在楼板下面加设支撑(至少连续两层)以保证安全。

2) 附着式塔式起重机的锚固

附着式塔式起重机在塔身高度超过限定自由高度时,即应加设附着装置与建筑结构拉结。一般说来,设置2~3道锚固即可满足施工需要。第一道锚固装置在距塔式起重机基础表面30~40 m处,自第一道锚固装置向上,每隔16~20 m设一道锚固装置。在进行超高层建筑施工时,不必设置过多的锚固装置,可将下部锚固装置抽换到上部使用。附着装置由锚固环和附着杆组成。锚固环由两块钢板或型钢组焊成的U形梁拼装而成。锚固环宜设置在塔身标准节对接处或有水平腹杆的断面处,塔身节主弦杆应视需要加以补强。锚固环必须箍紧塔身结构,不得松脱。附着杆由型钢、无缝钢管组成,也可以是型发现塔身偏斜,可通过调节螺母来调整附着杆的长度,以消除垂直偏差。锚固装置应尽可能保持水平,附着杆件最大倾角不得大于10°。

固定在建筑物上的锚固支座,可套装在柱子上或埋设在现浇混凝土墙板里,锚固点应紧靠楼板,其距离以不大于20 cm为宜。墙板或柱子混凝土强度应提高一级,并应增加配筋。

在墙板上设锚固支座时,应通过临时支撑与相邻墙板相关联,以增强墙板刚度附着式塔式起重机可借助塔身上端的顶升机构,随着建筑施工进度而自行向上接高。

自升液压顶升机构主要由顶升套架、长行程液压千斤顶、顶升横梁及定位销组成,液压千斤顶装在塔身上部结构的底端承座上,活塞杆通过顶升横梁支承在塔身顶部。需要接高时,利用塔顶的行程液压千斤顶,将塔顶上部结构(起重臂等)顶高,用定位销固定,千斤顶回油,推入标准节,用螺栓与下面的塔身联成整体,每次可接高25 m QT4-10型附着式塔式起重机顶升过程如下。

(1)将标准节吊到摆渡小车上,并将过渡节与塔身标准节的螺栓松开,准备顶升,如图3-11(a)所示。

(2)开动液压千斤顶,将塔式起重机上部结构包括顶升套架向上升超过一个标准节的高度,然后用定位销将套架固定。塔式起重机上部结构的重量通过定位销传递到塔身,如图3-11(b)所示。

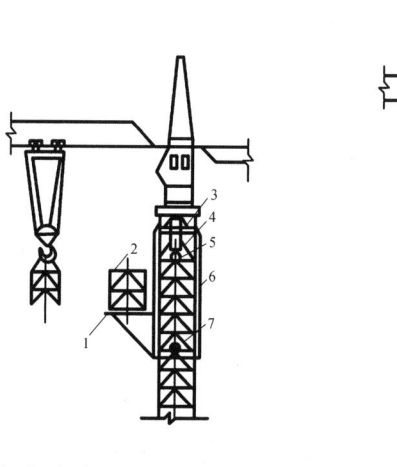

(a)准备状态利益　　　(b)顶升塔顶

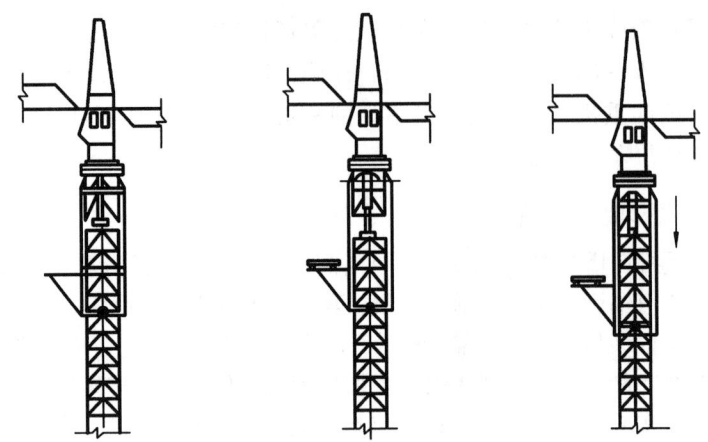

（c）推入塔身标准节　（d）安装塔身标准节　（e）塔顶与塔身连成整体

图 3-11　QT4-10 型附着式塔式起重机顶升过程示意图
1—摆渡小车；2—标准节；3—承座；4—液压千斤顶；5—顶升横梁；
6—顶升套架；7—定位销；8—过渡节

（3）液压千斤顶回缩，形成引进空间，此时将装有标准节的摆渡小车推入引进空间内，如图 3-11（c）所示。

（4）利用液压千斤顶将待接高的标准节稍微提起，退出摆渡小车，然后将其平稳地落在下面的塔身上，并用螺栓加以连接，如图 3-11（d）所示。

（5）再用液压千斤顶稍微向上顶起，拔出定位销，下降过渡节，使之与已接高的塔身连成整体，如图 3-11（e）所示。

4. 爬升式塔式起重机

爬升式塔式起重机又称内爬式塔式起重机，如图 3-8（d），通常安装在建筑物的电梯井或特设的开间内，也可安装在筒形结构内，依靠爬升机构随着结构的升高而升高。一般是每建造 3~8 m 起重机就爬升一次，塔身自身高度只有 20 m 左右，起重高度随施工高度而定。

爬升机构有液压式和机械式两种。液压爬升机构，由爬升梯架、液压缸、爬升横梁和支腿等组成。爬升梯架由上、下承重梁构成，两者相隔两层楼，工作时用螺栓固定在筒形结构的墙或边梁上，梯架两侧有踏步。其承重梁对应于起重机塔身的四根主肢，装有 8 个导向滚子，在爬升时起导向作用。塔身套装在爬升梯架内，顶升液压缸的缸体铰接于塔身横梁上，而下端（活塞杆端）铰接于活动的下横梁中部。塔身两侧装支腿，活动横梁两侧也装支腿，依靠这两对支腿轮流支撑在爬梯踏步上，使塔身上升。

爬升式起重机的优点是起重机以建筑物作为支承，塔身短，起重高度大，而且不占建筑物外围空间；缺点是司机作业往往不能看到起吊全过程，需靠信号指挥，施工结束后拆卸复杂，一般需设辅助起重机拆卸复杂，一般需设辅助起重机拆卸。

5. 塔式起重机的选用

塔式起重机的选用要综合考虑建筑物的高度、建筑物的结构类型、构件的尺寸和重量、施工进度、施工流水段的划分和工程量，以及现场的平面布置和周围环境条件等各种情况，同时要兼顾装、拆塔式起重机的场地和建筑结构满足塔架锚固、爬升的要求。

首先，根据施工对象确定所要求的参数，包括幅度（又称回转半径）起重量、起重力矩和吊钩高度等，然后根据塔式起重机的技术性能，选定塔式起重机的型号；

其次，根据施工进度、施工流水段的划分及工程量和所需吊次、现场的平面布置，确定塔式起重机的配量台数、安装位置及轨道基础的走向等。

根据施工经验，16层及其以下的高层建筑采用轨道式塔式起重机最为经济；25层以上的高层建筑，宜选用附着式塔式起重机或内爬式塔式起重机。

选用塔式起重机时，应注意以下事项：

（1）在确定塔式起重机的形式及高度时，应考虑塔身锚固点与建筑物相对应的位置，以及塔式起重机平衡臂是否影响臂架正常回转等问题。

（2）在多台塔式起重机作业条件下，应协调好相邻塔式起重机塔身高度差，以防止两塔碰撞，应使彼此工作互不干扰。

（3）在考虑塔式起重机安装的同时，应考虑塔式起重机的顶升、接高、锚固以及完工后的落塔、拆运等事项，如起重臂和平衡臂是否落在建筑物上、辅机停车位置及作业条件、场内运输道路有无阻碍等。

（4）在考虑塔式起重机安装时，应保证顶升套架的安装位置（塔架引进平台或引进轨道应与臂架同向）及锚固环的安装位置正确无误。

（5）应注意外脚手架的支搭形式与挑出建筑物的距离，以免与下回转塔式起重机转台尾部回转时发生碰撞。

3.2.2 施工电梯

施工电梯又称为外用施工电梯，是一种安装于建筑物外部，供运送施工人员和建筑器材用的垂直提升机械。采用施工电梯运送施工人员上下楼层，可节省工时，减轻工人体力消耗，提高劳动生产率，因此，施工电梯被认为是高层建筑施工不可缺少的关键设备之一。

1. 施工电梯的分类

施工电梯按照驱动方式一般分为齿轮齿条驱动电梯和绳轮驱动电梯两类。

1）齿轮齿条驱动施工电梯

齿轮齿条驱动施工电梯由塔架（又称为立柱，包括基础节、标准节、塔顶天轮架节）吊厢、地面停机站、驱动机组、安全装置、电控桓站、门机电连锁盒、电缆、电缆接收筒、平衡重、安装小吊杆等组成。塔架由钢管焊接格构式矩形断面标准节组成，标准节之间采用套柱螺栓连接。齿轮齿条驱动施工电梯的特点是：刚度好，安装迅速；电机、减速机、驱动齿轮、控制柜等均装设在吊厢内，检查维修保养方便；采用高效能的锥鼓式限速装置，当吊厢下降速度超过 0.65 m/s 时，吊厢会自动制动，从而保证不发生坠落事故；可与建筑物拉结，并随建筑物施工进度而自升接高，升运高度可达 100~150 m。

齿轮齿条驱动施工电梯按吊厢数量分为单吊厢式和双吊厢式，吊厢尺寸一般为

3 m×1.3 m×2.7 m；按承载能力分为两级，一级载重量为 1 000 kg 或乘员 11~12 人，另一级载重量为 2 000 kg 或乘员 24 人。

2）绳轮驱动施工电梯

绳轮驱动施工电梯是近年来开发的新产品，由三角形断面钢管塔架、底座、单吊厢、卷扬机、绳轮系统及安全装置等组成。绳轮驱动施工电梯的特点是结构轻巧、构造简单、用钢量少、造价低、能自升接高。吊厢平面尺寸为 2.5 m×1.3 m，可载货 1 000 kg 或乘员 8~10 人。因此，绳轮驱动施工电梯在高层建筑施工种的应用范围逐渐扩大。

2. 施工电梯的选择

高层建筑外用施工电梯的机型选择，应根据建筑体型、建筑面积、运输总重、工期要求、造价等确定。从节约施工机械费用出发，对 20 层以下的高层建筑工程，宜使用绳轮驱动施工电梯，25 层特别是 30 层以上的高层建筑应选用齿轮齿条驱动施工电梯。根据施工经验，一台单吊厢式齿轮齿条驱动施工电梯的服务面积约为 20 000~40 000 m^2，参考此数据可为高层建筑工地配置施工电梯，并尽可能地选用双吊厢式。

3.3 砌筑材料

3.3.1 砌块材料

砌块材料包括砖、石、砌块等砌体材料和砂浆两类。

1. 砖

筑用砖分为实心砖和空心砖两种。普通砖的规格为 240 mm×115 mm×53 mm，根据使用材料和制作方法的不同可分为烧结普通砖、烧结多孔砖、烧结空心砖、蒸压灰砂空心砖、蒸压粉煤灰砖等。

1）烧结普通砖

烧结普通砖为实心砖，以黏土、页岩、煤矸石或粉煤灰为主要原料，经压制焙烧而成。按原料不同，可分为烧结黏土砖、烧结页岩砖、烧结煤矸石砖和烧结粉煤灰砖。

烧结普通砖的外形为直角六面体，其标准尺寸为 240 mm×115 m×53 mm，根据抗压强度不同可分为 MU30、MU25、MU20、MU15、MU10 五个强度等级。

2）烧结多孔砖

烧结多孔砖使用的原料和生产工艺与烧结普通砖基本相同，其孔洞率不小于 25%。砖的外形为直角六面体，其长度、宽度及高度尺寸（单位为 mm）一般应符合 290，240、190、180 和 175、140、115、90 的要求，其他规格尺寸由供需双方协商确定。

3）烧结空心砖

烧结空心砖的烧制、外形，尺寸要求与烧结多孔砖的一致，在与砂浆的接合面上设有增加结合力的深度 1 mm 以上的凹线槽。根据抗压强度的不同可分为 MU5、MU3、MU2 三个强度等级。

4）蒸压灰砂空心砖

蒸压灰砂空心砖是以石英砂和石灰为主要原料，压制成型，经压力釜蒸汽养护而制成的孔洞率大于 15%的空心砖。其外形规格与烧结普通砖的一致，根据抗压强度分为 MU25、MU20、MU15、MU10、MU7.5 五个强度等级。

5）蒸压粉煤灰砖

蒸压粉煤灰砖是以粉煤灰为主要原料，掺配适量的石灰、石膏甘他破性激发剂，再加入一定数量的炉渣作为骨料蒸压制成的砖。其外形规格与烧结普通砖的一致，根据抗压强度与抗折强度分为 MU20、MU15、MU10、MU7.5 四个强度等级。

2. 石

砌筑用石料有毛石和料石两类。所选石材应质地坚实、无风化剩落和裂纹、用于清水墙，表面的石材应色泽均匀，石材表面的泥垢、水锈等杂志，砌筑前应清除干净，以利于砂浆与块石粘结。

毛石分为乱毛石、平毛石。乱毛石是指形状不规则的石块；平毛石是指形状不规则但是有两个平面大致平行的石块。毛石呈块状，中部厚度不宜小于 150 mm。

料石按其加工面的平整程度分为细料石、粗料石和毛料石三种。料石的宽度、厚度均不宜小于 200 mm，长度不宜大于厚度的 4 倍。根据抗压强度分为 MU100、MU80、MU60、MU50、MU40、MU30、MU20、MU15、MU10 九个强度等级。

3. 砌 块

砌块一般是指以混凝土或工业废料作为原料制成的实心或空心块材。它具有自重轻、机械化和工业化程度高、施工速度快、生产工艺和施工方法简单，且可大量利用工业废料等优点。因此，用砌块代替普通黏生砖是墙体改革的量要途径。

砌块按形状分为实心砌块和空心砌块两种。按制作原料分为粉煤灰、加气混凝土、混凝土、硅酸盐、石膏砌块等数种。按规格分有小型砌块、中型砌块和大型砌块，砌块高度在 115～380 mm 的称为小型砌块，高度在 380～980 mm 的称为中型砌块，高度大于 980 mm 的称为大型砌块。常用的有普通混凝土小型空心砌块、轻集料混凝土小型空心砌块、蒸压加气混凝土砌块、粉煤灰砌块。

1）普通混凝土小型空心砌块

普通混凝土小型空心砌块以水泥、砂、碎石或卵石加水预制而成，其主规格尺寸为 390 mm×190 mm×190 mm，有两个方形孔，空心率不小于 25%。根据抗压强度分为 MU20、MU15、MU10、MU7.5、MU5、MU3.5 六个强度等级。

2）轻集料混凝土小型空心砌块

轻集料混凝土小型空心砌块以水泥、砂、轻集料加水预制而成，其主规格尺寸为

390 mm×190 mm×190 mm，按其孔的排数分为单排孔、双排孔、三排孔和四排孔等四类，根据抗压强度分为 MU10、MU7.5、MU5、MU3.5、MU2.5、MU1.5 六个强度等级。

3）蒸压加气混凝土砌块

蒸压加气混凝土砌块以水泥、矿渣、砂、石灰等为主要原料，加入发气剂，经搅拌成型、蒸压养护而成的实心砌块，其主规格尺寸为 600 mm×250 mm×250 mm。根据抗压强度分为 A10、A7.5、A5、A3.5、A2.5、A2、A1 七个强度等级。

4）粉煤灰砌块

粉煤灰砌块以粉煤灰、石灰、石膏和轻集料为原料，加水搅拌，振动成型，蒸汽养护而成的密实砌块，其主规格尺寸为 880 mm×380 mm×240 mm 和 880 mm×430 mm×240 mm。砌块端面应加灌浆槽，坐浆面宜设抗剪槽。根据抗压强度分为 MU3、MU10 两个强度等级。

3.3.2 砌筑砂浆

砂浆是由胶结材料细骨料和水组成的混合物。按照胶结材料的不同，砂浆可分为水泥砂浆（水泥、砂、水）、混合砂浆（水泥、砂、石灰膏、水）、石灰砂浆（石灰膏、砂、水）、石灰黏土砂浆（石灰膏、黏土、砂、水）、黏土砂浆（黏土、水）、石灰砂浆、石灰黏土砂浆、混合砂浆，其强度等级宜用 M20、M15、M10、M7.5、M5、M2.5。一般水泥砂浆用于潮湿环境和强度求较高的砌体，石灰砂浆主要用于干燥环境中以及强度要求不高的砌体，混合砂浆主要用于地面以上强度要求较高的砌体。

1. 水泥的选用

砌筑砂浆使用的水泥品种及强度等级应根据砌体部位和所处环境来选择。水泥在进场使用前应分批对其强度、安定性进行复验（检验批应以同一生产厂家、同一编号为一批）。

水泥贮存时应保持干燥。当在使用中对水泥质量有怀疑，或水泥出厂超过 3 个月（快硬性硅酸盐水泥超过一个月）时，应复查试验，并按其结果使用。不同品种的水泥，不得混合使用。

生石灰熟化成石灰膏时，应用孔径不大于 3 mm×3 mm 的网过滤，熟化时间不得短于 7 d，磨细生石灰粉的熟化时间不得小于 2 d。对沉淀池中储存的石灰膏应采取防止干燥、冻结和污染的措施，脱水硬化后的石灰膏严禁使用。

细骨料宜采用中砂并过筛，不得含有害杂物，其含泥量应满足下列要求：对于水泥砂浆和强度等级不小于 M5 的水泥混合砂浆，不应超过 5%；对于强度等级小于 M5 的水泥混合砂浆，不应超过 10%。

凡需在砂浆中掺入有机塑化剂、早强剂、缓凝剂、防冻剂等的，应经试验和试配符合要求后，方可使用。拌制砂浆用水，水质应符合国家现行标准。

2. 水泥的制备与使用

砌筑砂浆应通过试配确定配合比，各组分材料应采用重量计量。

砌筑砂浆应采用砂浆搅拌机进行拌制。自投料完算起，搅拌时间应符合下列规定：水泥砂浆和混合砂浆的搅拌时间不得小于 2 min；掺用外加剂的砂浆的搅拌时间不得少于 3 min；掺用有机塑化剂的砂浆的搅拌时间应为 3~5 min。

为便于操作，砌筑砂浆应有较好的和易性，即良好的流动性（稠度）和保水性。和易性好的砂浆能保证砌体灰缝饱满、均匀、密实，并能提高砌体强度。砌筑砂浆的稠度见表3.3。

表 3.3 砌筑砂浆的稠度

砌体种类	砂浆稠度/mm	砌体种类	砂浆稠度/mm
烧结普通砖砌体	70~90	普通混凝土小型空心砌块砌体	50~70
轻集料混凝土小型空心砌块砌体	60~90	加气混凝土小型空心砌块砌体	50~70
烧结多孔砖、空心砖砌体	60~80	石砌体	30~50

施工过程中，当用水泥砂浆代替水泥混合砂浆时，应重新确定砂浆强度等级，砂浆应随拌随用，水泥砂浆和水泥混合砂浆应分别在 3 h 和 4 h 内使用完毕；当施工期间最高气温超过 30 ℃ 时，应分别在拌成后 2 h 和 3 h 内使用完毕。对掺用缓凝剂的砂浆，其使用时间可根据具体情况延长。

对所用的砂浆应进行强度检验。制作试块的砂浆，应在现场取样，对每一楼层或 250 m³。砌体中的各种强度等级的砂浆，每台搅拌机应至少检查一次，每次至少留一组试块（每组 6 块），其标准养护 28 d 的抗压强度应满足设计要求。

3.4 砖砌体施工

3.4.1 砖砌体加工的基本要求

砌体结构工程施工前，应编制砌体结构工程施工方案，砌筑顺序应符合规定。

砌体工程所用的材料应有产品的合格证书及产品性能检测报告。块材、水泥、钢筋、外加剂等还应有材料主要性能的进场复验报告。严禁使用国家明令淘汰的材料。

砖砌体的组砌要求为：上下错缝，内外搭接，以保证砌体的整体性；组砌要有规律，少砍砖，以提高砌筑效率，节约材料。实心砖墙常用的厚度有半砖、一砖、一砖半、两砖等，依其组砌形式不同，最常见的有一顺一丁、三顺一丁、梅花丁等，如图3-12所示。

（a）一顺一丁

（b）三顺一丁

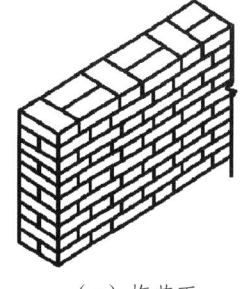
（c）梅花丁

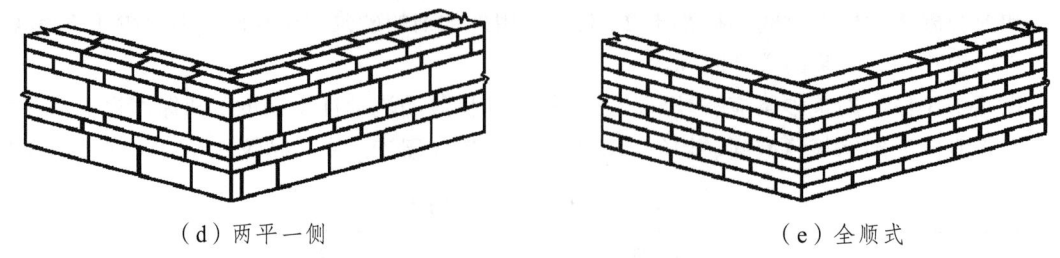

（d）两平一侧　　　　　　　　　　（e）全顺式

图 3-12　实心砖墙的组砌形式

一顺一丁的砌法是一皮中全部顺砖与一皮中全部丁砖相互交替砌成，上下皮间的竖缝相互错开 1/4 砖。砌体中无任何通缝，而且丁砖数量较多，能增强横向拉结力。这种组砌方式砌筑效率高，墙面整体性好，墙面容易控平直，多用于一砖厚墙体的砌筑，但当砖的规格参差不齐时，砖的竖缝就难以整齐

三顺一丁的砌法是三皮中全部顺砖与一皮中全部丁砖间隔砌成。上下皮顺砖间的竖缝错开 1/2 砖长，上下皮顺砖与丁砖间竖缝错 1/4 砖长。这种砌法由于顺砖较多，砌筑效率较高但三皮顺砖内部纵向有通缝，整体性较差，一般使用较少。宜用于一砖半以上的墙体的砌筑或挡土墙的砌筑。

梅花丁又称沙包式、十字式。梅花丁的砌法是每皮中丁砖与顺砖相隔，上皮丁砖中坐于下皮顺砖，上下皮间相互错开 1/4 砖长。这种砌法内外竖缝每皮都能错开，故整体性好，灰缝整齐，而且墙面比较美观，但砌筑效率较低。砌筑清水墙或当砖的规格不一致时，采用这种砌法较好。

为了使砖墙的转角处各皮间竖缝相互错开，必须在外角处砌七分头砖（3/4 砖长）。当采用一顺一丁组砌时，七分头的顺面方向依次砌顺砖，丁面方向依次砌丁砖，如图 3-13（a）所示。

砖墙的丁字接头处，应分皮相互砌通，内角相交处竖缝应错开 1/4 砖长，并在横墙端头处加砌七分头砖，如图 3-13（b）所示。

砖墙的十字接头处，应分皮相互砌通，交角处的竖缝应错开 1/4 砖长，如图 3-13（c）所示。

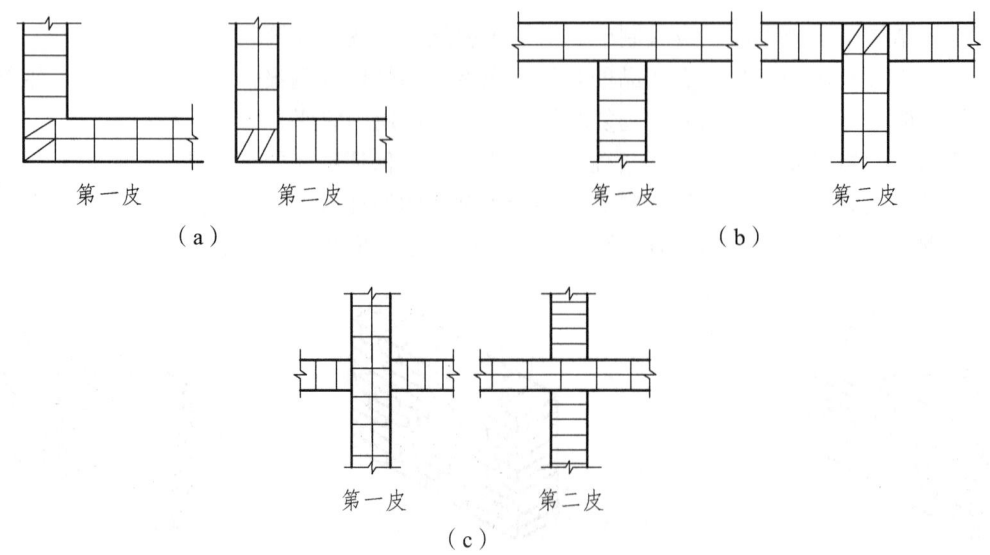

图 3-13　砖墙接头组砌形式

常温下砌砖一般应提前 1 天浇水湿润，避免砖因吸收砂浆中过多的水分而影响黏结力，并可除去砖面上的粉末。但浇水过多会产生砌体走样或滑动。灰砂砖、粉煤灰砖适量浇水，其含水量控制在 5% ~ 8% 为宜。

在墙上留置临时施工洞口时，其侧边离交接处墙面不应小于 500 mm，洞口净宽度不应超过 1 m。临时施工洞口应做好补砌。

应于砌筑时正确地留出或预埋设计要求的洞口、管道、沟槽，未经设计人员同意，不得打凿墙体或在墙体上开凿水平沟槽。宽度超过 300 mm 的洞口上方，应设置过梁。

砖墙每日砌筑高度不得超过 1.8 m，砖墙分段砌筑时，分段位置宜设置在变形缝构造柱或门窗洞口处，相邻工作段的砌筑高度不得超过一个楼层高度，也不宜大于 4 m。

3.4.2 施工前的准备

1. 砖的准备

砖要按规定的数量、品种、强度等级及时组织进场，按砖的强度等级、外观、几何尺寸进行验收，并应检查出厂合格证。常温施工时，黏土砖应在砌筑前 1 ~ 2 d 浇水湿润，以水浸入砖内深度 15 ~ 20 mm 为宜。

2. 砂浆准备

主要是做好配制砂浆所用原材料的准备。若采用混合砂浆，则应提前两周将石灰膏淋制好，待使用时再进行拌制。

3. 其他准备

（1）检查校核轴线和标高。在偏差允许范围内，砌体的轴线和标高的偏差可在基础顶面或楼板面上予以校正。

（2）砌筑前，组织机械进场并进行安装。

（3）准备好脚手架，搭好搅拌棚，安设搅拌机，接水、接电、试车。

（4）制备并安设好皮数杆。

3.4.3 砖砌体的施工工艺

砖砌体的施工工艺为抄平、放线、摆砖、立皮数杆、盘角及挂线、砌筑、勾缝与清理等。

1. 抄平放线（也称抄平弹线）

1）抄　平

砌墙前应在基础防潮层或楼层上定出各层标高，并用水泥砂浆或 C10 细石混凝土找平，使各段墙底标高符合设计要求。

2）放　线

根据龙门板或轴线控制桩上的标志轴线，利用经纬仪和墨线弹出基础或墙体的轴线、边线及门窗洞口位置线。二层以上墙体轴线可以用经纬仪或垂球将轴线引测上去。

基础放线是保证墙体平面位置的关键工序，是体现定位测量精度的主要环节，稍有疏忽就会造成错位。所以，在放线过程中要充分重视以下环节。

（1）在挖槽的过程中龙门板易被碰动。因此，在投线前要对控制桩、龙门板进行复查，避免问题的发生。

（2）对于偏中基础，要注意偏中的方向。

（3）附墙垛、烟囱、温度缝、洞口等特殊部位要标清楚，防止遗忘。

2．摆 砖

摆砖也称为摆底，是在弹好线的基础顶面上按选定的组砌方式先用砖试摆，目的在于核对所弹出的墨线在门窗洞口、墙垛等处是否符砖模数，以便借助灰缝调整，使砖的排列和砖缝宽度均合理。摆砖时，山墙摆丁砖，檐墙摆顺砖，即"山丁檐跑"。

3．立皮数杆

皮数杆一般是用 50 mm × 50 mm 的方木做成，上面划有砖的匹数、灰缝厚度、门窗、楼板、圈梁、过梁、屋架等构件的位置及建筑物各种预留洞口和加筋的高度，作为墙体砌筑时竖向尺寸的控制标志。

划皮数杆时应从 ± 0.000 开始，从 ± 0.000 向下到基础垫层以上为基础部分皮数杆，± 0.000 以上为墙身皮数杆。如楼房每层高度相同，则划到二层楼地面标高为止，平房划到前后檐口为止。划完后在杆上以五皮砖为级数，标上砖的匹数，如 5、10、15 等并标明各种构件和洞口的标高位置及大致图例，如图 3-14 所示。

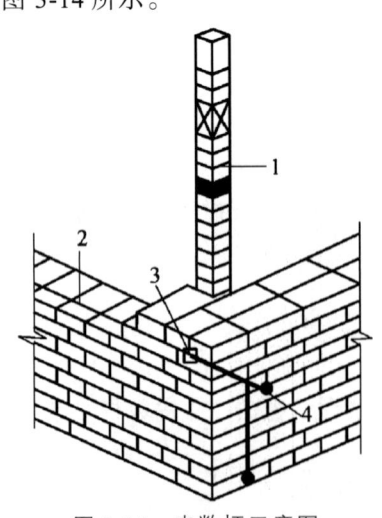

图 3-14 皮数杆示意图
1—皮数杆；2—准线；3—竹片；4—圆铁钉

皮数杆一般设置在墙的转角、内外墙交接处、楼梯间及墙面变化较多的部位，如墙面过长，应每隔 10 ~ 15 m 立一根。立皮数杆时可用水准仪测定标高，使各皮数杆立在同一标高上、在砌筑前，应检查皮数杆上 ± 0.000 与抄平桩上的 ± 0.000 是否符合，所立部位、数量是否符合，检查合格后方可进行施工。

4. 盘角及挂线

墙体砌砖时,应根据皮数杆先在转角及交接处砌 3~5 皮砖,并保证其垂直平整,称为盘角。然后再在其间拉准线,依准线逐皮砌筑中间部分盘角主要是根据皮数杆来控制标高,依靠线锤、托线板等使砖墙垂直。中间部分墙身主要依靠准线使灰缝平直,一般"三七"墙以内应单面挂线,"三七"墙以上应双面挂线,如图 3-15 所示。

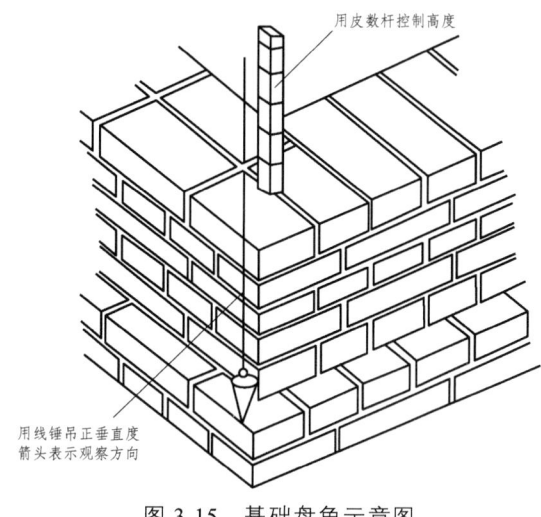

图 3-15 基础盘角示意图

5. 砌筑、勾缝

1)砌　筑

砖的砌筑宜采用"三一"翻法。"三一"法又叫大铲砌筑法,即一铲灰、一块砖、一挤揉,并随手将挤出的砂浆刮平,这种法灰缝容易饱满,砖黏结力强,能保证筑质量。

除"三一砌筑法"外,还可采用铺浆法等。当采用铺浆法砌筑时,铺浆长度不宜超过 750 m,施工期间气温不宜超过如 30 ℃,铺浆长度不不宜超过 500 mm。

2)勾　缝

勾缝是砌清水墙的最后一道工序,可以用砂浆随砌随勾缝,叫作原浆勾缝;也可砌完墙后再用 1∶1.5 水泥砂浆或加色砂浆勾缝,称为加浆勾缝。勾缝具有保护墙面和增加墙面美观的作用,为了确保勾缝质量,勾缝前应清除墙面粘结的砂浆和杂物,并酒水湿润,在砌完墙后,应划出 10 mm 深的灰槽,灰缝可勾成凹、平、斜或凸形状。勾缝完毕还应清扫墙面。

6. 各层标高的控制

基础砌完之后,除要把主墙体的轴线由龙门桩或龙门板上引到基础墙上外,还要在基础墙上抄出一条 –0.100 m 或 –0.150 m 标高的水平线。楼层各层标高除立皮数杆控制外,亦可用在室内弹出的水平线控制。

当砖墙砌起一步架高后,应随即用水准仪在墙内进行抄平,并弹出离室内地面高 500 mm 的线,在首层即为 0.5 m 标高线(现场叫 50 线),在以上各层则为该层标高加 0.5 m 的标高线。

这道水平线是用来控制层高及放置门、窗过梁高度的依据,也是室内装饰施工时作为地面标高、墙裙、踢脚线、窗台及其他有关的装饰标高的依据。

当二层墙砌到一步架高后,随即用钢尺在楼梯间处,把底层的 0.5 m 标高线引入到上层,就得到二层 0.5 m 的标高线。如层高为 3.3 m,那么从底层 0.5 m 标高线往上量 3.3 m 划一铅笔痕,随后用水准仪及标尺从这点抄平,把楼层的全部 0.5 m 标高线弹出。

3.4.4 砖砌体的质量要求

砖砌体的质量应符合《砌体结构工程施工质量验收规范》(GB 50203—2016)的要求,做到横平竖直、砂浆饱满、上下错缝、内外搭接、接槎牢固。

1. 基本要求

1)横平竖直

横平,即要求每一皮砖必须在同一水平面上,每块砖必须摆平。竖直,即要求砌体表面轮廓垂直平整,且竖向灰缝垂直对齐。因而在砌筑过程中要随时用线锤和托线板进行检查,做到"三皮一吊、五皮一靠",以保证砌筑质量。

2)砂浆饱满

砂浆饱满度对砌体强度影响较大。水平灰缝和竖缝的厚度一般规定为 10±2 mm,要求水平灰缝的砂浆饱满度不得小于 80%,竖向灰缝宜采用挤浆或加浆方法,使其砂浆饱满。

3)上下错缝、内外搭接

为保证砌体的强度和稳定性,砌体应按一定的组砌形式进行砌筑,错缝和搭接长度一般不小于 60 mm,并避免墙面和内缝中出现连续的竖向通缝。

4)接槎牢固

砖墙的转角处和交接处一般应同时砌筑,以保证墙体的整体性和砌体结构的抗震性能。如不能同时砌筑,应按规定留槎并做好接槎处理,通常应将留置的临时间断做成斜槎。实心墙的斜槎长度不应小于墙高度的 2/3,接槎时必须将接槎处的表面清理干净,浇水湿润,填实砂浆并保持灰缝垂直;当在临时间断处留斜槎确有困难时,非抗震设防及抗震设防烈度为 6 度、7 度地区,除转角处外也可留直槎,但必须做成凸槎,并加设拉结筋。拉结筋的数量为每 120 mm 墙厚放置一根 6 的钢筋,间距沿墙高不得超过 500 mm,埋入长度从墙的留槎处算起,每边均不得少于 500 mm(对抗震设防烈度为 6 度、7 度地区,不得小于 1 000 mm),末端应有 90°的弯钩,如图 3-16 所示。

2. 砖体的有关规定

(1)砂浆的配合比应采用重量比,石灰膏或其他塑化剂的量应适量,微沫剂的量(按 100%吨度计)应通过试验确定。

(2)限定砂浆的使用时间。水泥浆在 3 h 内用完,混合浆在 4 h 内用完。如气温超过 30 ℃,则适用时间均应减少 1 h。

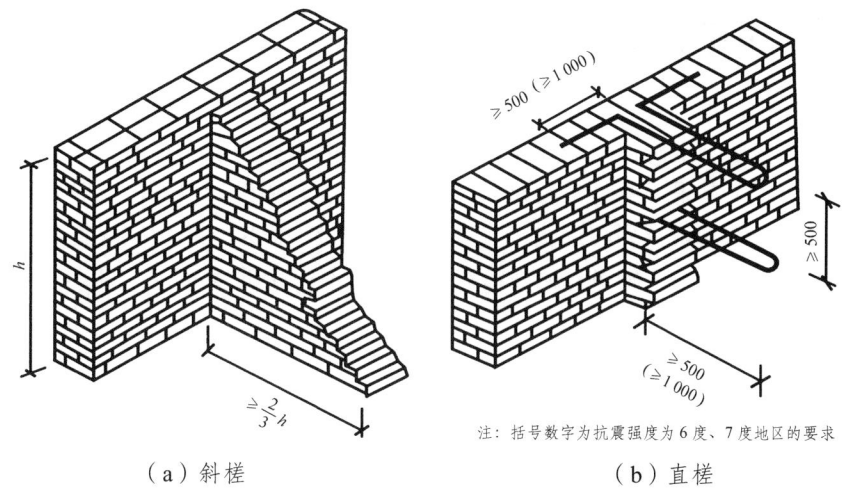

(a)斜槎　　　　　　　　　　(b)直槎

图 3-16　留槎

(3)普通黏土砖在砌筑前应浇水润湿,含水量宜为 10%~15%,灰砂砖和粉煤灰砖可不必润砖。

3. 钢筋混凝土构造柱

1)混凝土构造柱的主要构造措施

通常,构造柱的截面尺寸为 240 mm×180 mm 或 240 mm×240 mm。竖向受力钢筋用 4 根直径为 12 mm 的 I 级钢筋,钢筋直径为 4~6 mm,其间距不大于 250 mm,且在柱上下端处适当加密。

砖墙与构造柱应沿墙高每隔 500 mm 设置直径 6 的水平拉结钢筋,两边伸入墙内不宜小于 1 m;若外墙为一砖半墙,则水平拉结钢筋应用 3 根。

砖墙与构造柱相接处应砌成马牙槎,从每层柱脚开始,先退后进;每个马牙槎沿高度方向的尺寸不宜超过 300 mm(或 5 皮砖高),每个马牙槎退进应不小于 60 mm。

构造柱必须与圈梁连接,其根部可与基础圈梁连接,无基础圈梁时,可增设厚度不小于 120 mm 的混凝土底脚,深度从室外地坪以下不应小于 500 mm。

2)钢筋混凝土构造柱施工要点

(1)构造柱的施工顺序为:绑扎钢筋,砌砖墙,支模板,浇筑混凝土。必须在该层构造柱凝土浇筑完毕后,才能进行上面一层的施工。

(2)构造柱的竖向受力钢筋伸入基础圈梁或混凝土底脚内的铺固长度,以及扎搭接长度均不应小于 35 倍钢筋直径。接头区段内的箍筋间距不应大于 200 mm。钢筋混凝土保护层厚度一般为 20 mm。

(3)砌砖墙时,当马牙槎齿深为 120 mm 时,其上口可采用第一匹先进 60 mm,往上再进 120 mm 的方法,以保证浇筑混凝土时上角密实。

(4)构造柱的模板必须与所在砖墙面严密贴紧,以防漏浆。

(5)浇筑构造柱的混凝土坍落度一般为 50~70 mm。振捣宜采用插入式振动器分层捣实,振捣棒应避免直接触碰钢筋和砖墙;严禁通过砖墙传振,以免砖墙变形或灰开裂。

3.5 砌块砌体施工

用砌块代替普通黏土砖作为墙体材料是墙体改革的重要途径。日前工程中多采用中小型砌块。中型砌块施工是采用各种吊装机械及夹具将块安装在设计位置,一般要按建筑物的平面尺寸及预先设计的砌块排列图逐块按次序吊装、就位、固定。小型砌块施工与传统的砖砌体砌筑工艺相似,也是手工砌筑,但在形状、构造上有一定的差异。

3.5.1 砌块安装前的准备工作

1. 编制砌块排列图

砌块砌筑前,应根据施工图纸的平面、立面尺寸,并结合砌块的规格,先绘制砌块排列图,砌块排列如图3-17所示。

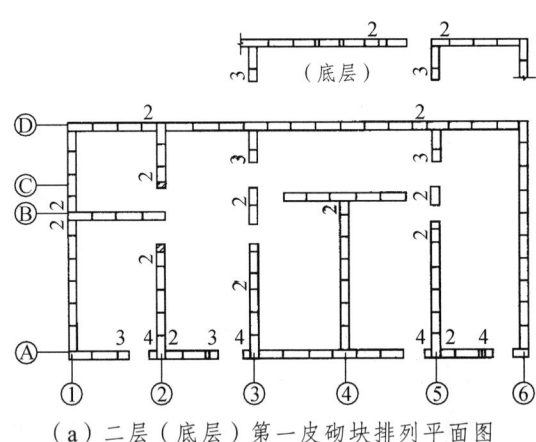

(a)二层(底层)第一皮砌块排列平面图

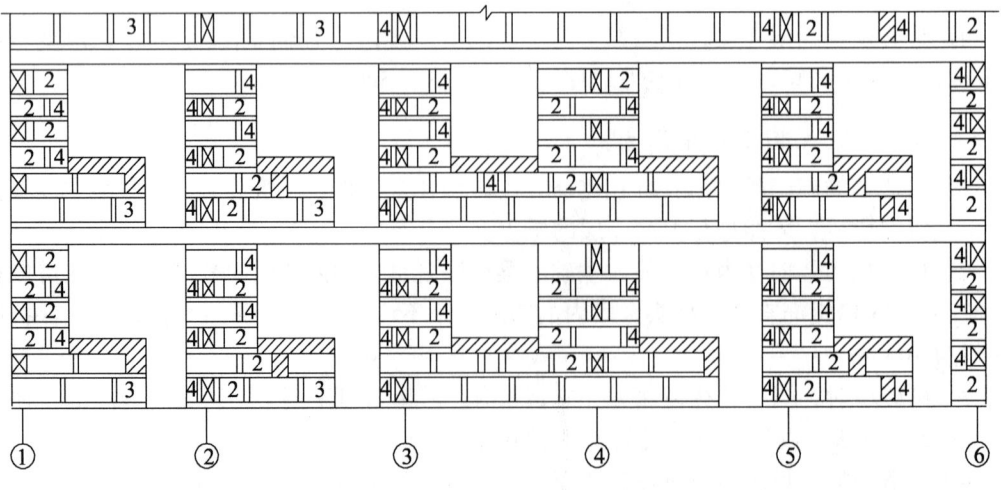

(b)外墙Ⓐ轴砌块排列立面图

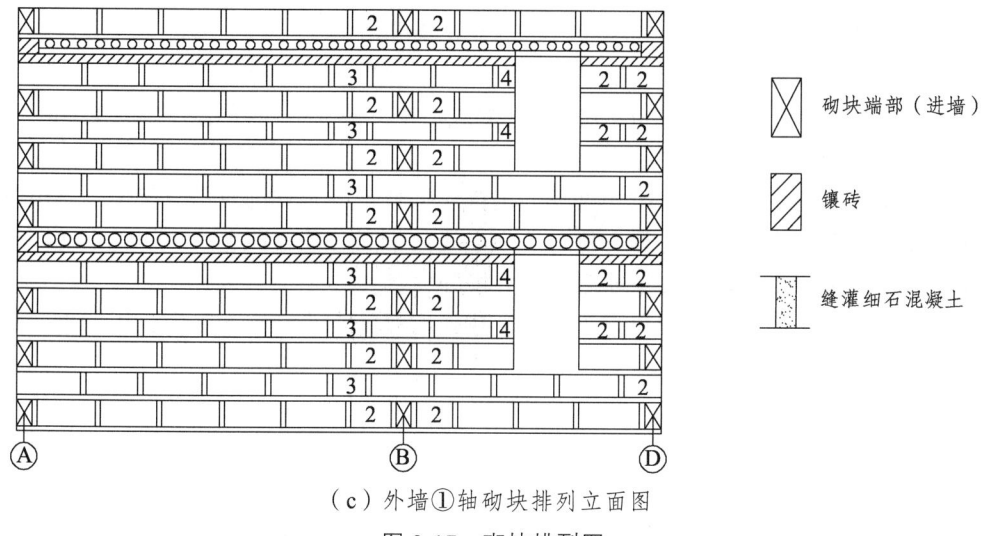

（c）外墙①轴砌块排列立面图

图 3-17　砌块排列图

绘制砌块排列图时在立面图上按比例绘出纵、横墙，标出楼板、大梁、过梁、楼梯、孔洞等位置，在纵横墙上绘出水平灰缝线，然后以主规格为主、其他型号为辅，按墙体错缝搭砌的原则和竖缝大小进行排列。

在墙体上大量使用的主要规格砌块称为主规格砌块；与它相搭配使用的砌块，称为副规格砌块。

2. 砌块的堆放

砌块的堆放位置应在施工总平面图上周密安排，应尽量减少二次搬运，使场内运输路线最短，以便于砌筑时起吊。堆放场地应平整夯实，使砌块堆放平稳，并做好排水工作；砌块不直接堆放在地面上，应堆在草袋、煤渣层或其他层上，以免块底面沾污，砌块的规格、数量必须配套，不同类型分别堆放。

3. 砌块的吊装方案

砌块墙的施工特点是砌块数量多，吊次也相应多但块的重量不提大，砌块安装方案与所用的机设备有关，通常采用的吊装方案有两种：一是以塔式起重机进行砌块、砂浆的运输，以及楼板等构件的吊装，由台灵架吊装砌块，如工程量大，组织两栋房屋对翻流水等可采用这种方案；二是以井架进行材料的垂直运输，杠杆车进行楼板吊装，所有预制构件及材料的水平运输则用砌块车和劳动车，台灵架负责砌块的吊装。

除应准备好块垂直、水平运输和吊装的机械外，还要准备安装砌块的专用夹具和有关工具。

3.5.2　砌块施工工艺

砌块施工时需弹墙身线，立皮数杆，并按事先划分的施工段和块排列图逐皮安装，其安装顺序是先外后内、先远后近、先下后上，砌块砌筑时应从转角处或定位砌块处开始，并校正其垂直度，然后按块排列图内外墙同时砌筑并且错缝搭砌。

砌块施工的主要工序是铺灰、吊砌块就位、校正、灌缝和镶砖等。

（1）铺灰。采用稠度良好（50～70 mm）的水泥浆，铺 35 m 长的水平缝。夏季及寒冷季节应适当缩短，铺灰应均匀平整。

（2）砌块安装就位。采用摩擦式夹具，按砌块排列图将所需砌块吊装就位，砌块就位应对准位置徐徐下落，使夹具中心尽可能与墙中心线处于同一垂直面上，砌块光面在同一侧，垂直落于砂浆层上，待砌块安放稳妥后，才可松开夹具。

（3）校正。用线锤和托线板检查垂直度，用拉准线的方法检查水平度，用撬棍、模块调整偏差。

（4）灌缝。采用砂浆灌竖缝，两侧用夹板夹住砌块，超过 30 mm 宽的竖缝采用强度等级不低于 C20 的细石混凝土灌缝，收水后进行嵌缝，即原浆勾缝。之后，一般不应再撬动砌块，以免破坏砂浆的黏结力。

（5）镶砖。当砌块间出现较大竖缝或过梁找平时，应镶砖。采用MU10级以上的红砖，最后一皮用丁砖镶砌。镶砖工作必须在砌砖校正后即刻进行，镶砖时应注意使砖的竖缝灌密实。

3.5.3　混凝土小砌块砌体施工

混凝土小砌块包括普通混凝土小型空心砌块和轻骨料混凝土小型空心砌块。

施工时所用的小砌块的产品龄期不应小于 28 d，普通混凝土小砌块饱和吸水率低、吸水速度迟缓，一般可不浇水，天气炎热时，可适当洒水湿润。

轻骨料混凝土小砌块的吸水率较大，宜提前浇水湿润。底层室内地面以下或防滑层以下的砌体，应采用强度等级不低于 C20 的混凝土实心砌块的孔洞。

小砌块墙体应对孔错缝搭砌，搭接长度不应小于 90 mm。墙体的个别部位不能满足上述要求时，应在灰中设置拉结筋或钢筋网片，但竖向通缝仍不得超过两皮小砌块。

浇灌芯柱的混凝土宜选用专用的小砌块灌孔混凝土。当采用普通混凝土时，其坍落度不应小于 90 mm。砌筑砂浆强度大于 1 MPa 时，方可浇灌芯柱混凝土。浇灌时清除孔洞内的砂浆等杂物，并用水冲洗；先注入适量与芯柱混凝土相同的去石水泥砂浆，再浇灌混凝土。

小砌块墙体转角处和纵横交接处应同时砌筑，临时间断处应砌成斜槎，斜槎水平投影长度不应小于高度的 2/3。

小砌块砌体的灰缝应横平竖直，水平灰缝厚度和竖向灰缝宽度宜为 10 mm，但不应大于 12 mm，也不应小于 8 mm。砌体水平灰缝的砂浆饱满度按净面积计算，不应不低于 90%；竖向灰缝饱满度不得小于 80%，竖缝回槽部位应用砌筑砂浆填实，不得出现瞎缝、透明缝。

3.5.4　石砌体施工

1. 毛石基础施工

砌筑毛石基础所用毛石应质地坚硬、无裂纹，尺寸在 200～400 mm，强度等级一般为 MU20 以上，所用水泥砂浆为 M2.5～M5 级，稠度为 50～70 mm，不宜采用混合砂浆。

基础砌筑前，应校核毛石基础放线尺寸。

砌筑毛石基础的第一匹石块应坐浆，选较大而平整的石块将大面向下，分皮卧砌，上下错缝，内外搭砌，每皮厚度约 300 mm，搭接不小于 80 mm，不得出现通缝。毛石基面扩大部分如做成阶梯形，上级阶梯的石块应至少压砌下级阶梯的 1/2，每阶内至少砌两皮，扩大部分每边比墙宽出 100 mm。为增加整体稳定性，应大、中、小毛石搭配使用，并按规定设置拉结石，拉结石的长度应超过墙厚的 2/3。毛石砌到室内地坪以下 50 mm 时，应设置防潮层，一般用 1∶2.5 的水泥砂浆加适量防水剂铺设，厚度为 20 mm。毛石基础每日砌筑高度不应超过 1.2 m。

2．石墙施工

1）毛石墙施工

首先应在基础顶面根据设计要求抄平放线、立皮杆、拉准线，然后进行墙体施工。砌筑第一层石块时，应大面向下，其余各层应利用自然形状相互搭接紧密；面石应选择至少具有一面平整的毛石砌筑，较大空用碎石填塞。墙体砌筑每层高 300～400 mm，中间隔 1 m 左右应砌与墙同宽的拉结石，上、下层间的结石位置应错开。施工时，上下层应相互错缝，内外搭接，不得采用"外面侧立石块，中间填心"的砌筑方法。每日砌筑高度不应超过 1.2 m，分段砌筑时所留踏步槎高度不超过一个步架。

2）料石墙施工

料石墙的砌筑应用铺浆法。竖缝中应填满砂浆并插捣至砂浆溢出为止，上下皮应错缝搭接，转角处或交接处应用石块相互搭砌，如确有困难，应在每楼层范围内至少设置钢筋网或拉结筋两道。

3）石墙勾缝

石墙的勾缝形式多采用平缝或凸缝。勾缝前先将灰缝刮深 20～30 mm，将墙面喷水湿润并修整。宜用 1∶1 水泥砂浆，或青灰和白灰浆接加麻刀勾缝，勾缝线条必须均匀一致，深浅相同。

3.6　冬雨季施工

3.6.1　冬期施工

1．冬期施工的概念

根据当地气象资料，如室外日平均气温连续 5 d 稳定低于 5 ℃，则砌筑工程应采取冬期施工措施；当日最低气温低于 0 ℃ 时，砌筑工程也应采取冬期施工措施。砌筑工程冬期施工应有完整的冬期施工方案。

2．砌筑工程冬期施工方法

砌筑工程的冬期施工以掺盐砂浆法为主，对保温绝缘、装饰等方面有特殊要求的工程，可采用冻结法或其他施工方法。

1）掺盐砂浆法

掺入盐类的水泥砂浆、水泥混合砂浆或微沫砂浆称为掺盐砂浆。采用这种砂浆砌筑的方法称为掺盐砂浆法。

（1）掺盐砂浆的原理和适用范围。掺盐砂浆法就是在砌筑砂浆内掺入一定数量的抗冻剂（主要有氯化钠和氯化钙，其他还有亚硝酸钠、碳酸钾和硝酸钙等）来降低水溶液的冰点以保证砂浆中有液态水存在，使水化反应在一定负温下不间断，使砂浆强度在负温下能够继续增长。同时，由于降低了砂浆中水的冰点，砖石砌体的表面不会因为结冰而形成冰膜，故砂浆和砖石砌体能较好地粘结。掺盐砂浆法具有施工简便、费用低、取材方便等优点，所以在我国砖石砌体冬期施工中应用广泛。

由于氯盐砂浆吸湿性大，使结构保温性能下降，并有析盐现象等，所以对下列工程严禁采用掺盐砂浆法施工：对装饰有特殊要求的建筑物；使用湿度大于80%的建筑物；接近高压电路的建筑物；配筋、钢埋件无可靠的防腐处理措施的砌体；处于地下水位变化范围内及水下未设防水层的结构。

（2）掺盐砂浆法的施工要求。采用掺盐法进行施工应按不同负温界限控制掺盐量，当砂浆中氯盐量过少，砂浆内会出现大量的冰结晶体，水化反应极其缓慢，会降低早期强度。如果氯盐量大于10%，砂浆的后期强度会显著降低，同时导致砌体析盐量过大，增大吸湿性，对承重结构的砂浆强度等级应按常温施工时提高一级。拌和砂浆前要对原材料加热且应优先加热水；当满足不了温度时，再进行砂的加热。当拌和水的温度超过60℃时，拌制时的投料顺序是先投水和砂，然后再投放水泥，掺盐砂浆中掺入微沫剂时，盐溶液和微沫剂在砂浆拌和过程中先后加入。砂浆应采用机械进行拌和，搅拌时间应比常温季节增加一倍，拌和后的砂浆应注意保温。

由于氯盐对钢筋有腐蚀作用，当使用掺盐法于设有构造配筋的砌体时，钢筋可以涂樟丹2~3道或者沥青1~2道，以防钢筋锈蚀。

使用掺盐砂浆法砌筑砖砌体，应采用"三一"法砌筑，使砂浆与砖的接触面能充分结合。

砌筑时要求砂浆饱满，灰缝厚度均匀，水平缝和垂直缝的厚度和宽度应控制在8~10 mm，采用掺盐砂浆法砌筑砌体，砌体在转角处和交接处应同时砌筑，对不能同时砌筑而又必须留置的临时间断处，应砌成斜槎且砌体表面宜采用保温材料加以覆盖，继续施工前，应先扫净砖表面，然后再施工。

2）冻结法

冻结法是指对不掺化学外加剂的普通水泥砂浆或水泥混合砂浆进行砌筑的一种冬期施方法。

（1）冻结法的原理和适用范围。冻结法的砂浆内不接任何抗冻化学剂，允许砂浆在铺砌完后就受冻，受冻的砂浆可以获得较大的冻结强度，且在解冻后其强度仍可继续增长。所以对有保温、绝缘、装饰等特殊要求的工程和受力配筋砌体以及不受地震区条件限制的工程均可采用冻结法施工。

冻结法施工所用砂浆，经冻结、融化和硬化三个阶段后，砂浆强度、砂浆与砖石砌体间的黏结力都有不同程度的降低。砌体在融化阶段，由于砂浆强度接近于零；将会增加砌体的变形和沉降。所以对下列结构不宜选用：空斗墙，毛石墙，承受侧压力的砌体，在解冻期间可能受到振动或动荷载的砌体，在解冻期间不允许发生沉降的砌体。

（2）冻结法的施工要求。采用冻结法施工时，应按照"三一"法砌筑，砌筑时一般采用一顺一丁的组砌方式。冻结法施工中宜采用水平分段施工，墙体一般应在一个施工段范围内砌筑至一个施工层的高度，不得间断。每日砌筑高度和临时间断处均不宜大于 1.2 m。不设沉降缝的砌体，其分段处的高差不得大于 4 m。

砌体解冻时，砂浆的强度接近于零，增加了砌体解冻期间的变形和沉降，其下沉量比常温施工增加 10% ~ 20%。解冻期间，由于砂浆受冻后强度降低，砂浆与砌体之间的黏结力减弱，所以砌体在解冻期间的稳定性较差。用冻结法施工的砌体，在开冻前需进行检查，开冻过程中应组织观测。如发现裂缝、不均匀下沉等情况，应分析原因并立即采取加固措施。

为保证砖砌体在解冻期间能够均匀沉降不出现裂缝，应遵守下列要求：在解冻前应清除房屋中剩余的建筑材料等临时荷载；在解冻前，宜暂停施工；留置在砌体中的洞口和沟槽等，宜在解冻前填砌完毕；跨度大于 0.7 m 的过梁，宜采用预制构件；门窗框上部应留 3 ~ 5 mm 的空隙作为解冻后预留沉降量；在楼板水平面上，墙的拐角处、交接处和交叉处每半砖墙厚设置一根 $\phi 6$ 的拉筋。

在解冻期进行观测时，应特别注意多层房屋下层的柱和窗间墙、梁端支承处、墙交接处等地方。此外，还必须观测砌体沉降的大小、方向和均匀性，砌体灰缝内砂浆的硬化情况，观测一般需维持 15 d 左右。

解冻时除需对正在施工的工程进行强度验算外，还要对已完成的工程进行强度验算。

3.6.2 雨期施工

砌筑用砖在雨期必须集中堆放，不宜浇水。砌墙时要求干湿砖合理搭配，湿度过大的砖不可上墙。雨期施工每日砌筑高度不宜过 1.2 m。

雨期遇大雨必须停工。砌砖收工时应在砖墙顶盖一层干砖，避免大雨冲刷灰浆。大雨过后受雨冲刷过的新砌墙体应翻砌最上面两皮砖。

稳定性较差的窗间墙、独立砖柱应加设临时支撑或及时浇筑圈梁，以增加其稳定性。

砌体施工时内、外墙尽量同时砌筑，并注意转角及丁字墙间的连接要同时跟上。遇台风时，应在与风向相反的方向加设临时支撑，以保证墙体的稳定。

雨后继续施工，须复核已完工砌体的垂直度和标高。

思考题

1. 脚手架的基本要求有哪些？
2. 扣件式钢管脚手架的主要组成部分有哪些？
3. 砖砌体的质量要求有哪些？
4. 钢筋混凝土构造柱的施工要点是什么？

项目 4 混凝土结构工程

【学习目标】

1. 掌握模板的种类、构造要求、受力特点及装拆方法。
2. 掌握钢筋的种类、性能、验收要求及加工工艺。
3. 掌握钢筋的冷拉及钢筋的配料、代换的计算方法。

【工程导入】

混凝土结构工程在工业与民用建筑中应用广泛,因此,在建筑施工领域里,钢筋混凝土工程无论在人力、物资消耗和工期的影响方面都占有极重要的地位。

港珠澳大桥的建造用钢量达 42 万吨,人工岛填海工程砂石料花费 16 亿元。过去,从珠海抵达香港,开车需要 3 个半小时,大桥通车后,这段行程将缩短至半小时。

据悉,港珠澳大桥的混凝土工厂,会配置一个制冰机,在拌制混凝土时,向里面加冰以实现降温,使大桥所用混凝土浇筑温度控制在 28°以内,满足耐久性的要求。港珠澳大桥管理处首创混凝土认证制度,使大桥的每一立方米混凝土,每粒砂石都能溯源,都有标准。

4.1 模板工程施工

模板与其支撑体系组成了模板系统。模板系统是一个临时架设的结构体系,其中模板是新浇混凝土成型的模具,它与混凝土直接接触形成的混凝土构件具有所要求的形状、尺寸和表面质量;支撑体系是指支撑模板板、承受模板、构件及施工中各种荷的作用,并使模板保持所要求的空间位置的临时结构。

4.1.1 模板系统的组成和基本要求

模板系统是由模板和支撑两部分组成。模板是使混凝土结构或构件成型的模型。搅拌机搅拌出的混凝土是具有一定流动性的混合物,经过凝结硬化以后,才能成为所需要的、具有规定形状和尺寸的结构构件,所以需要将混凝土浇灌在与结构构件形状尺寸相同的模板内。模板作为混凝土构件成型的工具,它本身除了应具有与结构构件相同的形状和尺寸外,还要具有足够的强度和刚度以承受新浇混凝土的荷载及施工荷载。支撑是保证模板形状、尺寸及其空间位置的支撑体系。支撑体系既要保证模板形状、尺寸和空间位置正确,又要承受模板传来的全部荷载。

对模板系统的基本要求:

(1)保证工程结构和构件各部分形状尺寸和相互位置的正确。

(2)具有足够的承载能力、刚度和稳定性,能可靠地承受混凝土的自重和侧压力,以及在施工过程中所产生的荷载。

(3)构造简单,装拆方便,并便于钢筋的绑扎、安装和混凝土的浇筑、养护。

(4)模板的接缝不应漏浆。

4.1.2 模板构造

1. 模板的分类

(1)模板按所用的材料不同,分为木模板、钢木模板、胶合板模板、钢竹模板、钢模板、塑料模板、玻璃钢模板、铝合金模板、混凝土预制模板及橡胶模板等。

胶合板模板是以胶合板为面板,角钢为边框的定型模板。以胶合板为面板,克服了木材的不等方向性的缺点,受力性能好。这种模板具有强度高、自重小、不翘曲、不开裂及板幅大、接缝少的优点。

钢模板一般均做成定型模板,用连接构件拼装成各种形状和尺寸,适用于多种结构形式,在现浇钢筋混凝土结构施工中被广泛应用。钢模板一次投资量大,但周转率高,在使用过程中应注意保管和维护,防止生锈以延长钢模板的使用寿命。

(2)按模板受力条件分有承重模板和侧面模板。承重模板主要承受混凝土重量和施工中的垂直荷载;侧面模板主要承受新浇混凝土的侧压力。侧侧面模板按其支承受力方式又分为简支模板、悬臂模板和半悬臂模板

(3)按模板使用特点分看固定式、拆移式、移动式和滑动式。固定式用于形状特殊的部位,不能重复使用。后三种模板都能重复使用,或连续使用在形状一致的部位,但其使用方式有所不同。拆移式模板需要拆散移动;移动式模板的车架装有行走轮,可沿专用轨道整体移动;滑动式模板是以千斤顶或卷扬机为动力,在混凝土连续浇筑的过程中,模板面紧贴混凝土面滑动。

2. 常见模板

1)定型组合钢模板

定型组合钢模板的优点是:通用性强,组装灵活,装拆方便,节省用工;浇筑的构件尺寸准确,棱角整齐,表面光滑;模板周转次数多;大量节约木材。缺点是一次性投资大,浇筑成型的混凝土表面过于光滑,不利于表面装修等。

定型组合钢模板是一种工具式模板,由钢模板、连接件和支承件三部分组成。

(1)钢模板的类型及规格。

钢模板类型有平面模板、阴角模板、阳角模板及连接角模 4 种,见图 4-1。钢模板面板厚

度一般为 2.3 mm 或 2.5 mm，边框和加劲肋上按照一定距离（如 150 mm）钻孔，可利用 U 形卡和 L 形插销等拼装成大块模板；封头横肋板中间加肋板的厚度一般为 2.8 mm。

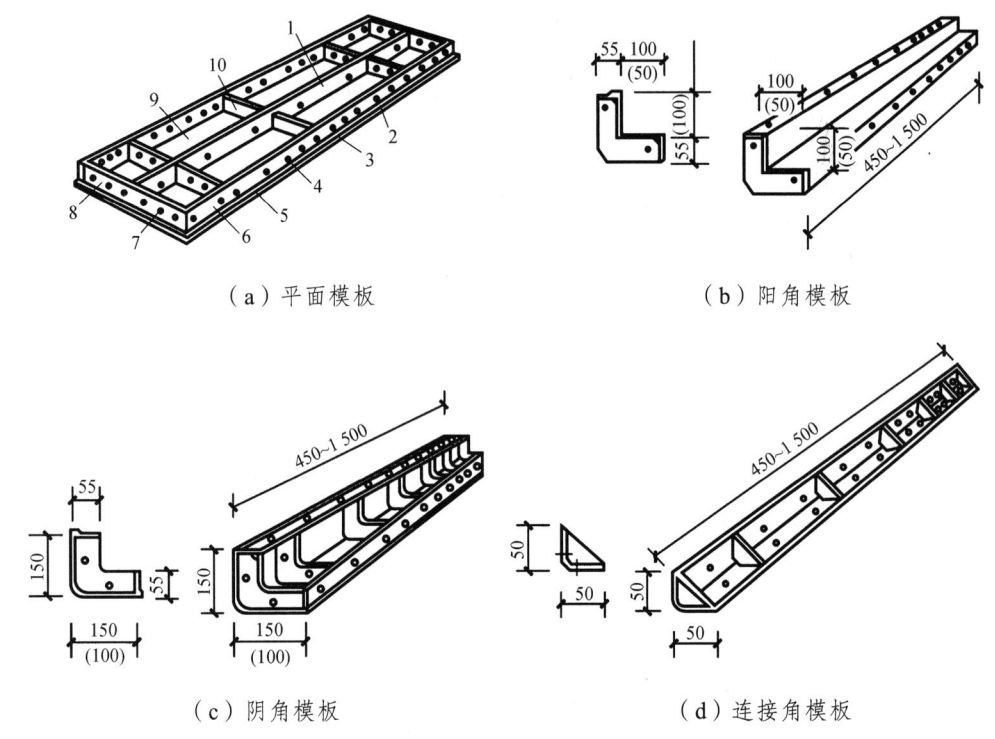

（a）平面模板　　（b）阳角模板　　（c）阴角模板　　（d）连接角模板

图 4-1　钢模板类型（单位：mm）

1—中纵肋；2—钉子孔；3—U 形卡孔；4—凸鼓；5—凸棱；6—纵肋；7—插销孔；
8—横肋；9—面板；10—中横肋

钢模板的宽度以 50 mm 晋级，长度以 150 mm 晋级，其规格和型号已做到标准化、系列化。如型号为 P3015 的钢模板，P 表示平面模板，3015 表示宽×长为 300 mm×1 500 mm；型号为 Y1015 的钢模板，Y 表示阳角模板，1015 表示宽长为 100 mm×1 500 mm。如拼装时出现不足模数的空隙，可用镶嵌木条补缺，用钉子或螺栓将木条与板块边框上的孔洞连接起来。

（2）连接件。

① U 形卡。它用于钢模板之间的连接与锁定，使钢模板拼装密合。U 形卡安装间距一般不大于 300 mm，即每隔一孔卡插一个，安装方向为一顺一倒相互交错，如图 4-2（a）所示。

② L 形插销。它插入模板两端边框的插销孔内，用于增强钢模板纵向拼接的刚度和保证接头处板面平整，如图 4-2（b）所示。

③ 钩头螺栓。它用于钢模板与内、外钢楞之间的连接固定，使之成为整体，安装间距般不大于 600 mm，长度应与所采用的钢楞尺寸相适应，如图 4-2（c）所示。

④ 紧固螺栓。它用于紧固钢模板内、外钢楞，增强组合模板的整体刚度，长度与所采用的钢楞尺寸相适应，如图 4-2（d）所示。

⑤ 对拉螺栓。如图 4-2（e）所示。浇筑钢筋混凝土墙体时，墙体两侧模板间用对拉螺栓连接，对拉螺栓用于保持模板与坡板之间的设计厚度并承受混凝土侧侧压载，使模板不致变形。

⑥ 扣件。它用于将钢板与钢楞紧固，与其他的配件一起将钢模板拼装成整体。按钢楞的

不同形状尺寸，分别采用碟型扣件和"3"型扣件的规格分为大小两种。

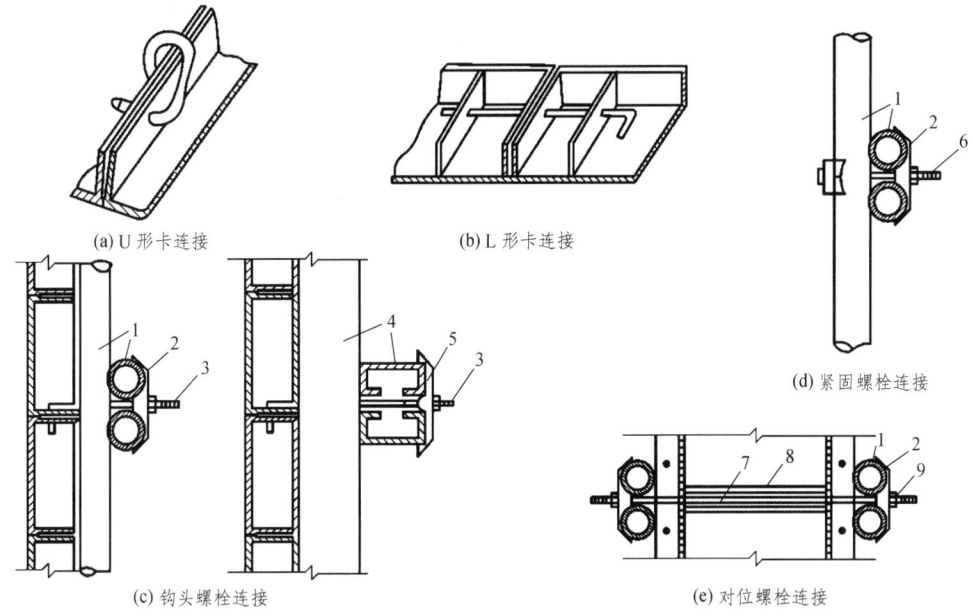

图 4-2　钢模板连接件

1—圆钢管钢楞；2—"3"形扣件；3—钩头螺栓；4—内卷边槽钢钢楞；5—蝶形扣件；
6—紧固螺栓；7—对拉螺栓；8—塑料套杆；9—螺母

（3）支撑件。

支撑件包括钢楞、柱箍、梁卡具、圈梁卡、钢管架、斜撑、组合支柱、钢管脚手架支架、平面可调桁架和曲面可变桁架等，如图 4-3 ~ 图 4-5 所示

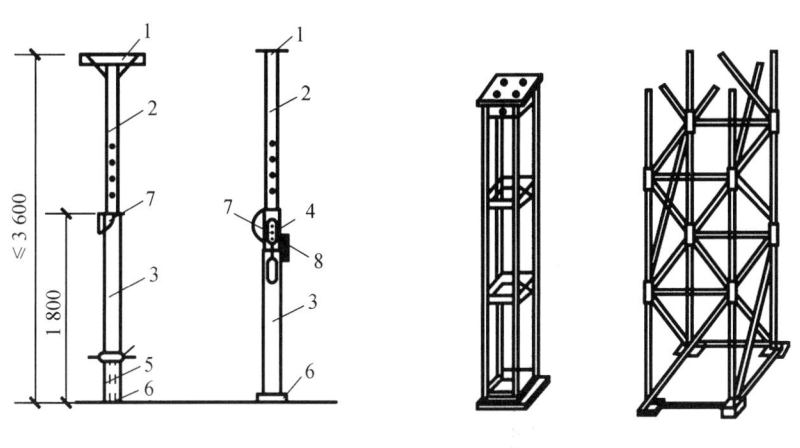

（a）调节螺杆钢管支架　　　　（b）组合钢支架和钢管井架

图 4-3　钢支架（单位：mm）

1—顶板；2—插管；3—套管；4—转盘；5—螺杆；6—底板；7—插销；8—转动手柄

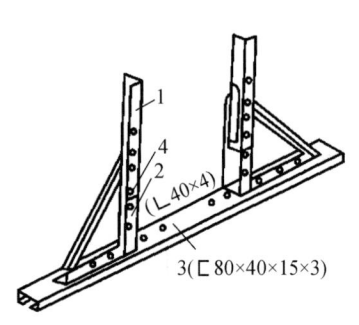

图 4-4 梁卡具
1—调节杆；2—三脚架；
3—底座；4—螺栓

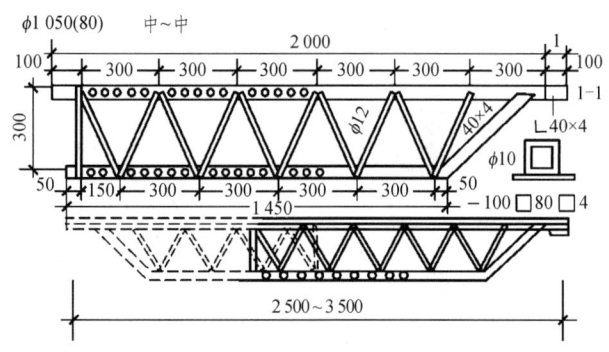

图 4-5 钢桁架（单位：mm）

图 4-6 所示钢管卡具适用于矩形梁，用于固定侧模板。卡具可用于把侧模固定在底模板上，此时卡具安装在梁下部；卡具也可用于梁侧模上口的卡固定位，此时卡具安装在梁上方。

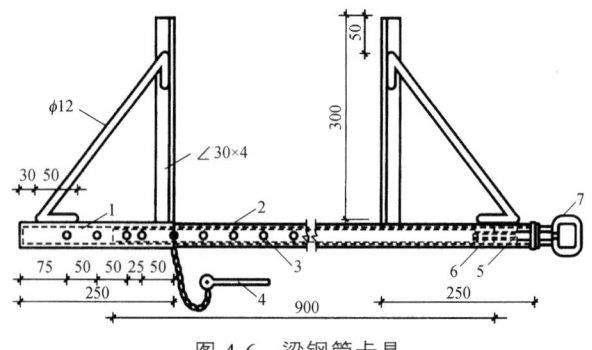

图 4-6 梁钢管卡具

1—$\phi 32$ 钢管；2—$\phi 25$ 钢管；3—$\phi 10$ 圆孔；4—$\phi 9$ 钢销；5—螺栓；6—螺母；7—钢筋环

柱模板四周设角钢柱箍。角钢柱箍由两根互相焊成直角的角钢组成，用弯角螺栓及螺母拉紧，见图 4-7（a）；也可用 60×5 扁钢制成扁钢柱箍，见图 4-7（b）；或槽钢柱箍，见图 4-7（c）。

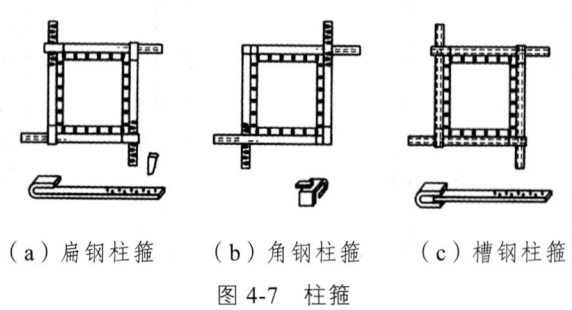

（a）扁钢柱箍　　（b）角钢柱箍　　（c）槽钢柱箍
图 4-7 柱箍

钢管支柱由内外两节钢管组成，可以伸缩以调节支柱高度。在内外钢管上每隔 100 mm 钻一个 $\phi 14$ 销孔，调整好高度以后用 $\phi 12$ 销子固定。支座底部垫木板，100 mm 以内的高度调整可在垫板处加木楔调整，见图 4-8。也可在钢管支柱下端装调节螺杆，用以调节 100 mm 以内高度。

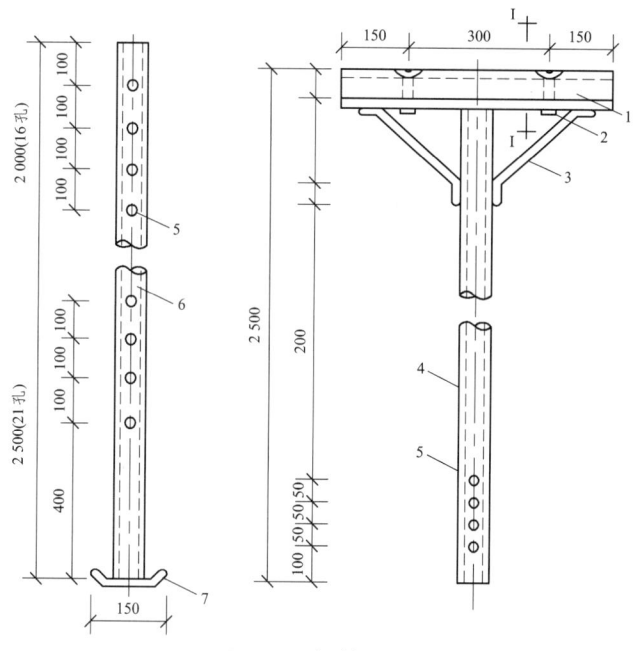

图 4-8 钢管支柱
1—垫木；2—ϕ12 螺栓；3—ϕ16 钢筋；4—内径管；5—ϕ14 孔；6—ϕ50 内径钢管；7—150×80 钢板

2）木模板

木模板的木材主要采用松木和杉木，其含水量不宜过高，材质不宜低于三等材。木模板的基本元件拼板，拼板由板条和拼条（木挡）组成，如图 4-9 所示。

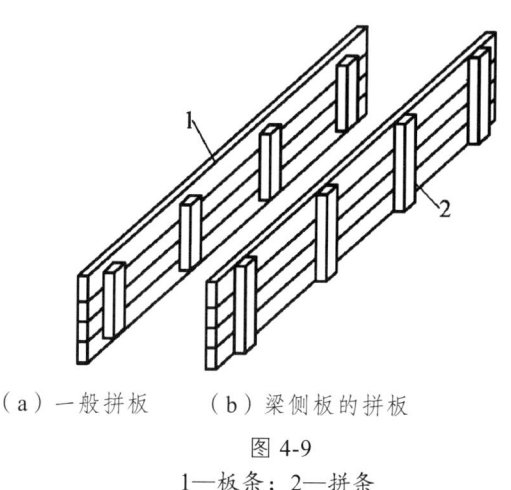

（a）一般拼板　（b）梁侧板的拼板

图 4-9
1—板条；2—拼条

板条厚 25~50 mm，宽度不宜超过 200 mm，以保证在干缩时缝隙均匀，浇水后缝隙严密且板条不翘曲，但梁底板的板条宽度不受限制，以免漏浆。拼条截面尺寸为 25 mm×35 mm~50 mm×50 mm，拼条间距根据施工荷载大小及板条的厚度而定，一般取 400~500 mm。

3）钢框胶合板模板

钢框胶合板模板是指钢框与木胶合板或竹胶合板结合使用的一种模板。钢框胶合板模板由钢框和防水木、竹胶合板平铺在钢框上,用沉头螺栓与钢框连牢,如图 4-10 所示。用于面板的竹胶合板是用竹片或竹帘涂胶粘剂,纵横向铺放,组坯后热压成型。为使钢框竹胶合板板面光滑平整,便于脱模和增加周转次数,一般板面采用涂料覆面处理或浸胶纸覆面处理。

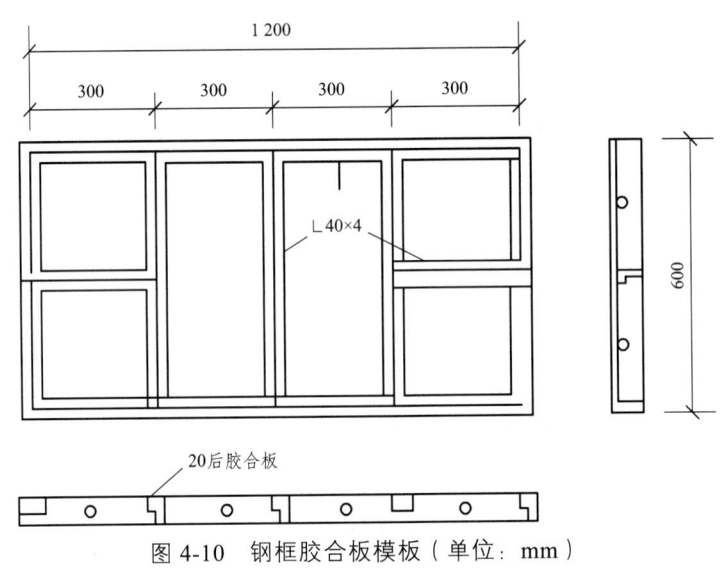

图 4-10　钢框胶合板模板(单位:mm)

4)滑动模板

滑动模板(滑模)是在混凝土连续浇筑过程中,可使滑板面紧贴混凝土面滑动的模板。采用滑模施工要比常规施工节约木材(包括模板和脚手板等)70%;采用滑模施工一般可以节劳动力约 30%~50%;采用滑模施工要比常规施工的工期短、速度快,一般可以缩短施工周期 30%~50%;滑模施工的结构整体性好,抗震效果明显,适用于高层或超高层抗震建筑物和高耸构筑物施工,施工的设备便于加工、安装、运输。

(1)滑板系统装置的 3 个组成部分:

① 模板系统。它包括提升架、围圈、模板及加固、连接配件。

② 施工平台系统。它包括工作平台、外圈走道、内外吊脚手架。

③ 提升系统。它包括千斤顶、油管、分油器、针形阀、控制台、支承杆及测量控制装置。

滑模构造如图 4-11 所示。

(2)主要部件构造及作用。

① 提升架。提升架是整个滑模系统的主要受力部分,各项荷我集中传至提升架,最后通过装设在提升架上的千斤顶传至支承杆上。提升架由横梁、立柱、牛腿及外挑架组成。各部分尺寸及杆件断面应通盘考虑并经计算确定。

② 围圈。围圈是模板系统的横向连接部分,它将模板按工程平面形状组合为整体。围圈也是受力部件,它既承受混凝土侧应力产生的水平推力又承受模板的重量、滑动时产生的摩阻力等竖向力。在有些滑模系统的设计中,也将施工平台支撑在围圈上,围圈架设在提升架的牛腿上,各种荷载将最终传至提升架上。围圈一般用型钢制作。

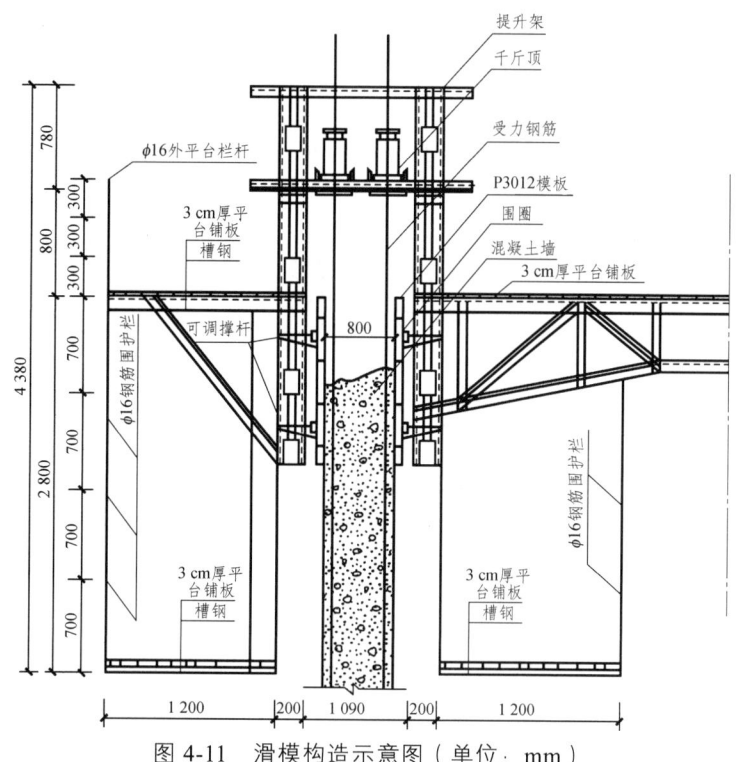

图 4-11 滑模构造示意图（单位：mm）

③ 模板。模板是混凝土成型的模具，要求板面平整，尺寸准确，刚度适中。一般为 90～120 cm，宽度为 50 cm，但根据需要也可加工成宽度小于 50 cm 的异形模板。模板通常用钢材制作，也有用其他材料制作的，如钢木组合模板是用硬质塑料板或玻璃钢等材料作为面板的有机材料复合模板。

④ 施工平台与吊脚手架。施工平台是滑模施工中各工种的作业面及材料、工具的存放场所。施工平台应视建筑物的平面形状、开门大小、操作要求及荷载情况设计，必须有可靠的强度及必要的刚度，确保施工安全，防止平台变形导致模板倾斜，如果跨度较大时，在平台下应设置承托桁架

吊脚手架用于对已滑出的混凝土结构进行处理或修补，要求将其沿结构内外两侧周围布置，高度一般为 1.8 m，可以设双层或三层。吊脚手架要有可靠的安全设备及防护设施。

⑤ 提升设备。提升设备由液压千斤顶、液压控制台、油路及支承杆组成。支承杆可用直径为 25 mm 的光圆钢筋作为支承杆，每根支承杆长度以 3.5～5 m 为宜。支承杆的接头可用螺栓连接（支承杆两头加工成阴阳螺纹）或现场用小坡口焊接连接。若回收重复使用，则需要在提升架横梁下附设支承杆套管。如有条件并经设计部门同意，可以将该支承杆钢筋直接打在混凝土中以代替部分结构配筋，一般可利用 50%～60%。

5）爬升模板

爬升模板是在混凝土墙体浇筑完毕后，利用提升装置将模板自行提升到上一个楼层，浇筑上一层墙体混凝土的垂直移动式模板。爬升模板采用整片式大平模，模板由面板及肋组成，而不需要支撑系统；提升设备采用电动螺杆提升机、液压千斤顶或导链。爬升模板是将大模

板工艺和滑升模板工艺相结合，既保持大模板施工墙面平整的优点，又保持了滑模利用自身设备使模板向上提升的优点，墙体模板能自行爬升而不依赖塔吊。爬升模板适用于高层建筑墙体、电梯井壁、管道间混凝土施工。

爬升模板由钢模板、提升架和提升装置3部分组成。图4-12是利用液压千斤顶作为提升装置的外墙面爬升模板示意图。

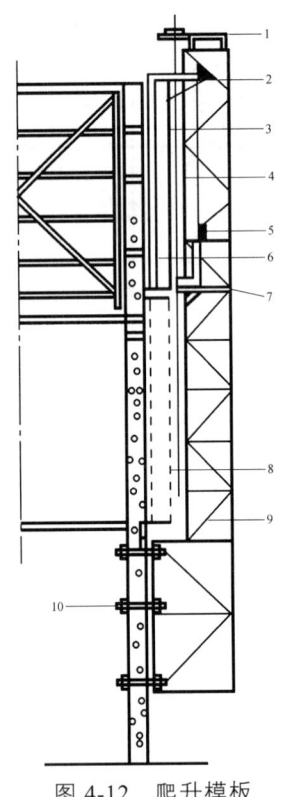

图4-12 爬升模板

1—爬架挑横梁；2—模板挑横梁；3—爬杆；4—爬模千斤顶；5—爬架千斤顶；6—爬模；
7—脱模千斤顶；8—预留爬架孔；9—爬架；10—螺栓

6）台 模

台模是浇筑钢筋混凝土楼板的一种大型工具式模板。在施工中可以整体脱模和转运，利用起重机从浇筑完的楼板下吊出，转移至上一楼层，中途不再落地，所以亦称"飞模"。台模适用于各种结构的现浇混凝土楼板的施工，既适用于大开间、大进深的现浇楼板，也适用于小开间、小进深的现浇楼板。单座台模面板的面积从 $2\sim6\ m^2$ 到 $60\ m^2$ 以上。台模整体性好，混凝土表面容易平整，施工进度快。

台模由台面、支架（支柱）、支腿、调节装置、走道板及配套附件等组成。台面是直接接触混凝土的部件，表面应平整光滑，具有较高的强度和刚度。目前常用的面板有钢板、胶合板、铝合金板、工程塑料板及木板等。

台模按其支架结构类型分为立柱式台模、桁架式台模、悬架式台模等。

立柱式台模由面板、次梁、主梁和立柱组成。

7）预制混凝土薄板

预制混凝土薄板是一种永久性模板。施工时，薄板安装在墙或梁上，下设临时支撑；然后在薄板上浇筑混凝土叠合层，形成叠合楼板，如图4-13所示。

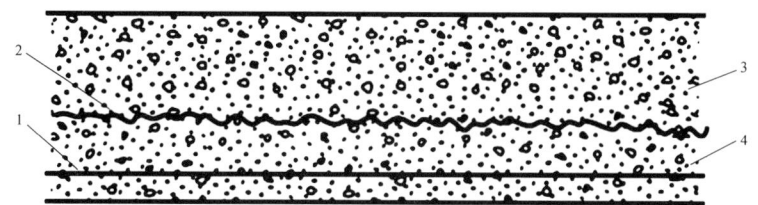

图4-13 预制混凝土叠合楼板
1—预应力钢丝；2—叠合面；3—现浇叠合层；4—预制薄板

根据配筋的不同，预制混凝土薄板可分为三类：预应力混凝土薄板、双钢筋混凝土薄板以及冷轧扭钢筋混凝土薄板。

预制混凝土薄板的功能：一是作为底模；二是作为楼板配筋；三是提供光滑平整的底面，可不做抹灰直接喷浆。这种叠合楼板与预制空心板比较可节省模板、便于施工缩短工期、整体性与连续性好、抗震性强并可减少楼板总厚度。

8）压型钢板模板

在多高层钢结构或者钢筋混凝土结构中，楼层多采用组合楼盖，其中组合楼板结构就是压型钢板与混凝土通过各种不同的剪力连接形式组合在一起形成的，如图4-14所示。

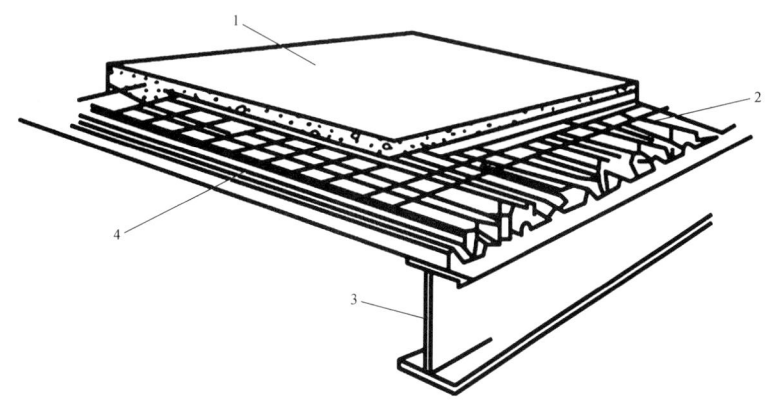

图4-14 组合楼板
1—混凝土；2—剪力钢筋；3—钢梁；4—压型钢板

压型钢板作为组合楼盖施工中的混凝土模板，其主要优点是：薄钢板经压折后，具有良好的结构受力性能，既可部分地或全部地起组合楼板中受拉钢筋作用，又可仅作为浇筑混凝土的永久性模板；特别是楼层较高又有钢梁，所采用的压型钢板模板楼板浇筑混凝土独立地进行，不影响钢结构施工，上下楼层间无制约关系；压型钢板模板不需满堂支撑，无支模和拆模的烦琐作业，施工进度显著加快。但压型钢板模板本身的造价高于组合钢模板，消耗钢材较多。

9)大模板

(1)大模板建筑体系。

① 全现浇的大模板建筑。

这种建筑的内墙、外墙全部采用大模板现浇钢筋混凝土墙体,结构的整体性好,抗震性强,但施工时外墙模板支设复杂,高空作业工序较多,工期较长。

② 现浇与预制相结合的大模板建筑。

建筑的内墙采用大模板现浇钢筋混凝土墙体,外墙采用预制装配式大型墙板,即"内浇外挂"施工工艺。这种结构的整体性好,抗震性强,简化了施工工序,减少了高空作业和外墙板的装饰工程量,缩短了工期。

(2)大模板的构造。

大模板由面板、加劲肋、竖楞、支撑桁架、稳定机构和操作平台、穿墙螺栓等组成,是一种现浇钢筋混凝土墙体的大型工具式模板,见图4-15。

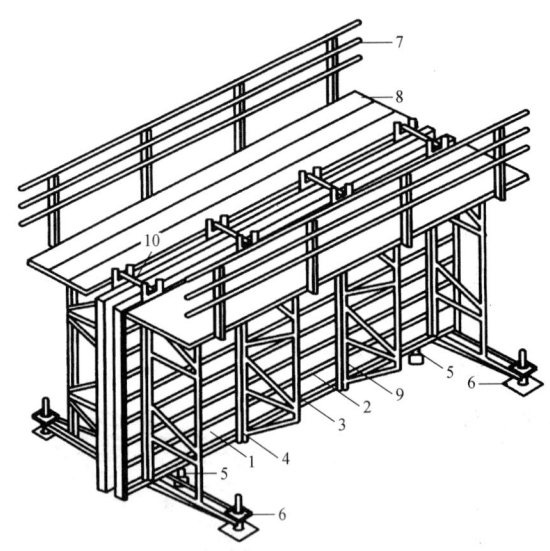

图4-15 大模板构造示意图

1—面板;2—水平加劲肋;3—支撑桁架;4—竖楞;5—调整水平螺旋千斤顶;6—调整垂直螺旋千斤顶;
7—栏杆;8—脚手板;9—穿墙螺栓;10—固定卡具

① 面板。

面板是直接与混凝土接触的部分,通常采用钢面板(用3~5mm厚的钢板制成)或胶合板面板(用7~9层胶合板)。面板要求板面平整,拼缝严密,具有足够的刚度。

② 加劲肋。

加劲肋的作用是固定面板,可做成水平肋或垂直肋(图4-15所示大模板为水平肋)。加劲肋把混凝土传给面板的侧压力传递到竖楞上去。加劲肋与金属面板焊接固定,与胶合板面板可用螺栓固定。加劲肋一般采用[65或∠65制作,肋的间距根据面板的大小、厚度及墙体厚度确定,一般为300~500mm。

③ 竖楞。

竖楞的作用是加强大模板的整体刚度,承受模板传来的混凝土侧压力和垂直力,并作为穿墙螺栓的支点。竖楞一般采用[65 或[80 制作，间距一般为 1.0~1.2 m。

④ 支撑桁架与稳定机构。

支撑桁架采用螺栓或焊接方式与竖楞连接在一起，其作用是承受风荷载等水平力，防止大模板倾覆。桁架上部可搭设操作平台。

稳定机构为在大模板两端的桁架底部伸出支腿上设置的可调整螺旋千斤顶。在模板使用阶段，用以调整模板的垂直度，并把作用力传递到地面或楼板上；在模板堆放时，用来调整模板的倾斜度，以保证模板的稳定。

⑤ 操作平台。

操作平台是施工人员的操作场所，有两种做法：① 将脚手板直接铺在支撑桁架的水平弦杆上形成操作平台，外侧设栏杆。这种操作平台工作面较小，但投资少，装拆方便。② 在两道横墙之间的大模板的边框上用角钢连接成为搁栅，在其上满铺脚手板。这种操作平台的优点是施工安全，但耗钢量大。

⑥ 穿墙螺栓。

穿墙螺栓的作用是控制模板间距，承受新浇混凝土的侧压力，并能加强模板刚度。为了避免穿墙螺栓与混凝土黏结，在穿墙螺栓外边套一根硬塑料管或穿孔的混凝土垫块，其长度为墙体厚度。穿墙螺栓一般设置在大模板的上、中、下 3 个部位，上穿墙螺栓距模板顶部 250 mm 左右，下穿墙螺栓距模板底部 200 mm 左右。

（3）大模板平面组合方案。

采用大模板浇筑混凝土墙体，模板尺寸不仅要和房间的开间、进深、层高相适应，而且模板规格要少，尽可能做到定型、统一。在施工中模板要便于组装和拆卸，保证墙面平整，减少修补工作量。大模板的平面组合方案有平模、小角模、大角模和筒形模方案等。

① 平模方案。

平模的尺寸与房间每面墙大小相适应，一个墙面采用一块模板。平模拼接构造如图 4-16 所示。

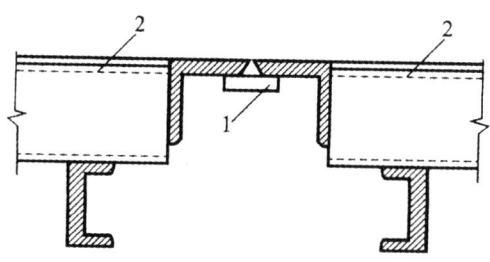

图 4-16 平模拼接构造
1—40×10 钢板焊在一边角钢上；2—平模

采用平模方案，纵横墙混凝土一般要分开浇筑，模板接缝均在纵横墙交接的阴角处，墙面平整，模板加工量少，通用性强，周转次数多，装拆方便。但由于纵横墙分开浇筑，施工缝多，施工组织较麻烦。

② 小角模方案。

一个房间的模板由 4 块平模和 4 根∠100×100×8 角钢组成。∠100×100×8 的角钢称为小角模。小角模方案在相邻的平模转角处设置角钢，使每个房间墙体的内模形成封闭的支撑体系。小角模方案，纵横墙混凝土可以同时浇筑，这样房屋整体性好，墙面平整，模板装拆方便，但浇筑的混凝土墙面接缝多，阴角不够平整。

小角模有带合页式和不带合页式两种。

带合页式小角模，见图4-17（a）：平模上带合页，角钢能自由转动和装拆。安装模板时，角钢有偏心压杆固定，并用花篮螺栓调整。模板上设转动铁拐可将角模压住，使角模稳定。

不带合页式小角模，见图4-17（b）：采用以平模压住小角模的方法，拆模时先拆平摸，后拆小角模。

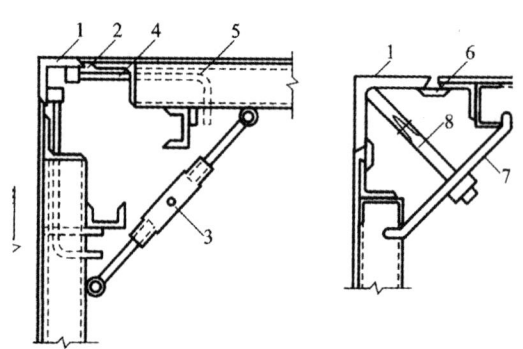

（a）带合页的小角模　（b）不带合页的小角模

图4-17　小角模构造示意图

1—小角模；2—合页；3—花篮螺栓；4—转动铁拐 5—平模；6—扁铁；7—压板；8—螺栓

③ 大角模方案。

大角模是由两块平模组成的L形大模板。在组成大角模的两块平模连接部分装置大合页，使一侧平模以另一侧平模为支点，以合页为轴可以转动，其构造见图4-18。

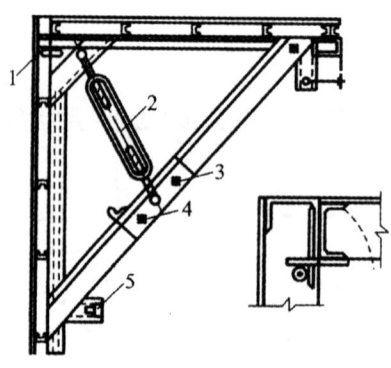

图4-18　大角模构造

1—合页；2—花篮螺栓；3—固定销子；4—活动销子；5—调整用螺旋千斤顶

大角模方案是在房屋四角设4个大角模，使之形成封闭体系。如房屋进深较大，四角采用大角模后，较长的墙体中间可配以小平模。采用大角模方案时，纵横墙混凝土可以同时浇筑，房屋整体性好。大角模拆装方便，且可保证自身稳定。采用大角模墙体阴角方整，施工质量好，但模板接缝在墙体中部，影响墙体平整度。

大角模的装拆装置由斜撑及花篮螺栓组成。斜撑为两根叠合的∠90×9的角钢,组装模板时使斜撑角钢叠合成一直线。大角模的两平模呈90°,插上活动销子,将模板支好。拆模时,先拔掉活动销子,再收紧花篮螺栓,角模两侧的平模内收,模板与墙面脱离。

④ 筒形模。

筒形模是将房间内各墙面的独立的大模板通过挂轴悬挂在钢架上,墙角用小角钢拼接起来形成一个整体,见图4-19。采用筒形模时,外墙面常采用大型预制墙板。筒形模方案模板稳定性好,可整间吊装,减少模板吊装次数,有整间大操作平台,施工条件较好,但模板自重大,且不如平模灵活。

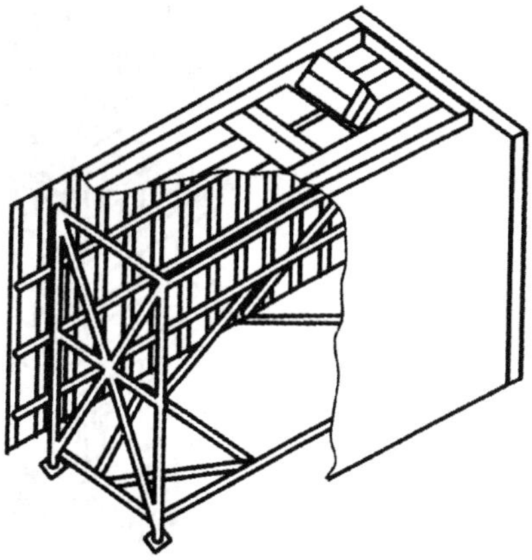

4.1.3 模板施工

1. 结构模板的构造与安装

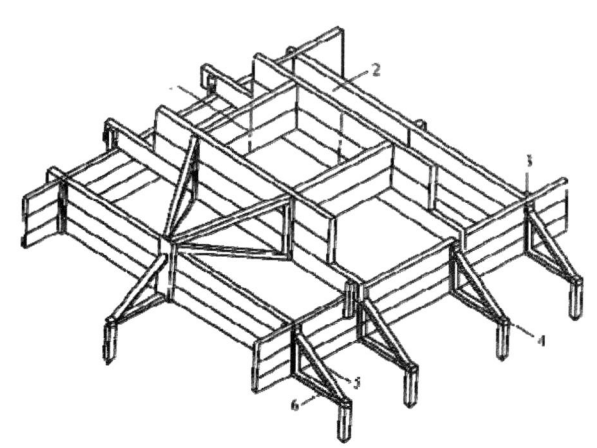

图4-19 筒形模示意图

1)基础模板

基础的特点是高度不大但体积较大,一般利用基坑进行支模,如土质良好,基础的最下一级可不用模板,接原槽浇筑。安装时,要保证上下模板不发生相对位移,如为杯形基础,则还要在其中放入杯口模板。图4-20显示的是阶形基础模板。

图4-20 阶形基础模板
1—中线;2—侧板;3—木挡;4—木桩;5—斜撑;6—平撑

2)柱模板

柱的特点是尺寸不大但比较高。柱模板的构造和安装主要考虑垂直度及抵抗新浇混凝土的侧压力同时也要便于浇筑混凝土、清理垃圾等。

木模板的柱模板构造与安装。木模板的柱模板由两块内拼板夹在两块外拼板之内组成,如图4-21所示。

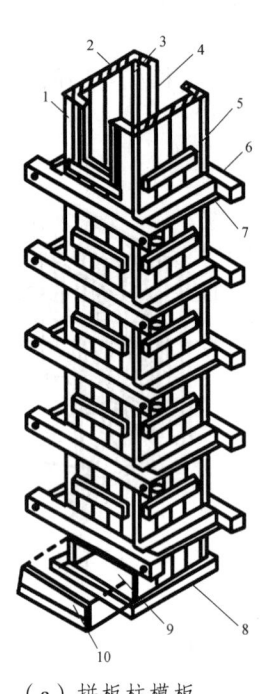 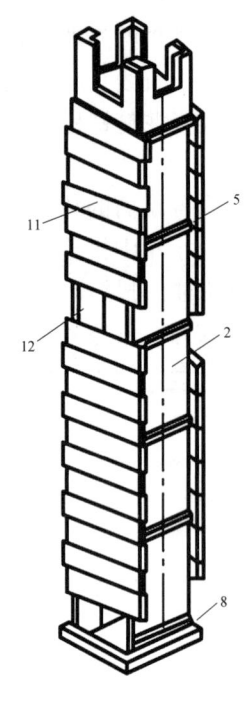

（a）拼板柱模板　　　　　　　（b）短横板柱模板

图 4-21　柱模板

1—外拼板；2—内拼板；3—三角木条；4—梁缺口；5—拼条；6—柱箍；7—拧紧螺栓；
8—木框；9—清理孔；10—盖板；11—短横；12—浇筑孔

采用组合钢模板的柱模板可在现场拼装，也可在场外预拼装。现场拼装时，先装最下圈，然后逐圈而上直至柱顶。钢模板拼装完经垂直度校正后，便可装设柱箍，并用水平及斜向拉杆（斜撑）保持模板的稳定。场外预拼装时，在场外设置一钢模板拼装平台，将柱模板按配置图预拼成四片，然后运至现场安装就位，用连接角模连接成整体，最后装上柱箍。

3）梁模板

梁的特点是跨度大但宽度不大，梁底一般是架空的，见图 4-22。梁模板的模板可采用木模板、定型组合钢模板等。

（1）木模板的梁模板构造与安装。梁模板一般由底模、侧模、夹木及支架系统组成。混凝土对梁侧模板有侧压力，对梁底模板有垂直压力，因此梁模板及其支架必须能承受这些荷载，而不致发生超过规范允许的过大变形。为承受垂直荷载，在梁底模板下每隔一定间距（800～1 200 mm）用顶撑（琵琶撑）顶住。顶撑可以用圆木、方木或钢管制成，底要加垫一对木楔块调整标高。

（2）定型组合钢模板的梁模板构造与安装。定型组合钢模板的梁模板也由三片模板组成，底模板及两侧模板用连接角模连接，梁侧模板顶部则用阴角模与楼板模板相接。为了抵抗浇筑混凝土时的侧压力，并保持一定的梁宽，两侧模板之间应根据需要设置对拉螺栓。整个模板用支架支撑，支架应支设在垫板上，垫板厚 5 mm，长度至少要能支撑 3 个支架，其下的地基必须平整坚实。

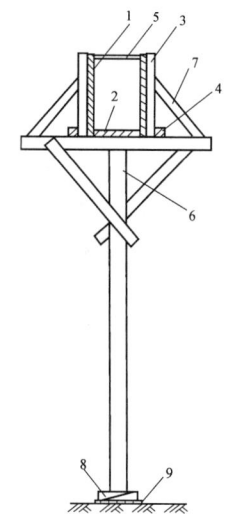

图 4-22 单梁模板
1—侧模板；2—底模板；3—侧模拼条；4—夹木；5—水平拉条；6—琐撑；
7—斜撑；8—木楔；9—木垫板

如梁的跨度等于或大于 4 m，应使梁模板起拱，以防止新浇混凝土的荷载使跨中模板下挠。如设计无规定，则木模板起拱高度宜为全跨长度的 1.5/1 000～3/1 000，钢模板起拱高度宜为全跨长度的 1/1 000～3/1 000。

4）楼板模板

楼板的特点是面积大但厚度比较薄，侧向压力小。楼板模板及其支架系统主要承受钢筋、模板、混凝土的自重荷载及其施工荷载，需保证模板不变形。如图 4-23 所示。

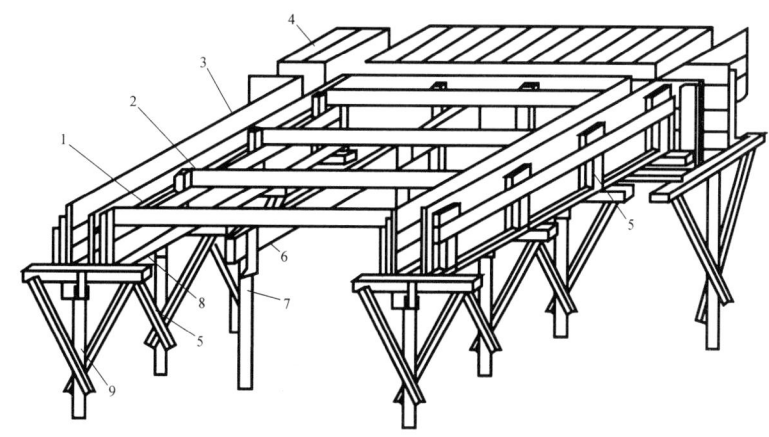

图 4-23 有梁楼板木模板

1—托木；2—楞木；3—梁侧模板；4—楼板模板；5—短撑木；6—杠木；7—立柱；8—夹木；9—顶撑

5）楼梯模板

楼梯模板的构造与楼板校板的构造相似，不同点是楼梯模板要倾斜支设，且能形成踏步。图 4-24 所示的是一种楼梯模板。

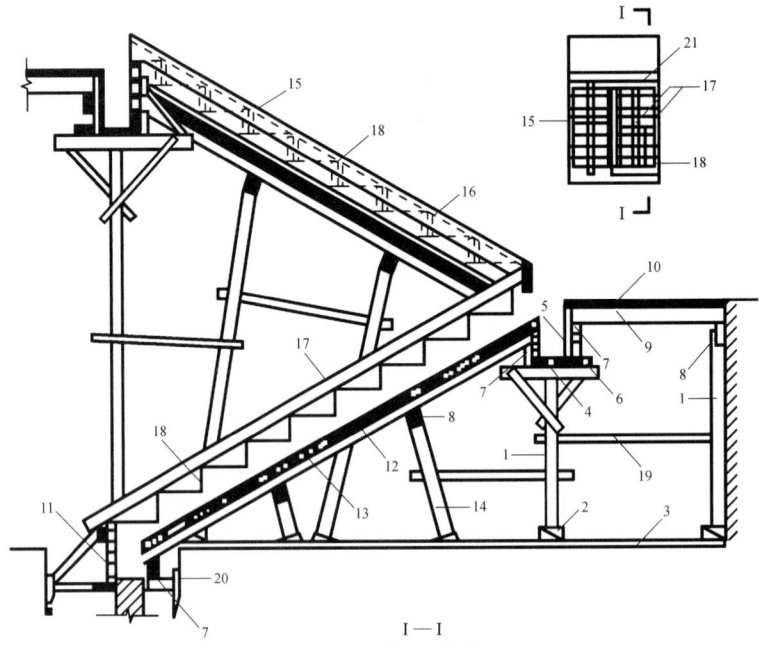

图 4-24 楼梯模板

1—支柱；2—木楔；3—垫板；4—平台梁底板；5—侧板；6—夹木；7—托木；8—杠木；9—木楞；10—平台底板；11—梯基侧板；12—斜木楞；13—楼梯段底板；14—斜向顶撑；15—外帮板；16—横挡木；17—反三角板；18—踏步侧板；19—拉杆；20—木桩；21—平台梁外侧模板

6）墙模板

一般结构的墙模板由两片模板组成，每片模板由若干块平面模板拼成。这些平面模板可以竖拼也可以横拼，外面用竖横钢楞（木模板可用木楞）加固，并用斜撑保持稳定，用对拉螺栓（或钢拉杆）抵抗混凝土的侧压力并保持两片模板之间的间距（墙厚）如图 4-25 所示。

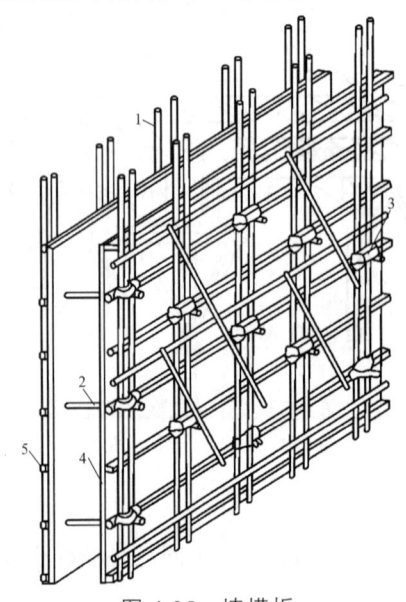

图 4-25 墙模板

1—钢管围檩；2—螺栓拉杆；3—定位配件；4—墙体模板；5—木搁栅

安装墙模板时，首先沿边线抹水泥砂浆做好安装墙模板的基底处理工作，然后按配板图由一端向另一端，由下向上逐层拼装。钢模板也可先拼装成整块后再安装。

墙的钢筋可以在模板安装前绑扎，也可以在安装好一边的模板后再绑扎，最后安装另一边模板。

2. 模板的拆除

模板的拆除日期取决于混凝土的强度、各个模板的用途、结构的性质、混凝土硬化时的气温等。及时拆模可以提高模板的周转率，也可为其他工种施工创造条件；但是过早拆模，混凝土会因强度不足，或受到外力作用而变形甚至断裂，造成重大质量事故。

1) 模板拆除时的强度

现浇整体式结构的模板拆除期限应按设计规定，如设计无规定时，应满足下列要求：

（1）侧模板，其混凝土强度应在其表面及棱角不致因拆模而受损坏时，方可拆除。

（2）承重模板应在混凝土强度达到表 4.1 中所规定的强度时，才能拆除。

表 4.1　现浇结构拆模时所需混凝土强度

结构类型	结构跨度/m	达到设计的混凝土立方体抗压强度标准值的百分率/%
板	≤2	≥50
	>2，≤8	≥75
	>8	≥100
梁、拱、壳	≤8	≥75
	>8	≥100
悬臂构件		≥100

当混凝土强度达到拆模强度后，应对已拆除侧模板的结构及其支承结构进行检查，确认混凝土无影响结构性能的缺陷，而结构又有足够的承载能力后，始准拆除承重模板和支架。

2) 模板的拆除顺序和方法

模板的拆除顺序一般是：先支后拆，先拆除侧模版，后拆除底模板，重大复杂模板的拆除事先应制定拆模方案。对于肋形楼板的拆模，首先拆除柱模板，然后拆除楼板底模板、梁侧模板，最后拆除梁底模板。

拆除模板时应注意的问题：

（1）拆模时不要用力过猛，拆下来的模板要及时运走、整理、堆放以便再用。

（2）拆模时，应尽量避免混凝土表面或模板受到损坏，注意防止整块模板落下伤人。

（3）在拆除模板过程中，如发现混凝土有影响结构安全的质量问题时，应暂停拆除。

（4）已拆除模板及其支架的结构，应在混凝土强度达到设计强度后才允许承受全部计算荷载。

（5）对后张法预应力混凝土结构构件，侧模宜在预应力张拉前拆除；底模支架的拆除应按施工技术方案执行，当无具体要求时，不应在结构构件建立预应力前拆除。

4.2 钢筋工程施工

混凝土结构中常用的钢筋按直径大小分为钢丝（$\phi 3 \sim \phi 5$）、细钢筋（$\phi 6 \sim \phi 10$）、中粗钢筋（$\phi 12 \sim \phi 20$）和粗钢筋（$\phi > 20$）。

钢筋混凝土结构所用的钢筋按生产工艺分为：热轧钢筋、余热处理钢筋、冷轧钢筋、热处理钢筋、碳素钢丝、刻痕钢丝和钢绞线。热轧钢筋按力学性能分为：HPB235级钢筋（强度标准值235 N/mm²，抗拉强度设计值210 N/mm²），HRB335级钢筋（强度标准值335 N/mm²，抗拉强度设计值300 N/mm²），HRB400级钢筋（强度标准值400 N/mm²，抗拉强度设计值360 N/mm²），余热处理RRB400级钢筋（强度标准值400 N/mm²，抗拉强度设计值360 N/mm²）。热轧钢筋按轧制外形分为：光圆钢筋和变形钢筋（月牙形、螺旋形、人字形）。

4.2.1 钢筋验收贮存及配料

1. 钢筋验收与贮存

（1）钢筋的验收。钢筋进场应具有厂证明书或试验报告单，每捆（盘）钢筋应具有出厂证明书或试验报告单，每捆（盘）钢筋应有标牌，同时应按有关标准和规定进行外观检查和分批进行力学性能试验。在使用钢筋时，如发现脆断、焊接性能不良或机械性能显著不正常等情况，则应进行钢筋化学成分检验。

钢筋的外观检查包括：表面不得有裂缝、小刺、劈裂、结疤、折叠、机械损伤、氧化铁皮和油迹，钢筋表面的凸块不允许超过螺纹的高度，钢筋的外形尺寸应符合有关规范的规定。热轧钢筋的机械性能检验以60 t为一批。在每批钢筋中任意抽出两根钢筋，在每根钢筋上各切取一套（两个）试件。取一个试件作拉力试验，测定其屈服点、抗拉强度、伸长率；另一试件作冷弯试验，检查其冷弯性能。4个指标中如有一项经试验不合格，则另取双倍数量的试件，对不合格的项目做第二次试验，如仍有一个试件不合格，则该批钢筋判为不合格品，应重新分级。

（2）钢筋的贮存。钢筋进场后，必须严格按批分等级、牌号、直径、长度挂牌存放，不得混淆。钢筋应尽量堆入仓库或料棚内，条件不具备时，应选择地势较高、土质坚硬的场地存放。堆放时，钢筋下部应垫高，离地至少20 cm高，以防钢筋锈蚀，在堆场周围应挖排水沟，以利泄水。

2. 钢筋的配料计算

钢筋的配料是指识读工程图纸、计算钢筋下料长度和编制配筋表。

1）钢筋下料长度

（1）钢筋长度。

施工图（钢筋图）中所指的钢筋长度是钢筋外缘至外缘之间的长度，即外包尺寸。

（2）混凝土保护层厚度。

混凝土保护层厚度是指受力钢外缘至混凝土表面的距离，其作用是保护钢筋在混凝土中不被锈蚀。混凝土的保护层厚度一般用水泥砂浆垫块或塑料卡整在钢筋与模板之间来控制。塑料卡的种类有塑料垫块和塑料环圈两种,塑料垫块用于水平构件,塑料环圈用于垂直构件。

(3)钢筋接头增加值。

由于钢筋直条的供货长度一般为 6~10 m,而有的钢筋混凝土结构的尺寸很大,因此需要对钢筋进行接长。钢筋接头增加值见表4.2至表4.4。

表4.2 纵向受拉钢筋的最小搭接长度

钢筋类型		混凝土强度等级			
		C15	C20~C25	C30~C35	≥C0
光圆钢筋	HP235B、HPB300级	45d	35d	30d	25d
带肋钢筋	HRB35级	55d	45d	35d	30d
	HRB400、RRB400级	—	55d	40d	35d

注:① 两根不同直径钢筋的搭接长度,以较细钢筋直径计算。d为钢筋直径,下同。
② 本表适用于纵向受拉钢筋的绑扎搭接接头面积的百分字不大于25%时。当纵向受拉钢筋据搭接接头面积的百分率大于25%,但不大于50%时,其最小搭接长度应按表中的数值乘以系数1.2取用,当接头面积百分率大于50%时,应按表中的数值乘以系数1.35取用。
③ 当符合下列条件时,纵向受拉钢筋的最小搭接长度应根据上述要求确定后,按下列规定进行修正:
 a:当带助钢筋的直径大于25 m时,其最小搭接长度应按相应数值乘以系数1.1取用;
 b:对环氧树脂涂层的带肋钢筋,其最小搭接长度应按相应数值乘以1.25取用;
 c:当在混凝土凝固过程中受力钢筋易受扰动时(如滑模施工),其最小搭接长度应按相应数值来以系数1.1取用;
 d:对末端采用机械锚固措施的带肋钢筋,其最小搭接长度可按相应数值乘以系数0.7取用;
 e:当带肋钢筋的混凝土保护层厚度大于搭接钢筋直径的3倍且配有箍筋时,其最小搭接长度可按相应数值乘以0.8取用;
 f:对于有抗震设防要求的结构构件,其受力钢筋的最小搭接长度对一、二级抗震等级应按相数值乘以系数1.15采用;对三级抗震等级应按相应数值乘以系数1.05采用。在任何情况下,受拉钢筋的搭接长度应不小于300 mm。
④ 纵向压力钢筋搭接时,其最小搭接长度应根据上述规定确定相应数值后,乘以系数0.7取用,在任何情况下,受压钢筋的搭接长度不应小于200 mm。

表4.3 钢筋对焊长度损失值　　　　　　　　　　　　mm

钢筋直径	<16	16~25	>25
损失值	20	25	30

表4.4 钢筋搭接焊最小搭接长度

焊接类型	HP235B、HPB300级光圆钢筋	HRB335、HRB400带肋钢筋
双面焊	4d	5d
单面焊	8d	10d

（4）钢筋弯折量度差。

钢筋有弯曲时，在弯曲处的内侧发生收缩而外皮出现延伸，但中心线却保持原有尺寸。钢筋长度的度量方法系指外包尺寸，因此钢筋弯曲以后，存在一个量度差值，在计算下料长度时必须加以扣除。

不同弯折角度的量度差值可分别取近似值如下：30°弯折时，取 $0.3d$；45°弯折时，取 $0.5d$；60°弯折时，取 $0.85d$；90°弯折时，取 $2.0d$；135°弯折时，取 $3.0d$。

（5）弯钩增长值。

弯钩形式最常用的有半弯钩、真弯钩和斜旁约。受力钢筋的弯钩和弯折应符合下列要求：

① HPB235 钢筋末端应做 180°弯钩，其弯弧内直径不应小于钢筋直径的 2.5 倍，弯钩的弯后平直部分长度不应小于钢筋直径的 3 倍；

② 当设计要求钢筋末端需做 135°弯钩时，HRB35、HRB400 钢筋的弯弧内直径不应小于钢筋直径的 4 倍，弯钩的弯后平直部分长度应符合设计要求；

③ 钢筋做不大于 90°的弯折时，弯折处的弯弧内直径不应小于钢筋直径的 5 倍；

④ 钢筋混凝土施工及验收规范规定，HPB235 钢筋末端应做 180°弯钩，其弯弧内直径不应小于钢筋直径的 2.5 倍，弯钩的弯后平直部分长度不应小于钢筋直径的 3 倍。

（6）钢箍下料长度调整值。

钢筋用 HPB235 光圆钢筋或冷拔低碳钢丝制作时，其末端需做弯钩，弯钩形式对有抗震要求和受扭的结构，应做 135°/135°弯钩；无抗震要求的结构，可做 90°/90°或 90°/180°弯钩。箍筋下料长度可用外包尺寸或内包尺寸两种计算方法。为简化计算，一般将箍筋弯钩增长值和弯折量度差值并成一项箍筋调整值。计算时先按外包或内包尺寸计算出筋的周长，再加上筋调整值即为筋下料长度。

（7）钢筋下料长度的计算。

直线钢筋下料长度 = 构建长度 − 保护层厚度 + 弯钩增长值
弯起钢筋下料长度 = 直段长度 + 斜段长度 − 弯折量度差值 + 弯钩增长值
箍筋下料长度 = 直段长度 + 弯钩增长值 − 弯折量度差值

2）钢筋配料

钢筋配料是钢筋加工中的一项重要工作，合理地配料能使钢筋得到最大限度的利用，并使钢筋的出厂规格长度能够得以充分利用，或使库存的各种规格和长度的钢筋得以充分

（1）归整相同规格和材质的钢筋。

下料长度计算完毕后，把相同规格和材质的钢筋进行归整合组合，同时根据现有钢筋的长度及事实采购到的钢筋的长度进行合理的组合加工。

（2）合理利用钢筋的接头位置。

对有接头的配料，在满足构件接头的对焊或搭接长度接头错开的前提下，必须根据钢筋原材料的长度来考虑接头的布置。要充分考虑原材料被截下来的一段的合理使用，如果能够使一根钢筋正好分成几段下料长度的钢筋，则是最佳方案，但往往难以做到，所以在配料时，要尽量地使被截下的一段能够长一些，这样才不致使余料成为废料，使钢筋能得到充分利用。

(3)钢筋配料应注意的事项。

配料计算时,要考虑钢筋的形状和尺寸在满足设计要求的前提下,有利于加工安装;配料时,要考虑施工需要的附加钢筋,如板双层钢筋中保证上层钢筋位置的撑脚、墩墙双层钢筋中固定钢筋间距的撑铁、柱钢筋骨架增加的四面斜撑等。

根据钢筋下料长度的计算结果,在选择配料后,汇总编制钢筋配单。在钢筋配料单中,必须反映出工程部位、构件名称、钢筋编号、钢筋简图及尺寸、钢筋直径、钢号、数量、下料长度、钢筋重量等。依据列入加工计划的配料单,给每一编号的钢筋制作一块料牌,作为钢筋加工的依据,并在安装中作为区别各工程部位、构件和各种编号钢筋的标志。钢筋配料单和料牌应严格校核,必须准确无误,以免返工浪费。

钢筋配料是根据构件的配筋图计算构件各钢筋的直线下料长度、根数及重量,然后编制钢筋配料单,作为钢筋备料加工的依据。

构件配筋图中注明的尺寸一般是钢筋外轮廓尺寸,即从钢筋外皮到外皮量得的尺寸,称为外包尺寸。在钢筋加工时,一般也按外包尺寸进行验收。钢筋加工前直线下料。如果下料长度按钢筋外包尺寸的总和来计算,则加工后的钢筋尺寸将大于设计要求的外包尺寸或者由于弯钩平直段太长而造成材料的浪费。这是由于钢筋弯曲时外皮伸长,内皮缩短,只有中轴线长度不变。按外包尺寸总和下料是不准确的,只有按钢筋轴线长度尺寸下料加工,才能使加工后的钢筋形状、尺寸符合设计要求。

钢筋的外包尺寸和轴线长度之间存在一个差值,称为"量度差值"。钢筋的直线段外包尺寸等于轴线长度,两者无量度差值;而钢筋弯曲段,外包尺寸大于轴线长度,两者间存在量度差值。因此,钢筋下料时,其下料长度应为各段外包尺寸之和减去弯曲处的量度差值,再加上两端弯钩的增长值。

$$直钢筋下料长度 = 直构件长度 - 保护层厚度 + 弯钩增加长度$$
$$弯起钢筋下料长度 = 直段长度 + 斜段长度 - 弯折量度差值 + 弯钩增加长度$$
$$箍筋下料长度 = 直段长度 + 弯钩增加长度 - 弯折量度差值 或箍筋下料长度$$
$$= 箍筋周长 + 箍筋调整值$$

① 钢筋中部弯曲处的量度差值。

钢筋中部弯曲处的量度差值与钢筋弯心直径及弯曲角度有关。

弯起钢筋中间部位弯折处的弯曲直径 D 不小于钢筋直径 d 的 5 倍,见图 4-26。

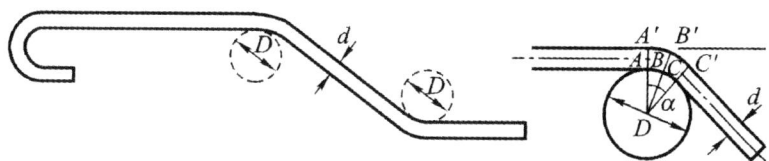

图 4-26 钢筋弯折处量度差值计算简图

② 钢筋末端弯钩时下料长度的增长值。

a. HPB235 级钢筋末端需要做 180°弯钩。

其圆弧弯曲直径不应小于钢筋直径 d 的 2.5 倍,平直部分长度不宜小于钢筋直径 d 的 3 倍

（用于轻骨料混凝土结构时，其弯曲直径 D 不应小于钢筋直径 d 的 3.5 倍）。当弯曲直径 $D = 2.5d$ 时，每一个 180°弯钩，钢筋下料时应增加的长度（增长值）为 $6.25d$（包括量度差值）。

b. 钢箍弯钩增长值。

箍筋弯钩的形式，如设计无要求时，可按图 4-27（a）加工；有抗震要求的结构，应按图 4-27（b）加工。当设计要求钢筋末端需作 135°弯钩时，HRB335 级、HRB400 级钢筋的弯弧内直径不应小于钢筋直径的 4 倍，弯钩的弯后平直部分长度应符合设计要求；钢筋作不大于 90°的弯折时，弯折处的弯弧内直径不应小于钢筋直径的 5 倍。

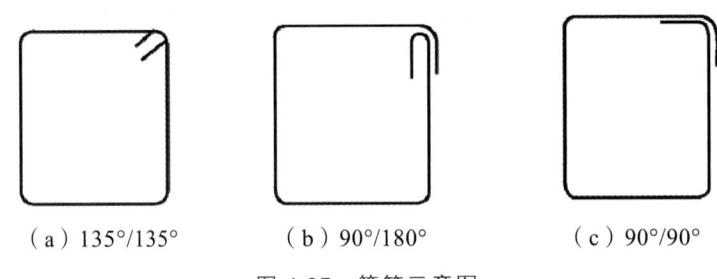

（a）135°/135°　　　（b）90°/180°　　　（c）90°/90°

图 4-27　箍筋示意图

计算箍筋下料长度时，一个弯钩增长值可查表 4.5 取近似值

表 4.5　箍筋两个弯钩下料增长值

受力钢筋直径/mm	90°/90°弯钩 箍筋直径/mm					135°/135°弯钩 箍筋直径/mm				
	5	6	8	10	12	5	6	8	10	12
≤25	70	80	100	120	140	140	160	200	240	280
>25	80	100	120	140	150	160	180	210	260	300

为了箍筋计算方便，一般将箍筋弯钩增长值和量度差值两项合并成一项为箍筋调整值，见表 4.6。计算时，将箍筋外包尺寸或内皮尺寸加上箍筋调整值即为箍筋下料长度。

表 4.6　箍筋调整值对应表

箍筋量度方法	箍筋直径/mm			
	4~5	6	8	10~12
量外包尺寸	40	50	60	70
量内包尺寸	80	100	120	150~170

【例题 4-1】　某建筑物简支梁配筋图 4-28 所示，试计算钢筋下料长度。钢筋保护层取 25 mm。（梁编号为 L1 共 10 根）

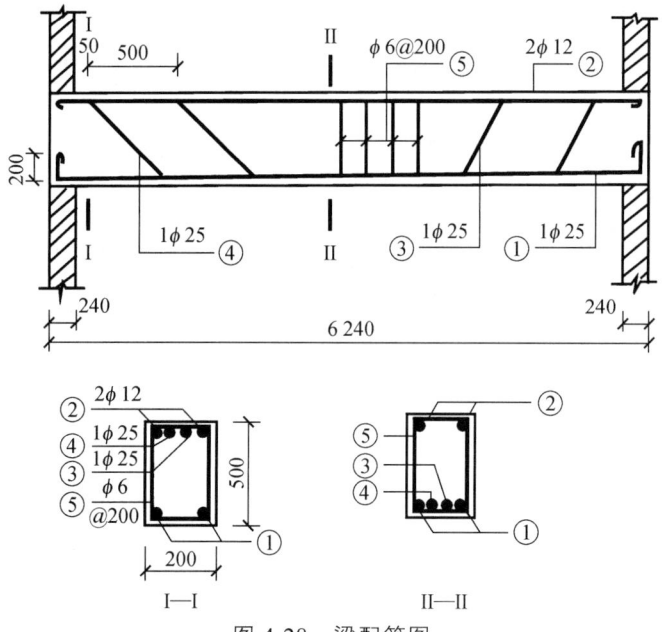

图 4-28 梁配筋图

解：计算钢筋下料长度：

① 号钢筋下料长度

$$(6\ 240 + 2 \times 200 - 2 \times 25) - 2 \times 2 \times 25 + 2 \times 6.25 \times 25 = 6\ 802\ (\text{mm})$$

② 号钢筋下料长度：

$$6\ 240 - 2 \times 25 + 2 \times 6.25 \times 12 = 6\ 340\ (\text{mm})$$

③ 号弯起钢筋下料长度：

上直段钢筋长度 $240 + 50 + 500 - 25 = 765\ (\text{mm})$
斜段钢筋长度 $(500 - 2 \times 25) \times 1.414 = 636\ (\text{mm})$
中间直段长度 $6\ 240 - 2 \times (240 + 50 + 500 + 450) = 3760\ (\text{mm})$
下料长度 $(765 + 636) \times 2 + 3760 - 4 \times 0.5 \times 25 + 2 \times 6.25 \times 25 = 6\ 824\ (\text{mm})$

④ 号钢筋下料长度计算为 6 824 mm。

⑤ 号箍筋下料长度：

宽度 $200 - 2 \times 25 + 2 \times 6 = 162\ (\text{mm})$
高度 $500 - 2 \times 25 + 2 \times 6 = 462\ (\text{mm})$
下料长度为 $(162 + 462) \times 2 + 50 = 1\ 298\ (\text{mm})$

绘出钢筋配料单（表 4.7）

表 4.7 钢筋配料单

构件名称	钢筋编号	简图	钢号	直径/mm	下料长度/mm	单根根数	合计根数	质量/kg
L₁梁（共10根）	（1）	6 190　200	Φ	25	6802	2	20	523.75
	（2）	6 190	Φ	12	6340	2	20	112.60
	（3）	765　636　3 760	Φ	25	6824	1	10	262.72
	（4）	265　636　4 760	Φ	25	6824	1	10	262.72
	（5）	462　162	Φ	6	1298	32	320	91.78
	合计	Φ6：91.78 kg；Φ12：112.60 kg；Φ25：1 049.19 kg						

3. 钢筋代换

在施工中钢筋的级别、钢号和直径应按设计要求采用。如遇有钢筋级别、钢号和直径与设计要求不符而需要代换时，应征得设计单位的同意办理设计变更文件，以确保满足原结构设计的要求，并遵守《混凝土结构工程施工及验收规范》的有关规定。

1）钢筋代换原则

（1）等强度代换。

构件配筋以强度控制时，按抗拉设计值相等的原则代换。代换时应满足公式（4-4）要求。

$$A_{s2}f_{y2} \geqslant A_{s1}f_{y1} \tag{4-4}$$

式中　A_{s1}——原设计钢筋总面积；

A_{s2}——代换后钢筋总面积；即 $A_{s2} \geqslant A_{s1}f_{y1}/f_{y2}$

f_{y1}——原设计钢筋的设计强度；

f_{y2}——代换后钢筋的设计强度。

（2）等面积代换。

构件配筋以最小配筋率控制时，应按等面积原则进行代换，

代换时应满足公式（4-5）要求。

$$A_{s2} \geqslant A_{s1} \tag{4-5}$$

2）钢筋代换的有关规定

（1）钢筋代换后，应满足《混凝土结构设计规范》中所规定的钢筋间距、锚固长度、最小钢筋直径、根数的要求。

（2）对重要受力构件如吊车梁、薄腹梁、屋架下弦等，不宜用 HPB235 级光面钢筋代换变形钢筋。

（3）梁的纵向受力钢筋与弯起钢筋应分别进行代换。

（4）当构件配筋受抗裂裂缝宽度或挠度控制时，钢筋代换后应进行抗裂裂缝宽度或挠度验算。

（5）有抗震要求的框架，不宜以强度等级较高的钢筋代替原设计中的钢筋。如必须代换时，其代换的钢筋检验所得的实际强度，尚应符合下列要求：

①钢筋的实际抗拉强度实测值与屈服强度实测值的比值不应小于1.25；

②钢筋的屈服强度实测值与钢筋强度标准值的比值，当按一、二级抗震要求设计时，不应大于1.30。

（6）预制构件吊环，必须采用未经冷拉的HPB235级热轧钢筋制作，严禁以其他钢筋代换。

（7）不同种类钢筋的代换，应按钢筋受拉承载力设计值相等的原则进行。

钢筋加工时，由于工地现有钢筋的种类型号和直径与设计不符，因此应在不影响使用条件的情况下进行代换。不同种类钢筋代换，按抗拉设计值相等的原则进行代换；相同种类和级别的钢筋代换，按截面相等的原则进行代换。钢筋代必须征工程监理的同意。

不同级别和牌号钢筋的机械性能指标见表4.8。

表4.8 热轧钢筋机械性能

强度等级代号	公称直径 d/mm	屈服点/MPa	抗拉强度/MPa	伸长率/%	冷弯	
		不小于			弯心直径	弯曲角度
HPB235	8~20	235	370	25	d_0	180°
HRB335	6~25	335	490	16	$3d_0$	180°
	28~50				$4d_0$	180°
HRB400	6~25	400	570	14	$4d_0$	180°
	28~50				$5d_0$	180°
HRB500	6~25	500	630	12	$6d_0$	180°
	28~50				$7d_0$	180°

4.2.2 钢筋加工

钢筋的加工包括钢筋的调直、除锈、下料切断、弯曲成型等。

1）钢筋调直

钢筋在使用前必须经过调直，否则会影响钢筋受力，甚至会使混凝土提前产生裂缝，比如未调直而直接下料，会影响钢筋的长度，并影响后线工序的质量。

钢筋调直宜采用机械方法，也可以采用冷拉。对局部曲折、弯曲或成盘的钢筋在使用前应加以调直。钢筋调直方法很多，常用的方法是使用卷扬机拉直和用调直机调直。HPB235级钢筋的冷拉率不宜大于4%；HRB335级、HRB400级和RRB400级钢筋冷拉率不大于1%。细钢筋及钢丝还可采用调直机调直；粗钢筋还可采用锤直或扳直的方法。

2）钢筋除锈

钢筋由于保管不善或存放时间过久，就会受潮生锈。在生锈初期，钢筋表面呈黄褐色，该黄褐色物质称为水锈或色锈，这种水锈在焊点附近必须清除外，一般可不处理，但是当钢筋锈蚀进一步发展，钢筋表面已形成一层锈皮，受锤击或碰撞可见其剥落时，这种铁锈不能很好地和混凝土粘结，影响钢筋和混凝土的握裹力，并且在混凝土中继续发展，因此需要清除。

如钢筋经过冷拉或调直机调直，则在冷拉或调直过程中完成除锈工作；如未经冷拉或冷拔，调直后保管不善而锈蚀的钢筋，可采用电动除锈机除锈，也可喷砂除锈、酸洗除锈或手工除锈（用钢丝刷、砂盘）。钢筋下料切断可用钢筋切断机（适用于直径40 mm以下的钢筋）及手动液压机（适用于直径16 mm以下的钢筋）。钢筋应按计算的下料长度下料，力求准确（受力钢筋顺长度方向全长的净尺寸允许偏差为±10 mm）。

3）钢筋切断

钢筋切断有人工剪断、机械切断，氧气切割等三种方法。直径大40 mm的钢筋一般用氧气切割。钢筋切断机用于切断钢筋原材料或已调直的钢筋，其主要类型有机械式、液压式和手持式钢筋切断机。

4）钢筋弯曲成型

将已切断配好的钢筋弯曲成所规定的形状尺寸是钢筋加工的一道重要工序。钢筋弯曲成型要求加工的钢筋形状正确，平面上没有翘曲不平的现象，便于绑扎安装。

钢筋弯曲成型一般采用钢筋弯曲机及弯箍机等，也可采用手摇扳手弯制钢箍，用卡筋与扳头弯制粗钢筋。钢筋弯曲前应先划线，形状复杂的钢筋应根据钢筋加工牌上标明的尺寸将各弯点划出，根据钢筋外包尺寸，扣除弯曲调整值（即量度差值，从相邻两段长度中各扣一半），以保证弯曲成型后外包尺寸准确。钢筋弯曲成型后允许偏差为：全长±10 mm。弯起钢筋弯折点位置允许偏差为：±20 mm。箍筋内净尺寸允许偏差为：±5 mm。

4.2.3 钢筋连接

钢筋的连接方法有焊接方法、绑扎连接、机械连接。

1. 钢筋焊接

钢筋的焊接接头，是节约钢材，提高钢筋混凝土结构和构件质量，加快工程进度的重要措施。钢筋常用的焊接方法有钢筋对焊、电阻点焊、电弧焊、电渣压力焊、埋弧压力焊、气压焊等。

热轧钢筋的对接焊接，应采用钢筋对焊、电弧焊、电渣压力焊或气压焊；钢筋骨架和钢筋网片的交叉焊接应采用电阻点焊；钢筋与钢板的T型连接，宜采用埋弧压力焊或电弧焊。

1）钢筋对焊

钢筋对焊应采用闪光对焊，具有成本低、质量好、功效高及适用范围广等特点。

钢筋对焊的原理是利用对焊机使两段钢筋接触，通以低电压的强电流，把电能转化为热能，当钢筋加热到接近熔点时，施加压力顶锻，使两根钢筋焊接在一起，形成对焊接头，见图4-29。闪光对焊广泛应用于热轧钢筋的接长及预应力钢筋与螺丝端杆的对接。冷拉钢筋采用闪光对焊接长时，对焊应在冷拉前进行。

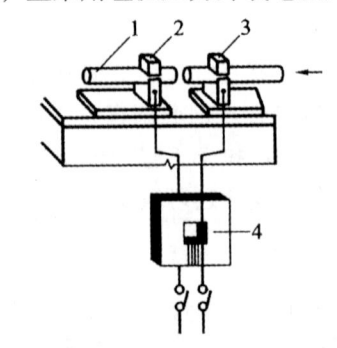

图4-29 钢筋对焊
1—钢筋；2—固定电极；3—可动电极；
4—焊接变压器

2）电阻点焊

钢筋骨架和钢筋网片的交叉钢筋焊接采用电阻点焊。焊接时将钢筋的交叉点放入点焊机两极之间，通电使钢筋加热到一定温度后，加压使焊点处钢筋互相压入一定的深度（压入深度为两钢筋中较细者直径的 1/4～2/5），将焊点焊牢。采用点焊代替绑扎，可以提高工效，便于运输。在钢筋骨架和钢筋网成型时优先采用电阻点焊。

点焊质量的检查包括外观检查和强度检验。外观抽样检查包括：检查焊点有无脱落、漏焊、气孔、裂缝、空洞及明显的烧伤现象，点焊制品尺寸误差及焊点压入深度应符合有关规定，焊点处应挤出饱满的熔化金属等。强度检验应抽样作剪力试验。对冷加工钢筋制成的点焊制品还应抽样作拉力试验，试验结果应符合有关规定。

3）电弧焊

电弧焊是利用电弧焊机使焊条和焊件之间产生高温电弧，熔化焊条和高温电弧范围内的焊件金属，熔化的金属凝固后形成焊接接头。电弧焊广泛应用于钢筋的接长、钢筋骨架的焊接、装配式结构钢筋接头焊接及钢筋与钢板、钢板与钢板的焊接等。

电弧焊的主要设备为弧焊机，分为直流弧焊机和交流弧焊机两类。工地多采用交流弧焊机（焊接变压器）。焊接时，先将焊件和焊条分别与焊机的两极相连，将焊条端部与焊件轻轻接触，随即提起 2～4mm，引燃电弧，以熔化金属。

钢筋电弧焊接头主要有 3 种形式：搭接焊、帮条焊和坡口焊。

（1）搭接焊。

搭接焊接头如图 4-30 所示。搭接接头钢筋应先预弯，以保证两根钢筋的轴线在一条直线上。

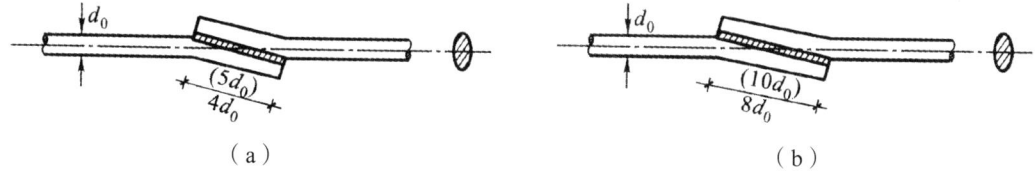

（a） （b）

图 4-30 搭接接头

（2）帮条焊。

帮条焊接头如图 4-31 所示。主筋端面间的间隙为 2～5mm，帮条宜采用与主筋同级别、同直径的钢筋制作。如帮条级别与主筋相同时，帮条的直径可以比主筋直径小一个规格；如帮条直径与主筋相同时，帮条钢筋的级别可比主筋低一个级别。

（a）双面焊 （b）单面焊

图 4-31 帮条焊接头

搭接焊与帮条焊的焊缝长度应符合图中要求。图中不带括弧的数字用于 HPB235 级钢筋（光圆钢筋），括弧内的数字用于 HRB335，HRB400 级钢筋（带肋钢筋）。

（3）坡口焊。

坡口接头多用于在施工现场焊接装配式结构接头处钢筋。坡口焊分为平焊和立焊，见图 4-32。施焊前先将钢筋端部制成坡口。

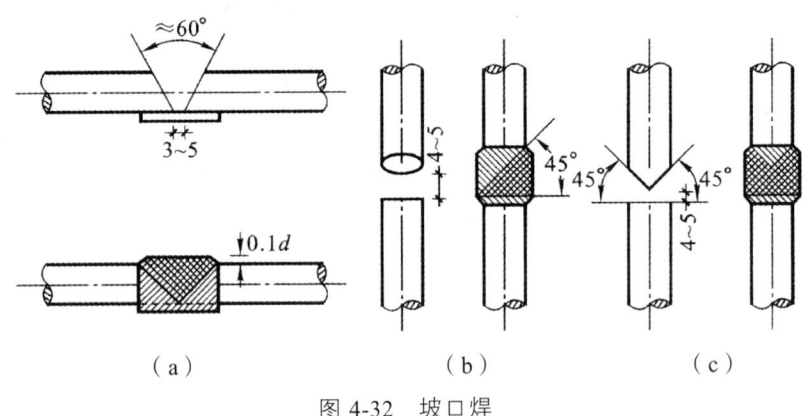

图 4-32 坡口焊

钢筋坡口平焊采用 V 形坡口，坡口夹角为 60°，两根钢筋间的空隙为 3~5mm，下垫钢板，然后施焊，见图 4-32（a）。钢筋坡口立焊采用 40°~55°坡口，见图 4-32（b）（c）。

装配式结构接头钢筋坡口焊施焊时，应由两名焊工对称施焊，合理选择施焊顺序，以防止或减少由于施焊而引起的结构变形。

4）电渣压力焊

电渣压力焊是利用电流通过渣池产生的电阻热将钢筋端部熔化，然后施加压力使钢筋焊接。

这种方法多用于现浇钢筋混凝土结构竖向钢筋的接长，比电弧焊工效高、成本低，易于掌握。电渣压力焊可用手动电渣压力焊机或自动压力焊机。手动电渣压力焊机由焊接变压器、夹具及控制箱等组成，如图 4-33 所示。

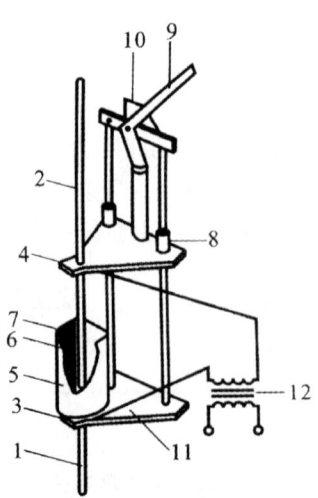

图 4-33 电渣压力焊示意图

1，2—钢筋；3—固定电极；4—滑动电极；5—焊剂盒；6—导电剂；7—焊剂；8—滑动架；9—操纵杆；10—标尺；11—固定架；12—变压器施焊前先将钢筋端部 120 mm 范围内的铁锈、杂质刷净,把钢筋安装于夹具钳口内夹紧,在两根钢筋接头处放一铁丝小球(钢筋端面较平整而焊机功率又较小时)或导电剂(钢筋直径较大时),然后在焊剂盒内装满焊剂。施焊时,接通电源使小球(或导电剂)、钢筋端部及焊剂相继熔化,形成渣池。维持数秒后,用操纵压杆使钢筋缓缓下降,熔化量达到规定数值(用标尺控制)后,切断电路,用力迅速顶压,挤出金属熔渣和熔化金属,形成焊接接头,待冷却 1~3 min 后,打开焊剂盒,卸下夹具。

5)埋弧压力焊

埋弧压力焊是利用埋在焊接接头处的焊剂下的高温电弧,熔化两焊件焊接接头处的金属,然后加压顶锻形成焊接接头,如图 4-34 所示。埋弧压力焊用于钢筋与钢板丁字形接头的焊接。这种焊接方法工艺简单,比电弧焊工效高、质量好。

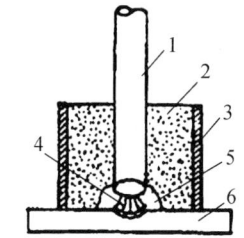

图 4-34 埋弧压力焊示意图
1—钢筋;2—431 焊剂;3—焊剂盒;
4—电弧柱;5—钢板;6—弧焰

6)气压焊

钢筋气压焊是采用氧-乙炔火焰对钢筋接缝处进行加热,使钢筋端部加热达到高温状态,并施加足够的轴向压力而形成牢固的对焊接头。钢筋气压焊接方法具有设备简单、焊接质量好、效果高,且不需要大功率电源等优点。

钢筋气压焊可用于直径 40 mm 以下的 HPB235 和 HRB335 级热轧钢筋的纵向连接。当两钢筋直径不同时,其直径之差不得大于 7 mm。钢筋气压焊设备主要有氧-乙炔供气设备、加热器、加压器及钢筋卡具等,见图 4-35。

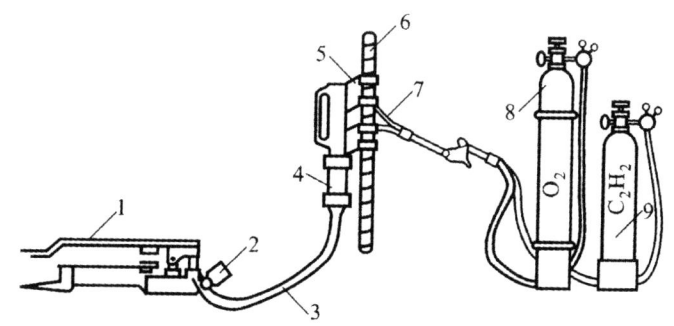

图 4-35 气压焊设备示意图
1—脚踏液压泵;2—压力表;3—液压胶管;4—活动油缸;5—钢筋卡具;6—钢筋;
7—焊枪;8—氧气瓶;9—乙炔瓶

施焊前钢筋要用砂轮锯下料并用磨光机打磨,边棱要适当倒角,端面要平,端面基本上要与轴线垂直。端面附近 50~100 mm 范围内的铁锈、油污等必须清除干净,然后用卡具将两根被连接的钢筋对正夹紧。

2. 钢筋绑扎连接

基面清理完毕或施工缝处理完毕养护一定时间,且混凝土强度达到 2.5 MPa 后,即进行钢筋的安装作业。钢筋的安设方法有两种:一种是将钢筋骨架在加工厂制好再运到现场安装,称为整装法；一种是将加工好的散钢筋运到现场，再逐根安装，称为散装法。

1）钢筋的绑扎顺序

钢筋的绑扎顺序：划线→摆筋→穿箍→绑扎→安装垫块等。划线时应注意间距、数量，标明加密箍筋位置。板类摆筋顺序一般先排主筋后排负筋；梁类一般先排纵筋。排放有焊接接头和绑扎接头的钢筋应符合规范规定。有变截面的箍筋，应事先将箍筋排列清楚，然后安装纵向钢筋。

（1）熟悉施工图纸。通过熟悉图纸，一方面校核钢筋加工中是否有遗漏或误差；另一方面也可以检查图纸中是否存在与实际情况不符的地方，以便及时改正。

（2）核对钢筋加工配料单和料牌。在熟悉施工图纸的过程中，应核对钢筋加工配料单和料牌，并检查已加工成型的成品的规格、形状、数量、间距是否和图纸一致。

（3）确定安装顺序。钢筋绑扎与安装的主要工作内容包括放样画线、排筋绑扎、垫撑铁和保护层垫块、检查校正及固定预埋件等，为保证工程顺利进行，在熟悉图纸的基础上，要考虑钢筋绑扎安装顺序。板类构件排筋顺序一般先排受力钢筋后排分布钢筋；梁类构件般先摆纵筋（摆放有焊接接头和绑扎接头的钢筋应符合规定），再排筋，最后固定。

（4）做好料、机具的准备。钢筋绑扎与安装的主要材料、机具包括钢筋钩、吊线垂球、木水平尺、麻我、长钢尺、钢卷尺、扎丝、垫保护层用的砂浆垫块或塑料卡、撬杆、绑扎架等。对于结构较大或形状较复杂的构件，为了固定钢筋还需一些钢筋支架、钢筋支撑。扎丝一般采用18～22号铁丝或镀锌铁丝，扎丝长度一般以钢筋钩拧2～3圈后，铁丝出头长度为20 cm左右。

（5）放线。放线要从中心点开始向两边量距放点，定出级向钢筋的位置，水平筋的放线可放在纵向钢筋或模板上。

2）钢筋绑扎注意事项

钢筋的接长钢筋骨架或者钢筋网的成型应优先采用焊接或机械连接，如不能采用焊接（如缺乏电机或电机功率不够）或骨架过大过重不便于运安装时，可采用绑扎的方法，绑扎钢筋一般采用20～22号铁丝，铁丝过硬时可经退火处理。绑扎时应注意钢筋位置是否准确，绑扎是否牢固，搭接长度及绑扎点位置是否符合规范要求。板和墙的钢筋网除靠近外围两行钢筋的相交点全部扎牢固外，中间部分的相交点可相隔交错扎牢，但必须保证受力钢筋不移动。双向受力的钢筋须全部扎牢，梁和挂的箍筋，除设计有特殊要求外，应与受力钢筋垂直设置。箍筋弯钩叠合处，应沿受力钢筋方向错开设置；柱中的竖向钢筋搭接时，角部钢筋的弯钩应与模板成45°（多边形柱为模板内角的平分角，圆形柱应与模板切线垂直）；弯钩与模板的角度最小不得小于15°。

当受力钢筋采用机械连接接头或焊接接头时，设置在同一构件内的接头宜相互错开。同一构件中相邻纵向受力钢筋的绑扎搭接接头宜相互错开。钢筋搭接处，应在中心和两端用铁丝扎牢。在要拉区域内，HPB235级钢筋哪扎接头的末端应做弯钩。绑扎搭接接头中钢筋的横向净距不小于钢筋直径且不应小于 25 mm；钢绑扎搭接接头中钢筋的横向间距不应小于钢筋直径，且不应小于 25 mm；钢筋绑扎搭接接头连接区段的长度为 $1.3L$（L 为搭接长度），见图4-36，凡搭接接头中点位于该连接区段长度内的搭接接头均属于同一连接区段。同一连接区段内，纵向钢筋搭接接头面积百分率为该区段内有搭接接头的纵向受力钢筋截面面积与全部纵向受力钢筋截面面积的比值；同一连接区段内，纵向受拉铜筋搭接接头面积百分率应符合规范要求。

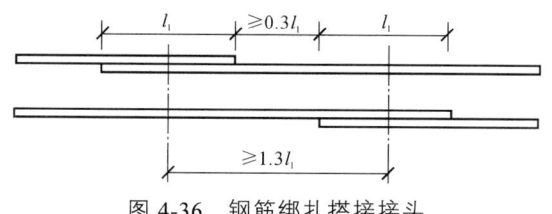

图 4-36 钢筋绑扎搭接接头

3）钢筋绑扎操作方法

钢筋的绑扎应顺直均匀、位置正确。钢筋绑扎的操作方法有一面顺扣法、十字花扣法、反十字扣法、兜扣法、缠扣法、兜扣加法、套扣法等，较常用的是一面顺扣法。一面法的操作步骤是：首先将已切断的扎丝在中间折合成180°弯，然后将扎丝清理整齐。绑扎时，执在左手的扎丝应靠近钢筋绑扎点的底部，右手拿住钢筋钩，食指压在钩前部，用钩端钩住扎丝底扣处，并紧靠扎丝开口端，绕扎丝拧转两圈套半，在绑扎时扎丝扣伸出钢钢底部要短，并用钩尖将铁丝扣紧。为使绑扎后的钢筋骨架不变形，每个绑扎点进扎丝扣方向要求交替变换90°，钢筋加工的形状、尺寸、钢筋安置位置应符合设计要求，其偏差应符合规定。

3. 钢筋机械连接

钢筋机械连接有挤压连接、锥螺纹连接和直螺纹连接。

1）挤压连接

钢筋挤压连接是把两根待接钢筋的端头先插入一个优质钢套筒内，然后用挤压连接设备沿径向或轴向挤压钢套筒，使之产生塑性变形，依靠变形后的钢套筒与被连接钢筋纵、横肋产生的机械咬合作用实现钢筋的连接。

挤压连接的优点是接头强度高、题量稳定可靠、安全、无明火且不受气候影响、适应性强，可用于垂直、水平、倾斜、高空、水下等的钢筋连接，还特别适用于不可焊钢筋、进口钢筋的连接，近年来推广应用迅速。挤压连接的主要缺点是设备移动不便，连速度较慢。

挤压连接分径向挤压连接和轴向挤压连接。径向挤压连接是采用挤压机和压模，沿套筒直径方向，从套筒中间依次向两端挤压套筒，把插在套筒里的两根钢筋紧固成一体，形成机械接头。它适用地震区和非地震区的钢筋混凝土结构的钢筋连接施工，如图4-37所示。轴向挤压连接是采用挤压和压模，沿钢筋轴线冷挤压金属套筒，把插入金属套筒里的两根待连接热轧钢筋紧固一体，形成机械接头。它适用于按一、二级抗震设防的地震区和非地震区的钢筋混凝土结构工程的钢筋连接施工。

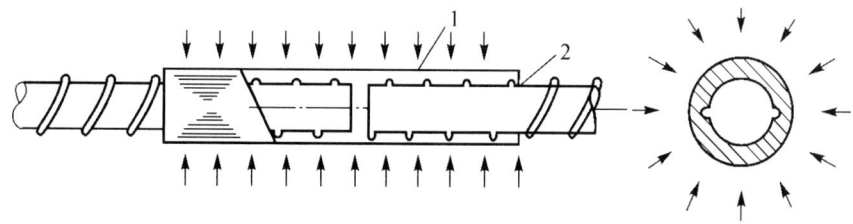

图 4-37 钢筋径向挤压连接原理示意图
1—钢套管；2—连接钢筋

挤压连接的主要设备有超高压泵、半挤压机、挤压机、压模、手板葫芦、画线尺、量规等。

2）锥螺纹连接

锥螺纹连接是将所连钢筋的对接端头在钢筋套丝机上加工成与套筒匹配的锥螺纹，然后将带锥形内丝的套筒用扭力扳手按一定力矩值把两根钢筋连接起来，通过钢筋与套筒内丝扣的机械咬合达到连接的目的。

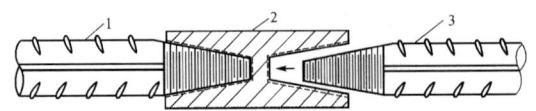

图 4-38 锥螺纹连接钢筋示意图
1—已连接的钢筋；2—锥螺纹套筒；3—待连接的钢筋

3）直螺纹连接

直螺纹连接是近年来开发的一种新接入方式，它先把钢端部镦粗，然后再削直螺纹，最后用套筒实行钢筋对接，如图 4-39 所示。由于镦粗段钢筋切削后的净截面仍大于钢筋原截面，即螺纹不削弱钢筋截面，从而确保接头强度大于母材强度。直螺纹不存在扭紧力矩对接头性能的影响，从而提高了连接的可靠性，也加快了施工速度。直螺纹接头比套筒挤压接头省钢70%，比锥螺纹接头省钢35%，技术经济效果显著。

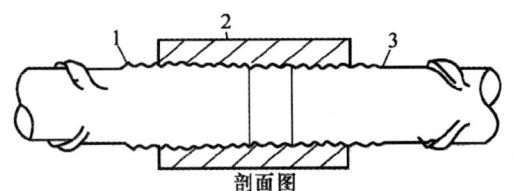

图 4-39 直螺纹连接钢筋示意图
1-已连接的钢筋；2—直螺纹套筒；3—正在拧入的钢筋

4.2.4 钢筋安装及质量检验

1. 钢筋安装前的检查

钢筋工程属于隐蔽工程，在浇筑混凝土前应对钢筋及预埋件进行检查验收，检查的内容：

（1）根据设计图纸检查钢筋的钢号、直径、形状、尺寸、根数、间距和锚固长度是否正确，特别要注意检查负筋的位置。

（2）检查钢筋接头的位置及搭接长度、接头数量是否符合规定；检查混凝土保护层是否符合要求。

（3）检查钢筋绑扎是否牢固，有无松动变形现象。

（4）钢筋表面不允许有油渍漆污和颗粒状铁锈。

（5）安装钢筋时的允许偏差是否在规定范围内。

检查完毕，在浇筑混凝土前进行验收并做好隐蔽工程记录。

2. 钢筋安装质量检验

在同一检验批内，对梁、柱和独立基础，应抽查构件数量的10%，且不少于3件；对墙和板，应按有代表性的自然间抽查10%，且不少于3间；对大空间结构，墙可按相邻轴线间高度5m左右划分检查面，板可按纵、横轴线划分检查面，抽查10%，且均不少于3面。

4.3 混凝土工程

混凝土工程分为现浇混凝土工程和预制混凝土工程，是钢筋混凝土工程的3个重要组成部分之一。混凝土工程质量好坏是保证混凝土能否达到设计强度等级的关键，将直接影响钢筋混凝土结构的强度和耐久性。

混凝土工程施工工艺过程包括：混凝土的配料、拌制、运输、浇筑、振捣、养护等。其施工工艺过程见图4-40。

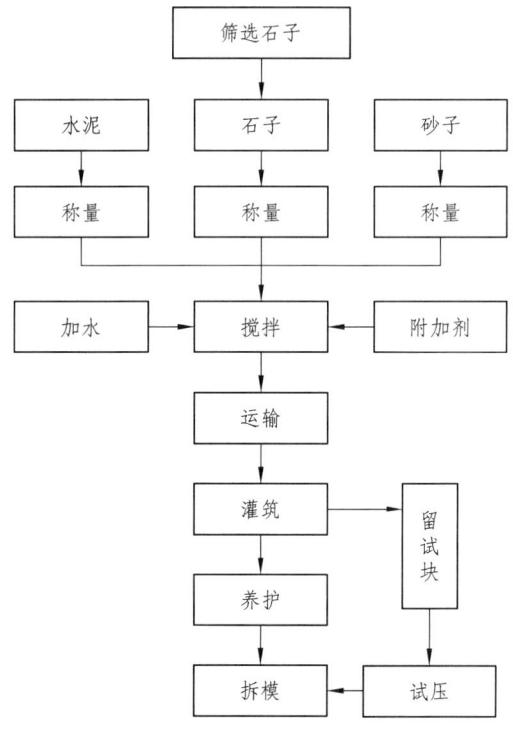

图4-40 混凝土工程施工工艺流程

4.3.1 混凝土的配料

1. 混凝土试配强度

混凝土配合比的选择，是根据工程要求、组成材料的质量、施工方法等因素，通过试验室计算及试配后确定的。所确定的试验配合比应使拌制出的混凝土能保证达到结构设计中所要求的强度等级,并符合施工中对和易性的要求,同时还要合理地使用材料,节约水泥。

施工中按设计的混凝土强度等级的要求,正确确定混凝土配制强度,以保证混凝土工程质量。考虑到现场实际施工条件的差异和变化,因此,混凝土的试配强度应比设计的混凝土强度标准值提高一个数值,即:

$$f_{cu,0} = f_{cu,k} + 1.645\sigma \tag{4-6}$$

式中 $f_{cu,0}$——混凝土配制强度,MPa;

$f_{cu,k}$——设计的混凝土立方体抗压强度标准值,MPa;

σ——施工单位的混凝土强度标准差,MPa。

对于混凝土强度的标准差 σ,应由强度等级相同,混凝土配合比和工艺条件基本相同的混凝土 28 d 强度统计求得。其统计周期,对预拌混凝土工厂和预制混凝土构件厂,可取 1 个月。对现场拌制混凝土的施工单位,可根据实际情况确定,但不宜超过 3 个月。当混凝土为 C20 或 C25,如计算所得到的 σ <2.5 MPa 时,则取 σ = 2.5 MPa;当混凝土为 C30 及其以上,如计算得到的 σ <3.0 MPa 时,取 σ = 3.0 MPa。当施工单位无近期混凝土强度统计资料时,σ 可按表 4.9 取值。

表 4.9 σ值选用表

混凝土强度等级	≤C15	C20～C35	≥C40
σ/MPa	4.0	5.0	6.0

2. 混凝土的施工配合比换算

混凝土的配合比是在实验室根据初步计算的配合比经过试配和调整而确定的,称为实验室配合比。确定实验室配合比所用的骨料——砂、石都是干燥的。施工现场使用的砂、石都具有一定的含水率,含水率大小随季节、气候不断变化。如果不考虑现场砂、石含水率,还按实验室配合比投料,其结果是改变了实际砂石用量和用水量,而造成各种原材料用量的实际比例不符合原来的配合比的要求。为保证混凝土工程质量,保证按配合比投料,在施工时要按砂、石实际含水率对原配合比进行修正。

根据施工现场砂、石含水率,调整以后的配合比称为施工配合比。

假定实验室配合比为:

$$水泥:砂:石 = 1:x:y$$

水灰比为:

$$W/C$$

现场测得砂含水率为 W_s,石子含水率为 W_g

则施工配合比为

$$水泥:砂:石 = 1:x(1+W_s):y(1+W_g)$$

水灰比 W/C 不变（但用水量要减去砂石中的含水量）。

【例题 4-2】 某工程混凝土实验室配合比为 1：2.28：4.47，水灰比 $W/C = 0.63$，1 m³ 混凝土水泥用量 $C = 285$ kg，现场实测砂含水率 3%，石子含水率 1%，求施工配合比及 1 m³ 混凝土各种材料用量。

解： 施工配合比 $1:x(1+W_s):y(1+W_g) = 1:2.28(1+3\%):4.47(1+1\%) = 1:2.35:4.51$

按施工配合比得到 1 m³ 混凝土各组成材料用量为：

$$水泥\ C' = C = 285\ \text{kg}$$
$$砂\ S' = 285 \times 2.35\ \text{kg} = 669.75\ \text{kg}$$
$$石\ G' = 285 \times 4.51\ \text{kg} = 1285.35\ \text{kg}$$
$$水\ W' = (W/C - W_s - W_g)C = (0.63 - 2.28 \times 3\% - 4.47 \times 1\%) \times 285\ \text{kg}$$
$$= 147.32\ \text{kg}$$

4.3.2 混凝土的拌制

1．混凝土搅拌机

1）搅拌机分类

混凝土搅拌机按其搅拌机理分为自落式搅拌机和强制式搅拌机两类，见表 4.10。

表 4.10 搅拌机的分类

	鼓筒式	锥形反转出料式	锥形倾斜出料式
自落式			
强制式			

自落式搅拌机搅拌筒内壁装有叶片，搅拌筒旋转，叶片将物料提升一定的高度后自由下落，各物料颗粒分散拌和，拌和成均匀的混合物。这种搅拌机体现的是重力拌和原理。自落式混凝土搅拌机按其搅拌筒的形状不同分为鼓筒式、锥形反转出料式和双锥形倾翻出料式 3 种类型（见表 4.10）。自落式搅拌机适用于搅拌流动性较大的混凝土（坍落度不小于 30 mm），锥形反转出料式和双锥形倾翻出料式搅料机既可搅拌流动性较大的混凝土，也适于搅拌低流动性混凝土。

强制式搅拌机一般筒身固定，其轴上装有叶片，通过叶片强制搅拌装在搅拌筒中的物料，使物料沿环向、径向和竖向运动，拌和成均匀的混合物。这种搅拌机体现的是剪切拌和原理。强制式搅拌机按其构造特征分为立轴式和卧轴式两类。

强制式搅拌机和自落式搅拌机相比，搅拌作用强烈，搅拌时间短，适于搅拌低流动性混凝土、干硬性混凝土和轻骨料混凝土。

2）搅拌机的工艺参数

搅拌机每次（盘）可搅拌出的混凝土体积称为搅拌机的出料容量。每次可装入干料的体积称为进料容量。搅拌筒内部体积称为搅拌机的几何容量。为使搅拌筒内装料后仍有足够的搅拌空间，一般进料容量与几何容量的比值为 0.22～0.50，称为搅拌筒的利用系数。出料容量与进料容量的比值称为出料系数，一般为 0.60～0.7。在计算出料量时，可取出料系数 0.65。常用混凝土搅拌机的主要参数见表 4.11。

搅拌机生产率 P 可从表 4.8 查得，也可用下式计算：

$$P = R3600/tq \tag{4-7}$$

式中　P——搅拌机生产率，m^3/h；

　　　t——搅拌机每一工作循环（装料-搅拌-卸料）所需时间，s；

　　　q——搅拌机的出料容量，m^3；

　　　R——时间利用系数，可取 0.7～0.9。

表 4.11　混凝土搅拌机主要参数

项　目	鼓筒式搅拌机				双锥反转出料搅拌机			
型　号	J1-150	J1-250 J1-250A	J1-400 J1-400A J-400B	J5-800	J5A-500	J5B-500	J5C-500	J5-750
进料容量/L	240	250	400	1200	500	500	500	750
出料容量/L	150	160	260	800	330	335	335	500
搅拌筒转数/(r/min)	18	18	18	14	16.4	16.3	17	16
每次搅拌时间/s	120	120	70～110	90～120	117.5	103	150	
生产率/(m³/h)	3～5	3～5	5～8	14～24	10～12	10～12	10～12	10～13
项目	锥形倾翻出料搅拌机			强制式搅拌机				
型　号	J3-100	J3-1600	J3-2400	J4-375A	J4-375	J4-1500		
进料容量/L	100	1600	2400	375	375	1500		
出料容量/L	60	1000	1500	250	250	1000		
搅拌筒转数/(r/min)	26～33	14	13	搅叶转数/(r/min) 36	32	20		
每罐循环时间/s				72	120			
生产率/(m³/h)			10～12	12.5	30			

2. 混凝土搅拌

1）加料顺序

按原材料加入搅拌筒内的投料顺序的不同，普通混凝土的搅拌方法可分为一次投料法、二次投料法和水泥裹砂法。

搅拌时加料顺序普遍采用一次投料法，将砂、石、水泥和水一起加入搅拌筒内进行搅拌。搅拌混凝土前，先在料斗中装入石子（砂），再装水泥及砂（石子），这样可使水泥夹在石子和砂中间，有效地避免上料时所发生的水泥飞扬现象，同时也可使水泥及砂子不致黏住斗底。料斗将砂、石、水泥倾入搅拌机的同时加水搅拌。

二次投料法又分为预拌水泥砂浆法和预拌水泥净浆法。预拌水泥砂浆法是先将水泥、砂和水加入排筒内进行充分搅拌，成为均匀的水混砂浆后再加入石子搅拌成均匀的混凝土。一般是用强制式搅拌机拌制水泥砂浆约 1~1.5 min，然后再加入石子搅拌约 1~1.5 min。国内外的试验表明，二次投料法搅拌的混凝土与一次投料法相比较，混凝土的强度可提高 15%，在强度相同的情况下，可节约水泥 15%~20%。

水泥裹砂法又称 SEC 法，采用这种方法拌制的混凝土称为 SEC 混凝土，该法的搅拌程序是先加一定量的水使砂表面的含水量调到某一规定的数值后（一般为 15%-25%）再加入石子并与湿砂拌匀，然后将全部水泥投入与砂石共同搅拌使水泥在砂石表面形成一层低水灰比的水泥浆壳，最后将剩余的水和外加剂加入搅拌成混凝土。采用 SEC 法制备的混凝土与一次投料法相比较，强度可提高 20%~30%，混凝土不易产生离析和泌水现象，工作性好。

从原材料全部投入到料筒到开始卸料为止，所经历的时间称为混凝土的搅拌时间，满足要求的混凝土所需的最低限度的搅拌时间称为最短搅拌时间，最短搅拌时间随搅拌机的类型与容量、骨料的品种、粒径及对混凝土的工作性要求等因素的不同而异。搅拌时间应满足表 4.12 中所示要求。

表 4.12 混凝土最短搅拌时间　　　　　　　　　　　　　　s

混凝土的坍落度/cm	搅拌机机型	搅拌机容量/L		
		<250	250~500	>500
≤3	自落式	90	120	150
	强制式	60	90	120
>3	自落式	90	90	120
	强制式	60	60	90

2）搅拌时间

从砂、石、水泥和水等全部材料装入搅拌筒至开始卸料止所经历的时间称为混凝土的搅拌时间。为获得混合均匀强度和工作性能都能满足要求的混凝土所需的最低限度的搅拌时间称为最短搅拌时间。混凝土搅拌时间是影响混凝土的质量和搅拌机生产率的一个主要因素。如果搅拌时间短，混凝土搅拌得不均匀，将直接影响混凝土的强度；而搅拌时间过长，混凝土的匀质性并不能显著增加，相反会使混凝土和易性降低且影响混凝土搅拌机的生产率。混凝土搅拌的最短时间与搅拌机的类型和容量、骨料的品种、对混凝土流动性的要求等因素有关。

混凝土拌和物的搅拌质量应经常检查,颜色应均匀一致,无明显的砂粒、砂团及水泥团,石子完全被砂浆包裹,说明其搅拌质量较好。

每班作业后应对搅拌机进行全面清洗,并在搅拌筒内放入清水及石子运转 10~15 min 后放出,再用竹扫帚洗刷外壁。搅拌筒内不得有积水,以免筒壁及叶片生锈,如遇冰冻季节应放尽水箱及水泵中的存水,以防冻裂。

每天工作完毕后,搅拌机料斗应放至最低位置不准悬于半空。电源必须切断,锁好电闸箱,保证各机构处于空位。

3)一次投料量

施工配合比换算是以 1 m^3 混凝土为计算单位的,搅拌时要根据搅拌机的出料容量(即一次可搅拌出的混凝土量)来确定一次投料量。

【例题 4-3】 按上例,已知条件不变,采用 400 L 混凝土搅拌机,求搅拌时的一次投料量。

解: 400 L 搅拌机每次可搅拌出混凝土量为:

$$400 \text{ L} \times 0.65 = 260 \text{L} = 0.26 \text{ m}^3$$

则搅拌时的一次投料量为:

水泥 285×0.26 kg = 74.1 kg(取 75 kg,一袋半)
砂 75×2.35 kg = 176.25 kg
石子 75×4.51 kg = 338.25 kg
水 75×(0.63 − 2.28×3%−4.47×1%)kg = 38.77 kg

搅拌混凝土时,根据计算出的各组成材料的一次投料量,按重量投料。投料时允许偏差不得超过下列规定:

水泥、外掺混合材料——±2%;粗、细骨料——±3%;水、外加剂——±2%。

各种衡器应定期检验,保持准确;骨料含水率应经常测定;雨天施工时应增加测定次数。

4.3.3 混凝土的运输

混凝土的运输是整个混凝土施工中的一个重要环节,对工程质量和施工进度影响较大。由于混凝土料拌和后不能久存,而且在运输过程中对外界的影响敏感,因此运输方法不当或疏忽大意都会降低混凝土质量,甚至造成废品。

混凝土料在运输过程中应满足如下要求:运输设备不吸水、不漏浆,运输过程中不发生混凝土拌合物分离、严重泌水及坍落度过多降低;同时运输两种以上强度等级的混凝土时,在运输设备上设置标志,以免混淆;尽量缩短运输时间并减少转运次数。运输时间不得超过表 4.13 中的规定。因故停歇过久,混凝土产生初凝时,应做废料处理。在任何情况下,严禁中途加水后运入仓内;运输道路基本平坦,避免拌合物振动离析分层;混凝土运输工具及浇筑地点必要时应有遮盖或保温设施,以避免因日晒、雨淋、水冻而影响混凝土的质量;混凝土拌和物自由下落高度以不大于 2 m 为宜,超过此界限时应采用缓降措施。

表 4.13　混凝土从搅拌机中卸出后到浇筑完毕的延续时间　　　　　s

混凝土强度等级	气温	
	<25 ℃	≥25 ℃
≥C30	120	90
<C30	90	60

注：① 掺用外加剂或采用快硬水泥拌制混凝土时，应按试验确定。
　　② 轻骨料混凝土的运输、浇筑延续时间应适当缩短。

混凝土由拌制地点运至浇筑地点的运输分为水平运输（地面水平运输和楼面水平运输）和垂直运输。

常用的水平运输设备有手推车、机动翻斗车、混凝土搅拌运输车如图 4-41、自卸汽车等；施工现场拌制的混凝土，运距较小的场内运输宜采用手推车或机动翻斗车，从集中搅拌站或者商品混凝土工厂运至施工现场，宜采用搅拌运输车或者自卸汽车。

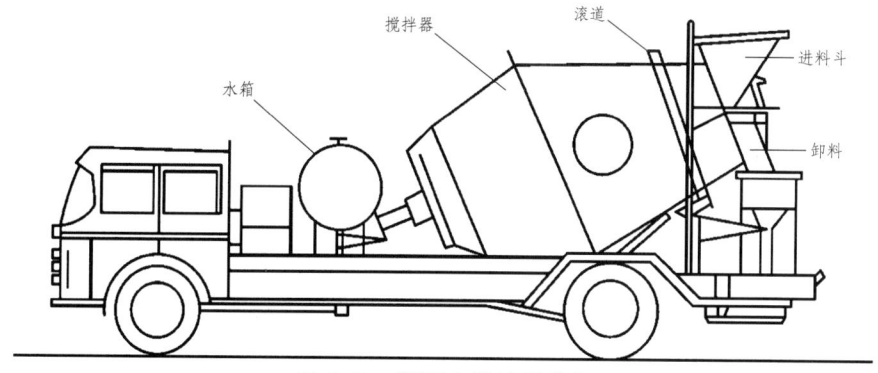

图 4-41　混凝土搅拌运输车

常用的垂直运输设备有龙门架、井架、塔式起重机、混凝土泵等。

龙门架、井架运输适用于一般多层建筑施工。龙门架装有升降平台手推车可以直接推到升降平台上，由龙门架完成垂直运输，手推车完成混凝土运输设备的地面水平运输和楼面水平运输；井架装有升降平台或混凝土自动倾斜料斗（翻斗），采用翻斗时，混凝土倾卸在翻斗内，垂直输送至楼面；塔式起重机作为混凝土的垂直运输工具一般均配有料斗，料斗容积一般为 $0.4\ m^3$，上部开口装料，下部安装扇形手动阀门，可直接把混凝土卸入模板中，当工地搅拌站设在塔式起重机工作半径范围内时，塔式起重机可完成地面垂直及楼面运输而不需要二次倒运。

混凝土运输设备的选择应根据建筑物的结构特点、运输的距离、运输量、地形及道路条件、现有设备情况等因素综合考虑确定。

1. 对混凝土运输的要求

（1）混凝土在运输过程中不产生分层、离析现象。如有离析现象，必须在浇筑前进行二次搅拌。运至浇筑地点后，应具有符合浇筑时所规定的坍落度，见表 4.14。

表 4.14 混凝土浇筑时的坍落度

结构种类	坍落度/mm
基础或地面等垫层，无配筋的厚大结构（挡土墙、基础或厚大的块体等）或配筋稀疏的结构	10～30
板、梁和大型及中型截面的结构	30～50
配筋密列的结构（薄壁、斗仓、筒仓、细柱等）	50～70
配筋特密的结构	70～90

（2）混凝土应以最少的转运次数，最短的时间，从搅拌地点运至浇筑地点。保证混凝土从搅拌机中卸出后到浇筑完毕的延续时间不超过表 4.13 的规定。

（3）运输工作应保证混凝土的浇筑工作连续进行。

（4）运送混凝土的容器应严密、不漏浆，容器的内壁应平整光洁、不吸水。黏附的混凝土残渣应及时清除。

2. 混凝土泵

混凝土泵运输又称泵送混凝土，是利用混凝土泵的压力将混凝土通过管道输送到浇筑地点，一次完成水平运输和垂直运输。混凝土泵运输具有输送能力大（最大水平输送距离可800 m，最大垂直输送高度可达 300 m）、效率高、连续作业、节省人力等优点，是施工现场运输混凝土的较先进的方法，今后必将得到广泛的应用。

1）泵送混凝土设备

泵送混凝土设备有混凝土泵、输送管和布料装置。

（1）混凝土泵。

混凝土泵按作用原理分为液压活塞式、挤压式和气压式 3 种。

液压活塞式混凝土泵（见图 4-42）是利用活塞的往复运动，将混凝土吸入和压出。将搅拌好的混凝土装入泵的料斗内，此时排出端片阀关闭，吸入端片阀开启，在液压作用下，活塞向

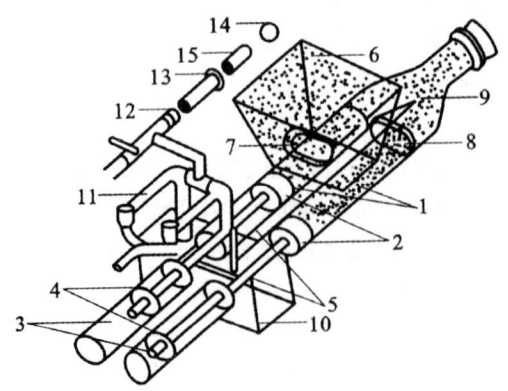

图 4-42 液压活塞式混凝土泵

1—混凝土泵；2—混凝土活塞；3—液压缸；4—液压活塞；5—活塞杆；6—受料斗；7—水平阀；
8—竖直阀；9—输送管；10—水箱；11—换向阀；12—高压软管；13—水洗用法兰；
14—海绵球；15—清洗活塞

液压缸体方向移动，混凝土在自重及真空吸力作用下，进入混凝土管内。然后活塞向混凝土缸体方向移动，吸入端片阀关闭，压出端片阀开启，混凝土被压入管道中，输送至浇筑地点。单缸混凝土泵出料是脉冲式的，所以一般混凝土泵都有并列两套缸体，交替出料，使出料稳定。

将混凝土泵装在汽车底盘上，组成混凝土泵车。混凝土泵车转移方便、灵活，适用于中小型工地施工。

挤压式混凝土泵是利用泵室内的滚轮挤压装有混凝土的软管，软管受局部挤压使混凝土向前推移。泵室内保持高度真空，软管受挤压后扩张，管内形成负压，将料斗中混凝土不断吸入，滚轮不断挤压软管，使混凝土不断排出，如此连续运转。

气压式混凝土泵是以压缩空气为动力使混凝土沿管道输送至浇筑地点。其设备由空气压缩机、贮气罐、混凝土泵（亦称混凝土浇筑机或混凝土压送器）、输送管道、出料器等组成。

（2）混凝土输送管。

混凝土输送管有直管、弯管、锥形管和浇注软管等。直管、弯管的管径以 100 mm、125 mm 和 150 mm^3 种为主，直管标准长度以 4.0 m 为主，另有 3.0 m、2.0 m、1.0 m、0.5 m 等 4 种管长作为调整布管长度用。弯管的角度有 15°、30°、45°、60°、90°等 5 种，以适应管道改变方向的需要。

锥形管长度一般为 1.0 m，用于两种不同管径输送管的连接。直管、弯管、锥形管用合金钢制成，浇筑软管用橡胶与螺旋形弹性金属制成。软管接在管道出口处，在不移动钢干管的情况下，可扩大布料范围。

（3）布料装置。

混凝土泵连续输送的混凝土量很大，为使输送的混凝土直接浇筑到模板内，应设置具有输送和布料两种功能的布料装置（称为布料杆）。

布料装置应根据工地的实际情况和条件来选择，图 4-43 为一种移动式布料装置，放在楼面上使用，其臂架可回转 360°，可将混凝土输送到其工作范围内的浇筑地点。此外，还可将布料杆装在塔式起重机上；也可将混凝土泵和布料杆装在汽车底盘上，组成布料杆泵车，用于基础工程或多层建筑混凝土浇筑。

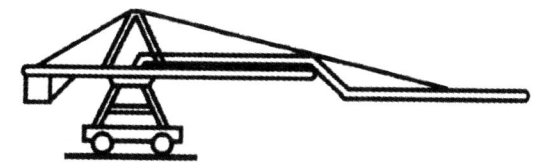

图 4-43 移动式布料装置

2）泵送混凝土的原材料和配合比

混凝土在输送管内输送时应尽量减少与管壁间的摩阻力，使混凝土流通顺利，不产生离析现象。选择泵送混凝土的原料和配合比应满足泵送的要求。

（1）粗骨料。粗骨料宜优先选用卵石，当水灰比相同时，卵石混凝土比碎石混凝土流动性好，与管道的摩阻力小。为减小混凝土与输送管道内壁的摩阻力，应限制粗骨料最大粒径 d 与输送管内径 D 之比值。一般粗骨料为碎石时，$d \leq D/3$；粗骨料为卵石时，$d \leq D/2.5$。

（2）细骨料。骨料颗粒级配对混凝土的流动性有很大影响。为提高混凝土的流动性和防止离析，泵送混凝土中通过 0.315 mm 筛孔的砂应不小于 15%，含砂率宜控制在 40%~50%。

（3）水泥。水泥用量过少，混凝土易产生离析现象。泵送混凝土最小水泥用量为 300 kg/m³。

（4）混凝土的坍落度

混凝土的流动性大小是影响混凝土与输送管内壁摩阻力大小的主要因素。泵送混凝土的坍落度宜为 80~180 mm。

（5）外加剂。

为了提高混凝土的流动性，减小混凝土与输送管内壁摩阻力，防止混凝土离析，宜掺入适量的外加剂。

3）泵送混凝土施工的有关规定

泵送混凝土施工时，除事先拟定施工方案，选择泵送设备，做好施工准备工作外，在施工中应遵守如下规定：

（1）混凝土的供应必须保证混凝土泵能连续工作。

（2）输送管线的布置应尽量直，转弯宜少且缓，管与管接头严密。

（3）泵送前应先用适量的与混凝土内成分相同的水泥浆或水泥砂浆润滑输送管内壁。

（4）预计泵送间歇时间超过 45 min 或混凝土出现离析现象时，应立即用压力水或其他方法冲管内残留的混凝土。

（5）泵送混凝土时，泵的受料斗内应经常有足够的混凝土，以防止吸入空气形成阻塞。

（6）输送混凝土时，应先输送远处混凝土，使管道随混凝土浇筑工作的逐步完成，逐步拆管。

（7）泵送结束后，要及时清洗泵体和管道。

4.3.4 混凝土的浇筑与振捣

1. 浇筑前的准备工作

（1）模板和支架、钢筋和预埋件应进行检查并做好记录，符合设计要求后方能浇筑混凝土。模板应检查其尺寸、位置（轴线及标高）、垂直度是否正确，支撑系统是否牢固，模板接缝是否严密。浇筑混凝土前，模板内的垃圾、泥土应清除干净。木模板应浇水湿润，但不应有积水。钢筋应检查其种类、规格、位置和接头是否正确，钢筋上的油污是否清除干净，预埋件的位置和数量是否正确。检查完毕后做好隐蔽工程记录。

（2）在地基上浇筑混凝土，应清除淤泥和杂物，并有排水和防水措施；对干燥的非黏性土，应用水湿润；对未风化的岩石，应用水清洗，但其表面不得留有积水。

（3）准备和检查材料、机具及运输道路，注意天气预报，不宜在雨雪天气浇筑混凝土。

（4）作好施工组织工作和安全、技术交底。

2. 混凝土浇筑

混凝土成型就是将混凝土拌合料浇筑在符合设计尺寸要求的模板内，加以捣实，使其具有良好的密实性，达到设计强度的要求。混凝土成型过程包括浇筑与振捣，它是混凝土工程施工的关键，将直接影响构件的质量和结构的整体性。因此，混凝土经浇筑捣实后应内实外光、尺寸准确、表面平整，钢筋及预埋件位置符合设计要求，新旧混凝土结合良好。

1）浇筑工作的一般要求

为确保混凝土工程质量，混凝土浇筑工作必须遵守下列规定：

（1）混凝土应在初凝前浇筑，如混凝土在浇筑前有离析现象，须重新拌和后才能浇筑。

（2）浇筑时，素混凝土或少筋混凝土由料斗进行浇筑时，混凝土的自由倾落高度应超过2 m；对于竖向结构（如柱、墙）浇筑混土的高度不过3 m；对于配筋较密或不便捣实的结构，不宜超过60 cm，否则应采用串筒、溜槽和振动串筒下料，以防产生离析。

（3）浇筑竖向结构混凝土前，底部应先浇入50～100 mm厚与混凝土成分相同的水泥砂浆，以避免产生蜂窝麻面现象。

（4）混凝土浇筑时的坍落度应符合设计要求。

（5）为了使混凝土振捣密实，必须分层浇筑混凝土。

（6）为保证混凝土的整体性，浇筑工作应连续进行。当由于技术上或施工组织上的原因必须间歇时，其间歇时间应尽可能缩短，并应在前层混凝土凝结之前，将次层混凝土浇筑完毕。间歇的最长时间应按所用水泥品种及混凝土条件确定。

（7）正确留置施工缝。施工缝位置应在混凝土浇筑之前确定，并宜留置在结构受剪力较小且便于施工的部位。柱应留水平缝，梁、板、墙应留垂直缝。

（8）在混凝土浇筑过程中，应随时注意模板及其支架、钢筋、预埋件及预留孔洞的情况，当出现不正常的变形、位移时，应及时采取措施，以保证混凝土的施工质量。

（9）在混凝土浇筑过程中应及时、认真地填写施工记录。

2）混凝土的自由下落高度

浇筑混凝土时为避免发生离析现象，混凝土自高处倾落的自由高度（称自由下落高度）不应超过2 m。自由下落高度较大时，应使用溜槽或串筒，以防混凝土产生离析。溜槽一般用木板制作，表面包铁皮，见图4-44（b），使用时其水平倾角不宜超过30°。串筒用薄钢板制成，每节筒长700 mm左右，用钩环连接，筒内设有缓冲挡板，见图4-44（a）。

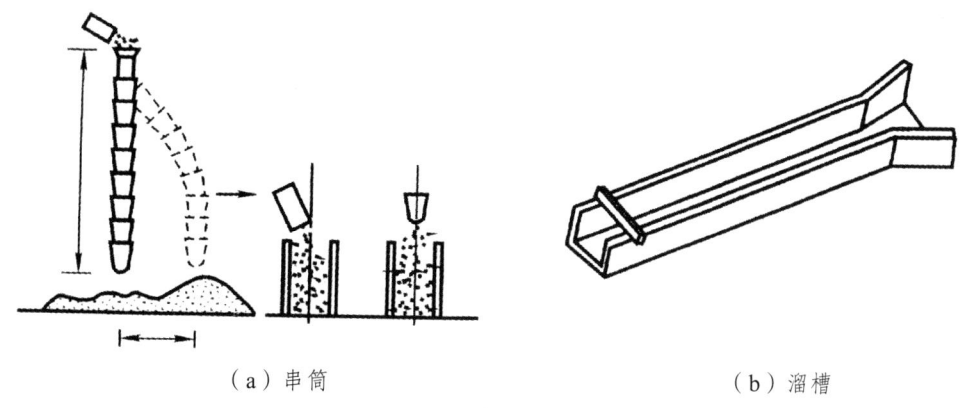

（a）串筒　　　　　　　　　　　（b）溜槽

图4-44　串筒与溜槽

3）混凝土分层浇筑

为了使混凝土能够振捣密实，浇筑时应分层浇灌、振捣，并在下层混凝土初凝之前，将上层混凝土浇灌并振捣完毕。如果在下层混凝土已经初凝以后，再浇筑上面一层混凝土，在振捣上层混凝土时，下层混凝土由于受振动，已凝结的混凝土结构就会遭到破坏。混凝土分层浇筑时每层的厚度应符合表 4.15 的规定。

表 4.15 混凝土浇筑层的厚度

捣实混凝土的方法		浇筑层的厚度/mm
插入式振捣		振捣器作用部分长度的 1.25 倍
表面振捣		200
人工振捣	在基础、无筋混凝土或配筋稀疏的结构中	250
	在梁、墙板、柱结构中	200
	在配筋密列的结构中	150
轻骨料混凝土	插入式振捣	300
	表面振动（振动时需加荷）	200

4）竖向结构混凝土浇筑

竖向结构（墙、柱等）浇筑混凝土前，底部应先填 50～100 mm 厚与混凝土内砂浆成分相同的水泥砂浆。浇筑时不得发生离析现象。当浇筑高度超过 2 m 时，应采用串筒、溜槽或振动串筒下落。

5）梁和板混凝土的浇筑

在一般情况下，梁和板的混凝土应同时浇筑。较大尺寸的梁（梁的高度大于 1 m）、拱和类似的结构，可单独浇筑。

在浇筑与柱和墙连成整体的梁和板时，应在柱和墙浇筑完毕后停歇 1～1.5 h，使其获得初步沉实后，再继续浇筑梁和板。

6）施工缝

浇筑混凝土应连续进行，如必须间歇，间歇时间应尽量缩短。间歇的最长时间应按所用水泥品种及混凝土凝结条件确定。混凝土在浇筑过程中的最大间歇时间，不得超过表 4.16 的规定。

表 4.16 混凝土浇筑中的最大间歇时间　　　　　　　　　　　min

混凝土强度等级	气温	
	<25 ℃	≥25 ℃
≤C30	210	180
>C30	180	150

由于技术上或组织上的原因，不能将混凝土结构一次连续筑完毕，而必须停歇较长的时间，如中间间歇时间超过了表 4.16 规定的混凝土运输和浇筑所允许的延续时间，这时由于先浇筑的混凝土已经凝结，继续浇筑时，后浇筑的混凝土的振捣将破坏先浇筑的混凝土的凝结。在这种情况下应留置施工缝（新旧混凝土接槎处称为施工缝）。

（1）施工缝的留设位置。施工缝设置的原则是一般宜留在结构受力（剪力）较小且便于施工的部位。柱子的施工缝宜留在基础与柱子交接处的水平面上或梁的下面、吊车梁牛腿的下面、吊车梁的上面、无梁楼盖柱帽的下面，如图4-45所示。高度大于1 m的钢筋混凝土梁的水平施工缝应留在楼板底面下20~30 mm处；对于有主次梁的楼板结构，宜顺着次梁方向浇筑，施工缝应留在次梁跨度的中间1/3范围内，如图4-46所示。

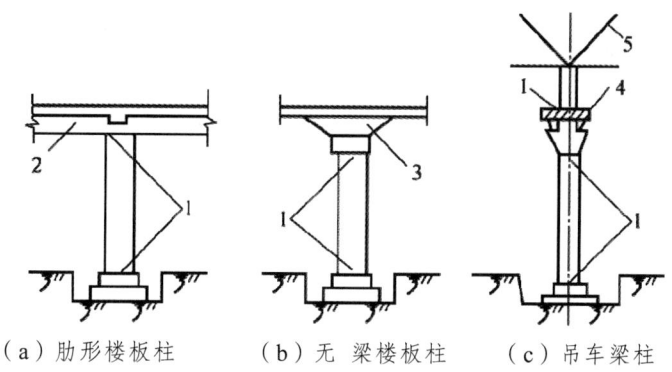

(a) 肋形楼板柱　(b) 无梁楼板柱　(c) 吊车梁柱

图4-45　柱子施工缝的位置
1—施工缝；2—梁；3—柱帽；4—吊车梁；5—屋架

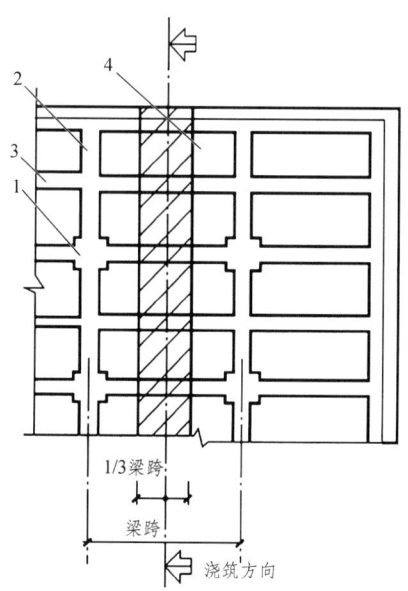

图4-46　有梁板的施工缝位置
1—柱；2—主梁；3—次梁；4—板

（2）施工缝的处理。施工缝处继续浇筑混凝土时，应待混凝土的抗压强度不小于1.2 MPa后方可进行；施工缝浇筑混凝土之前，应除去施工缝表面的水泥薄膜、松动石子和软弱的混凝土层，处理方法有风砂枪喷毛、高压水冲毛、风镐凿毛或人工凿毛，并加以充分湿润和彻底清洗，不得有积水；浇筑时，施工缝处宜先铺水泥（水泥∶水1∶0.4或与混凝土成分相同的水泥砂浆一层，厚度为30~50 mm，以保证接缝的质量；浇筑过程中，施工缝细致捣实，使其紧密结合。

7）其他注意事项

（1）浇筑混凝土时，应经常观察模板、支架、钢筋、预埋件和预留孔洞的情况。当发现有变形、移位时，应立即停止浇筑，并应在已浇筑的混凝土凝结前修整完好。

（2）在浇筑混凝土时，应填写施工记录。其格式可参照国家标准《混凝土结构工程施工及验收规范》（GB 50204—2015）的附录四。

3．混凝土的振捣

振捣，捣是振动捣实的简称，它是保证混凝土浇筑质量的关工序，振的目的是尽可能减少混凝土中的空隙，清除混凝土内部的孔洞，并使混凝土与模板、钢筋及埋件紧密结合，从而保证混凝土的最大密实度，提高混凝土质量。

当结构钢筋较密，振捣器难于施工或混凝土内有预埋件、观测设备，周围混凝土振捣力不宜过大时采用人工振捣。人工振捣要求混凝土拌和物坍落度大于 5 cm，铺料层厚度小于 20 cm。人工振捣工具有捣固锤、捣固杆和捣固铲。捣固锤主要用来捣固混凝土的表面；携固铲用于插边，使砂浆与模板靠紧，防止表面出现麻面；捣固杆用于钢筋稠密的混凝土中，用以使钢筋被水泥砂浆包裹，增加混凝土与钢筋之间的握裹力。人工振捣工效低，混凝土质量不易保证。

混凝土浇灌到模板中后，由于骨料间的摩阻力和水泥浆的黏结作用，不能自动充满模板，内部还存在很多孔隙，不能达到要求的密实度。而混凝土的密实性直接影响其强度和耐久性。因此在混凝土浇灌到模板内后，必须进行捣实，使之具有设计要求的结构形状、尺寸和设计的强度等级。

混凝土捣实的方法有人工捣实和机械振捣。施工现场主要用机械振动法。

1）混凝土机械振捣原理

混凝土振捣主要采用振捣器进行，振捣器产生小振幅、高频率的振动，使混凝土在其振动的作用下，内摩擦力和黏结力大大降低，使干稠的混凝土获得了流动性，在重力的作用下骨料互相滑动而紧密排列，空隙由砂浆所填满，空气被排出，从而使混凝土密实，并填满模板内部空间，且与钢筋紧密结合。

混凝土振捣机械振动时，将具有一定频率和振幅的振动力传给混凝土，使混凝土发生强迫振动，新浇筑的混凝土在振动力作用下，颗粒之间的黏着力和摩阻力大大减小，流动性增加。振捣时，粗骨料在重力作用下下沉，水泥浆均匀分布填充骨料空隙，气泡逸出，孔隙减少，游离水分被挤压上长，使原来松散堆积的混凝土充满模型，提高密实度。振动停止后，混凝土重新恢复其凝聚状态，逐渐凝结硬化。机械振捣比人工振捣效果好，混凝土密实度提高，水灰比可以减小。

2）混凝土振捣设备

混凝土振捣机械按其传递振动的方式分为内部振动器、表面振动器、附着式振动器和振动台。在施工工地主要使用内部振动器和表面振动器。如图 4-47 ~ 图 4-49 所示。

内部振动器又称为插入式振动器（振动棒），多用于振捣现浇基础、柱、梁、墙等结构构件和厚大体积设备基础的混凝土捣实，见图 4-49（a）采用插入式振动器捣实混凝土时，振动

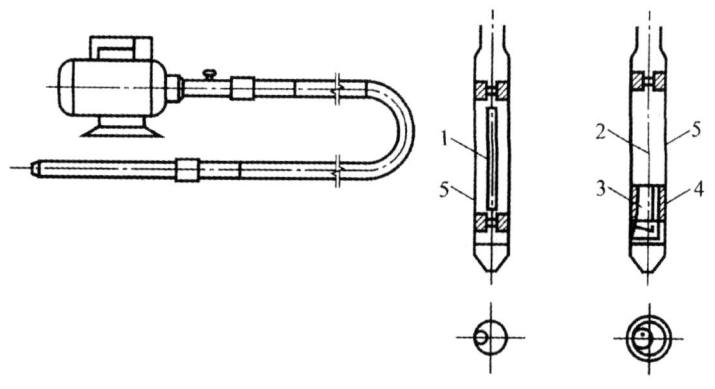

（a）插入式振动器　　（b）偏心式　　（c）行星式

图 4-47　插入式振动器

1—偏心转轴；2—滚动轴；3—滚锥；4—滚道；5—振动棒外壳

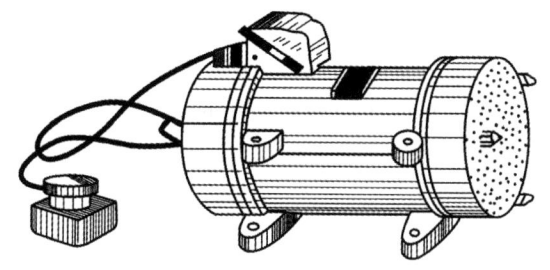

图 4-48　附着式振动器

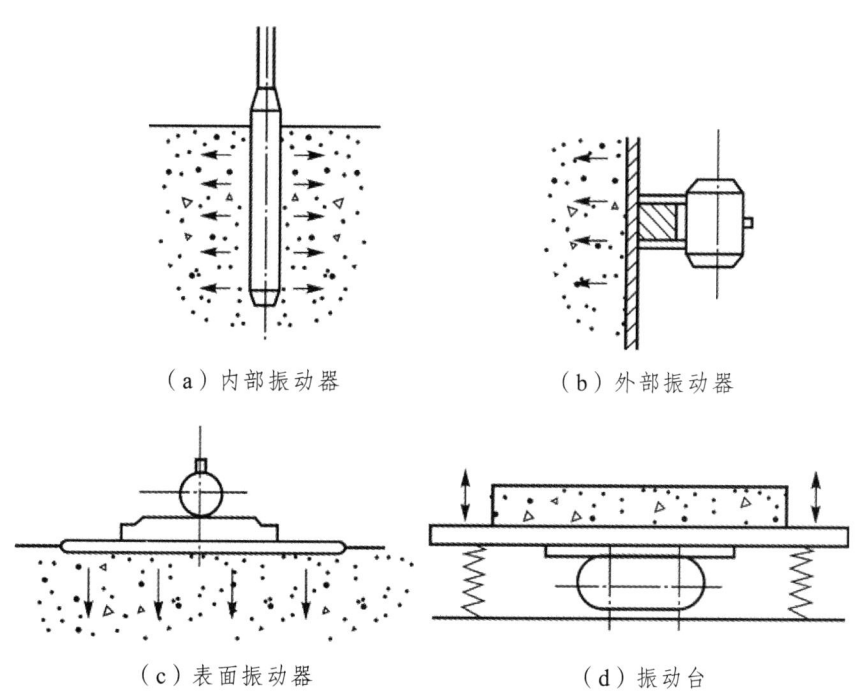

（a）内部振动器　　　　　　（b）外部振动器

（c）表面振动器　　　　　　（d）振动台

图 4-49　混凝土振捣设备示意图

棒宜垂直插入混凝土中，为使上下层混凝土结合成整体，振动棒应插入下层混凝土 50 mm。

振动器移动间距不宜大于作用半径的 1.5 倍；振动器距离模板，不应大于振动器作用半径的 1/2。此外，应避免碰撞钢筋、模板、芯管、吊环或预埋件。插点的布置如图 4-50 所示。

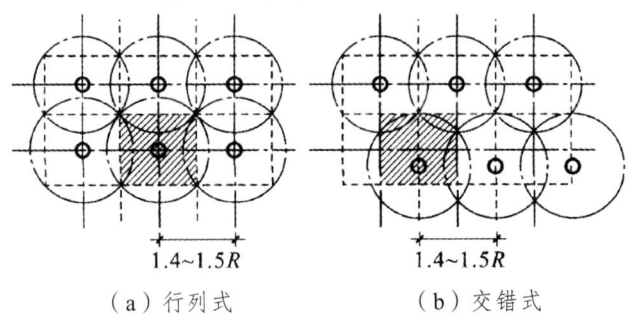

图 4-50 插点布置

表面振动器又称平板式振动器，是将振动器安装在底板上，振捣时将振动器放在浇筑好的混凝土结构表面，振动力通过底板传给混凝土。使用时振动器底板与混凝土接触，每一位置振捣到混凝土不再下沉，表面返出水泥浆时为止，再移动到下一个位置。平板振动器的移动间距，应能保证振动器的底板覆盖已振实部分的边缘。

一般工程均采用电动振捣器，电动插入式振捣器又分为串激式振器、软轴振捣器和硬轴振捣器三种。插入式振捣器使用较多。

混凝土振捣在平仓之后立即进行，此时混凝土流动性好，振捣容易，捣实质量好。在选用振捣器时，对于素混凝土或钢筋稀疏的部位，宜用大直径的振捣棒；对于坍落度小的干硬性混凝土，宜选用高频和振幅较大的振捣器。振捣作业路线保持一致，并按顺序依次进行，以防漏振。振捣棒尽可能垂直地插入混凝土中，如振捣棒较长或把手位置较高，垂直插入感到操作不便时，也可略带倾斜，但与水平面夹角不宜小于 45°，且每次倾斜方向应保持一致，否则下部混凝土将会发生漏震。这时作用轴线应平行，如不平行也会出现漏震。

振捣棒应快插、慢拔。插入过慢，上部混凝土先实就会阻止下部混凝土中的空气和多余的水分向上逸出；按得过快，周围混凝土来不及填铺振捣棒留下的孔洞，将在每一层混凝土的上半部留下只有砂浆而无骨料的浆柱，影响混凝土的强度。为使上下层混凝土振捣密实均匀，可将振搞棒主下抽动，抽动幅度为 5～10 cm。振捣棒的插入深度，在振捣第一层混凝土时，以振捣器头部不碰到基岩或老混凝土面，但相距不超过 5 cm 为宜；振捣上层混凝土时，则应插入下层混凝土 5 cm 左右，使上下两层结合良好。在斜坡上浇筑混凝土时，振捣棒仍应垂直插入，并且应先振低处，再振高处，否则在振捣低处的混凝土时，已捣实的高处混凝土会自行向下流动，致使密实性受到破坏。软轴振捣棒插入深度为棒长的 3/4，过深软轴和振捣棒结合处容易损坏

4. 大体积混凝土的浇筑

大体积混凝土是指厚度大于或等于 1.5 m，长宽较大，施工时水化热引起混凝土内的最高温度与外界温度之差不低于 25° 的混凝土结构，如大型设备基础、桩基承台或基础底板，体积大，整体性要求高，一般要求连续浇筑，不留施工缝。如必须留设备施工缝时，应征得设计部门同意并应符合规范的有关规定。在施工时应分层浇筑振捣，并应考虑水化热对混凝土工程质量的影响。

1）混凝土浇筑方案

大体积混凝土浇筑时，为保证结构的整体性和施工的连续性，采用分层浇筑时，应保证在下层混凝土初凝前将上层混凝土浇筑完毕。一般有3种浇筑方案，见图4-51。

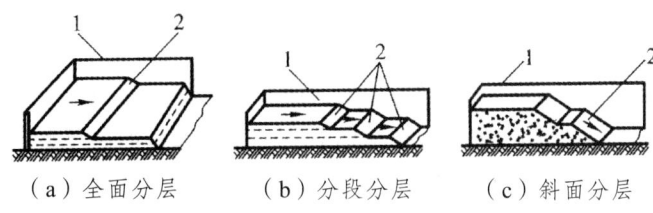

（a）全面分层　　（b）分段分层　　（c）斜面分层

图4-51　厚大体积混凝土浇筑方案

1—楼板；2—新浇混凝土

（1）全面分层

图4-51（a）为全面分层浇筑方案。在整个模板内，将结构分成若干个厚度相等的浇筑层，浇筑区的面积即为基础平面面积。浇筑混凝土时从短边开始，沿长边方向进行浇筑，要求在逐层浇筑过程中，第二层混凝土要在第一层混凝土初凝前浇筑完毕。为此要求每层浇筑都要有一定的速度（称浇筑强度）。

（2）分段分层

图4-51（b）为分段分层方案。当采用全面分层方案时，浇筑强度很大，现场混凝土搅拌机、运输和振捣设备均不能满足施工要求时，可采用分段分层方案。浇筑混凝土时，结构沿长边方向分成若干段，浇筑工作从底层开始，当第一层混凝土浇筑一段长度后，便回头浇筑第二层，当第二层浇筑一段长度后，回头浇筑第三层，如此向前呈阶梯形推进。分段分层方案适于结构厚度不大而面积或长度较大时采用。

（3）斜面分层

图4-51（c）为斜面分层方案。采用斜面分层方案时，混凝土一次浇筑到顶，混凝土自然流淌而形成斜面。混凝土振捣工作从浇筑层下端开始逐渐上移。斜面分层方案多用于长度较大的结构。

2）水化热对厚大体积混凝土浇筑质量的影响

厚大体积混凝土浇筑完毕后，由于水泥水化作用所放出的热量而使混凝土内部温度逐渐升高。与一般结构相比较，厚大体积混凝土内部水化热不易散出，结构表面与内部温度不一致，外层混凝土热量很快散发，而内部混凝土热量散发较慢，内外温度不同，产生温度应力，在混凝土中产生拉应力。若拉应力超过混凝土的抗拉强度时，混凝土表层将产生裂缝，影响混凝土的浇筑质量。在施工中为避免厚大体积混凝土由于温度应力作用而产生裂缝，可采取以下技术措施：

（1）优先选用低水化热的矿渣水泥拌制混凝土，并适当使用缓凝减水剂。

（2）在保证混凝土设计强度等级前提下，掺加粉煤灰，适当降低水灰比，减少水泥用量。

（3）降低混凝土的入模温度，控制混凝土内外的温差（当设计无要求时，控制在25℃以内）。采取的措施有降低拌和水温度（拌和水中加冰屑或用地下水），骨料用水冲洗降温，避免曝晒等。

（4）及时对混凝土覆盖保温、保湿材料。

（5）可预埋冷却水管，通过循环将混凝土内部热量带出，进行人工导热。

4.3.5 混凝土的养护

混凝土的凝结硬化是水泥水化作用的结果，而水泥的水化作用只有在适当的温度和湿度条件下才能顺利进行。混凝土的养护，就是创造一个具有适宜的温度和湿度的环境，使混凝土凝结硬化，逐渐达到设计要求的强度。混凝土表面水分不断蒸发，如果不设法减少水分损失，水化作用不能充分进行，混凝土的强度将受到影响，还可能产生干缩裂缝。因此混凝土养护的主要目的，一是创造有利条件，使水泥充分水化，加速混凝土的硬化；二是防止混凝土成型后因暴晒、风吹、干燥等自然因素的影响，出现不正常的收缩、裂缝等现象。

混凝土的养护方法很多，最常用的是对混凝土试块的标准条件下的养护，对预制构件的蒸汽养护，对一般现浇钢筋混凝土结构的自然养护等。

1. 自然养护

自然养护是在常温下（平均气温不低于+5 ℃）用适当的材料（如草帘）覆盖混凝土，并适当浇水，使混凝土在规定的时间内保持足够的湿润状态。混凝土的自然养护应符合下列规定：

（1）在混凝土浇筑完毕后，应在12 h以内加以覆盖和浇水。

（2）混凝土的浇水养护日期：硅酸盐水泥、普通硅酸盐水泥和矿渣硅酸盐水泥拌制的混凝土，不得少于7 d；掺用缓凝型外加剂或有抗渗性要求的混凝土，不得少于14 d。

（3）浇水次数应能保持混凝土具有足够的润湿状态为准。养护初期，水泥水化作用进行较快，需水也较多，浇水次数要多；气温高时，也应增加浇水次数。

（4）养护用水的水质与拌制用水相同。

2. 蒸汽养护

蒸汽养护是将构件放在充有饱和蒸汽或蒸汽空气混合物的养护室内，在较高的温度和相对湿度的环境中进行养护，以加快混凝土的硬化。

蒸汽养护制度包括：养护阶段的划分，静停时间，升、降温速度，恒温养护温度与时间，养护室相对湿度等。

常压蒸汽养护过程分为4个阶段：静停阶段，升温阶段，恒温阶段及降温阶段。

（1）静停阶段构件在浇灌成型后先在常温下放一段时间，称为静停。静停时间一般为2~6 h，以防止构件表面产生裂缝和疏松现象。

（2）升温阶段构件由常温升到养护温度的过程。升温温度不宜过快，以免由于构件表面和内部产生过大温差而出现裂缝。升温速度为：薄型构件不超过 25 ℃/h，其他构件不超过20 ℃/h，用干硬性混凝土制作的构件，不得超过40 ℃/h。

（3）恒温阶段温度保持不变的持续养护时间。恒温养护阶段应保持90%~100%的相对湿度，恒温养护温度不得大于95 ℃。恒温养护时间一般为3~8 h。

（4）降温阶段是恒温养护结束后，构件由养护最高温度降至常温的散热降温过程。降温速度不得超过 10 ℃/h，构件出池后，其表面温度与外界温差不得大于 20 ℃。

对大面积结构可采用蓄水养护和塑料薄膜养护。大面积结构如地坪、楼板可采用蓄水养护。贮水池一类结构，可在拆除内模板，混凝土达至一定强度后注水养护。

塑料薄膜养护是将塑料溶液喷涂在已凝结的混凝土表面上，挥发后，形成一层薄膜，使混凝土表面与空气隔绝，混凝土中的水分不再蒸发，内部保持湿润状态。这种方法多用于大面积混凝土工程，如路面、地坪、机场跑道、楼板等。

思考题

1. 定型组合钢模板的种类有哪些？
2. 钢筋的机械性能指标有哪几种？现场如何检验？
3. 钢筋的连接方法有哪些？简述钢筋焊接方法的适用范围。
4. 为什么要进行施工配合比的换算？
5. 混凝土泵的种类有哪些？混凝土采用泵送时对材料有何要求？
6. 何谓施工缝？对施工缝有何具体要求？
7. 大体积混凝土浇筑应采取哪些措施来防止温度裂缝的产生？

项目 5　预应力混凝土工程施工

【学习目标】

1. 掌握预应力锚具、夹具和连接器的性能、选用及进场检验方法。
2. 熟悉张拉场地的布置、张拉机械的性能与选用方法。
3. 掌握先张法施工工艺，后张法施工工艺，预应力筋的制作。
4. 锚具、夹具和连接器的性能要求和选用原则。
5. 掌握先张法施工工艺及后张法施工工艺。

【工程导入】

某工程地上裙房 7 层，高 43.8 m，主楼 19 层，高 79.8 m，上部结构为现浇钢筋混凝土框架结构（主楼为框架剪力墙），主次梁为有黏结后张预应力梁，预应力筋张拉做法为：混凝土强度达到设计强度的 80% 后张拉不跨过后浇带的预应力筋，浇注后浇带混凝土，达到强度后，张拉跨后浇带的预应力筋，标准层施工 15 d 一层，并张拉前一层不跨后浇带的预应力筋，30 d 后浇注后浇带处混凝土，后浇带混凝土达到规定强度即张拉跨后浇带预应力筋，梁板模板支撑采用 5.48×3.5 mm 钢管搭设满堂架。

施工中发现后浇带两侧结构变形差较大，此时主楼后浇带已封闭到第三层，其他各层未封闭。除第一层外，其他楼层支架都未拆除，至裙房结构封顶后实测后浇带两侧结构变形差达 87 mm，楼层下模板支撑倾斜、变形，影响施工安全和后浇带两侧结构的合拢。试对该工程事故发生的原因进行分析。

5.1　预应力混凝土及其分类

预应力混凝土是在使用荷载作用前，预先建立内应力的混凝土。其内应力的大小与分布应能抵消或减少使用荷载作用产生的应力。混凝土的内应力即预压应力是通过张拉预应力筋实现的。

预应力混凝土按施加预应力的方式分为先张法预应力混凝土和后张法预应力混凝土；按施加预应力的手段分为机械张拉预应力混凝土和电热张拉预应力混凝土；按预应力筋与混凝土的黏结状态分为有黏结预应力混凝土和无黏结预应力混凝土；按施加预应力大小的程度分为全预应力混凝土和部分预应力混凝土；按施工方法分为预制预应力混凝土、现浇预应力混凝土及组合预应力混凝土。

预应力混凝土能有效地利用高强度钢材，提高结构的抗裂度和刚度，减小结构的截面尺寸，节省材料，提高结构的耐久性。但是预应力混凝土增加了施工难度，需要专用的施工设备和机具，操作要求严格，技术高。预应力混凝土适用于大柱网和大跨度结构。

5.2 先张法施工

先张法施工是在浇筑混凝土前张拉预应力筋并将张拉的预应力筋临时固定在台座或钢模上，然后浇筑混凝土，待混凝土达到一定强度（一般不低于设计强度标准值的75%），保证预应力筋与混凝土有足够的黏结力时，放松预应力筋，在预应力筋的反弹作用下，构件受拉区的混凝土承受预压应力。图5-1为预应力混凝土构件先张法施工示意图。

图5-1（a）为预应力筋张拉时的情况，预应力筋一端用锚固夹具固定在台座上，另一端用张拉机械张拉后也用锚固夹具固定在台座的横梁上。图5-1（b）为混凝土浇筑及养护阶段，这时只有预应力筋有应力，混凝土没有应力。图5-1（c）为放松预应力筋后的情况，由于预应力筋和混凝土之间存在黏结力，故在预应力筋弹性回缩时使混凝土产生预压应力。

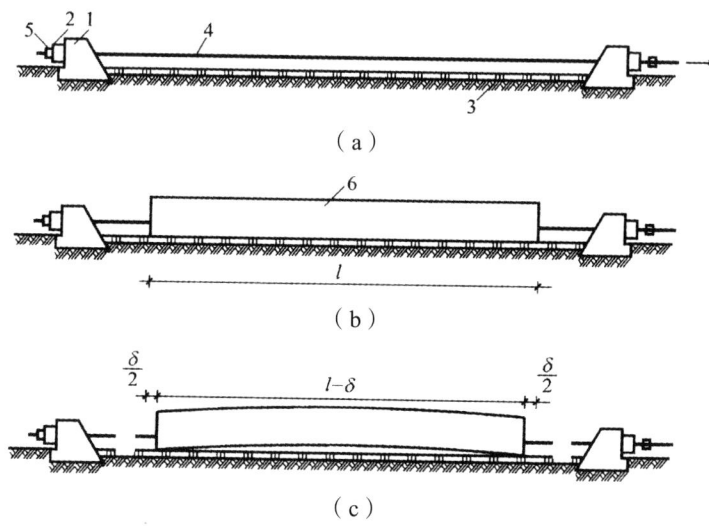

图 5-1 先张法施工示意图
1—支座承力结构；2—横梁；3—台面；4—预应力筋；5—锚固夹具；6—混凝土构件

先张法生产预应力混凝土构件，可采用台座法或机组流水法。台座法是在台座上生产构件，即预应力筋的张拉、固定、混凝土的浇筑、养护和预应力筋的放松等工序均在台座上进行；而机组流水法是利用钢模板作为固定预应力筋的承力架，构件连同模板通过固定的机组，按流水方式完成其生产过程。但由于台座或钢模承受预应力筋的张拉能力受到限制并考虑到构件的运输条件，因此先张法施工适于在构件厂生产中小型预应力混凝土构件，如空心板、楼板、屋面板、中小型吊车梁等。

5.2.1 先张法的施工设备

1. 张拉台座

台座是先张法施工的主要设备之一,它承受预应力筋的全部张拉力。因此,台座应有足够的强度、刚度和稳定性。台座按构造形式分墩式台座和槽式台座两类,选用时根据构件种类、张拉力大小和施工条件而定。

1)墩式台座

墩式台座由台墩、台面和横梁等组成,见图 5-2。

台墩是墩式台座的主要受力结构,台墩依靠其自重和土压力平衡张拉力产生的倾覆力矩,依靠土的反力和摩阻力平衡张拉力产生的水平滑移,因此台墩结构体型大,埋设深度较深,投资较大。为了改善台墩的受力状况,常采用台墩与台面共同工作的做法以减小台墩自重和埋深。

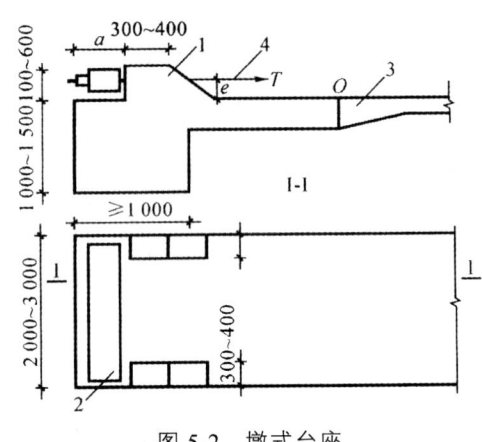

图 5-2 墩式台座
1—台墩;2—横梁;3—台面;4—预应力筋

台面是预应力混凝土构件成型的胎模。它是由素土夯实后铺碎砖垫层,再浇筑 50~80 mm 厚的 C15~C20 混凝土面层组成的。台面要求平整、光滑,沿其纵向设 3‰ 的排水坡度,每隔 10~20 m 设置宽 30~50 mm 的温度缝。台面宜做成预应力混凝土,以防止出现裂缝。

横梁是锚固夹具临时固定预应力筋的支座,常采用型钢或钢筋混凝土制作而成。横梁的挠度要求小于 2 mm,并不得产生翘曲。

墩式台座的长度通常为 100~150 m,故又称长线台座。墩式台座张拉一次可生产多根预应力混凝土构件,减小了张拉和临时固定的工作,同时也减少了由于预应力筋滑移和横梁变形引起的预应力损失。

墩式台座的抗倾覆安全系数 $K_1 \geq 1.5$,抗滑动安全系数 $K_2 \geq 1.3$。

2)槽式台座

槽式台座由钢筋混凝土压杆和上、下横梁以及砖墙等组成,见图 5-3。

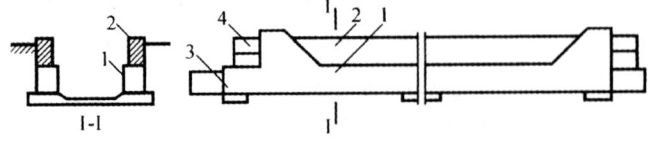

图 5-3 槽式台座
1—钢筋混凝土压杆;2—砖墙;3—下横梁;4—上横梁

钢筋混凝土压杆是槽式台座的主要受力结构,为了便于拆移,常采用装配式结构,每段长 5~6 m。为了便于构件的运输和蒸汽养护,台面以低于地面为好,采用砖墙来挡土和防水,同时又为蒸汽养护的保温侧墙。

槽式台座的长度一般为 45~76 m,适用于张拉力较高的大型构件,如吊车梁、屋架等。另外,由于槽式台座有上下两个横梁,故能进行双层预应力混凝土构件的张拉。

2. 夹　具

夹具是预应力筋进行张拉和临时固定的工具，预应力筋夹具和连接器应具有可靠的锚固性能、足够的承载能力和良好的适用性，构造简单、施工方便、成本低。根据夹具的工作特点和用途分为锚固夹具和张拉夹具。

1）夹具的要求

预应力夹具应当具有良好的自锚性能和松锚性能，应能多次重复使用。需敲击才能松开的夹具，必须保证其对预应力筋的锚固没有影响，且对操作人员的安全不造成危险。当夹具达到实际的极限拉力时，全部零件不应出现肉眼可见的裂缝和破坏。

夹具（包括锚具和连接器）进场时，除应按出厂合格证和质量证明书核查其锚固性能类别、型号、规格及数量外，还应按规定进行外观检查、硬度检验和静载锚固性能试验验收。

2）锚固夹具

锚固夹具是将预应力筋临时固定在台座横梁上的工具，常用的锚固夹具有以下几类。

（1）钢质锥形锚具。

GE钢质锥形锚具（又叫弗氏锚）由锚塞和锚圈组成，可锚固标准强度为1 570 MPa的高强度钢丝束，配用YDC1000型穿心式千斤顶张拉、顶压锚固。

（2）钢质锥形夹具。

钢质锥形夹具主要用来锚固直径为3~5 mm的单根钢丝夹具，如图5-4所示。

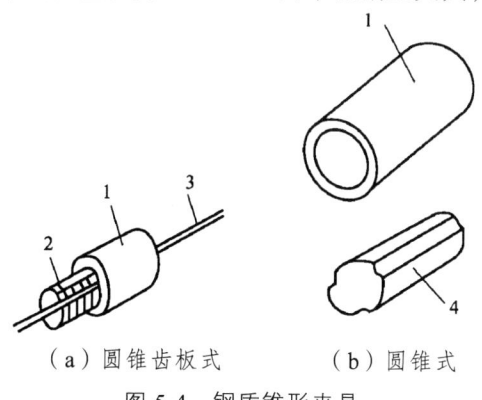

（a）圆锥齿板式　　　（b）圆锥式

图5-4　钢质锥形夹具
1—套筒；2—齿板；3—钢丝；4—锥塞

（3）镦头夹具。

镦头夹具适用于预应力钢丝固定端的锚固，是将钢丝端部冷镦或热镦形成镦粗头，通过承力板铺固，如图5-5所示。

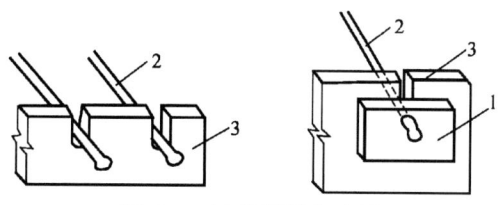

图5-5　固定端镦头夹具
1—垫片　2—镦头钢丝　3—承力板

3）张拉夹具

张拉夹具是将预应力筋与张拉机械连接起来进行预应力张拉的工具，常用的张拉夹具有月牙形夹具、偏心式夹具和楔形夹具等，如图 5-6 所示。

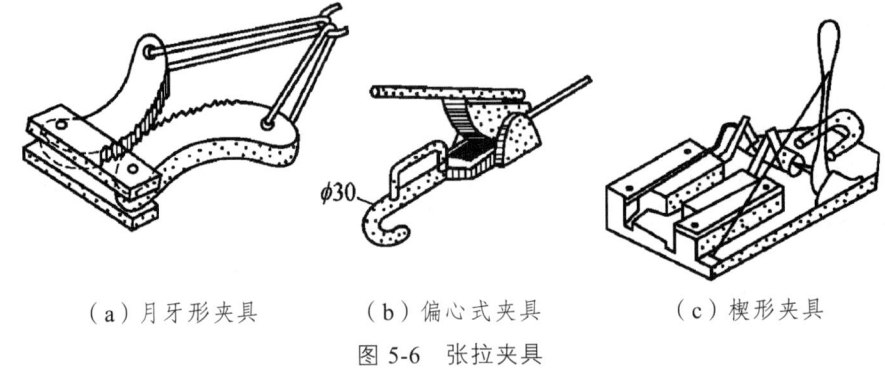

（a）月牙形夹具　　（b）偏心式夹具　　（c）楔形夹具

图 5-6　张拉夹具

3. 张拉设备

张拉设备要求工作可靠，能准确控制应力，能以稳定的速率加大拉力。在先张法中常用的张拉设备有油压千斤顶、卷扬机、电动螺杆张拉机等。

1）油压千斤顶

油压千斤顶可张拉单根或多根成组的预应力筋。张拉过程可直接从油压表读取张拉力值。成组张拉时由于拉力较大，一般用油压千斤顶张拉，图 5-7 所示为油压千斤顶成组张拉装置。

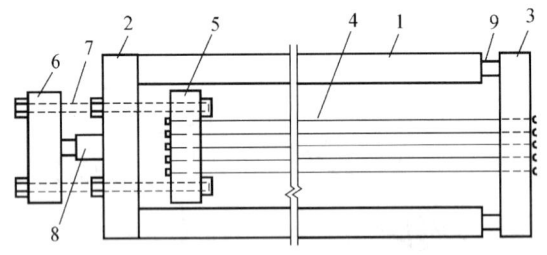

图 5-7　四横梁式成组张拉装置

1—台座；2，3—前后横梁；4—预应力筋；5，6—拉力架横梁；7—大螺纹杆；8—油压千斤顶；9—放张装置

2）卷扬机

在长线台座上张拉钢筋时，由于一般千斤顶的行程不能满足长台座要求，因此可采用卷扬机张拉小直径预应力筋，用杠杆或弹簧测力。弹簧测力时，宜设行程开关，在使张拉到规定的应力时，能自行停机。

3）电动螺杆张拉机

电动螺杆张拉机由螺杆、电动机、变速箱、测力计及顶杆等组成，可单根张拉预应力钢丝或钢筋。张拉时，顶杆支于台座横梁上，用张拉夹具夹紧钢筋后，开动电动机，由皮带、齿轮传动系统使螺杆做直线运动，从而张拉钢筋。这种张拉的特点是运行稳定，螺杆有自镜性能，故电动螺杆张拉机恒载性能好，速度快，张拉行程大，如图 5-8 所示。

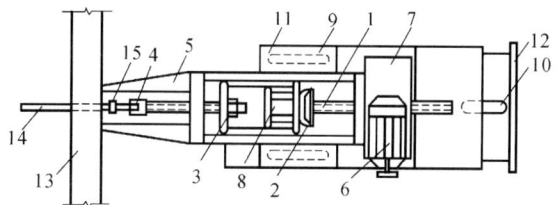

图 5-8 电动螺杆张拉机

1—螺杆；2，3—拉动架；4—张拉夹具；5—顶杆；6—电动机；7—齿轮减速箱；8—测力计；
9，10—车轮；11—底盘；12—手把；13—横梁；14—钢筋；15—张拉夹具

5.2.2 先张法的施工工艺

先张法预应力混凝土构件在台座上生产时，其工艺流程见图5-9。

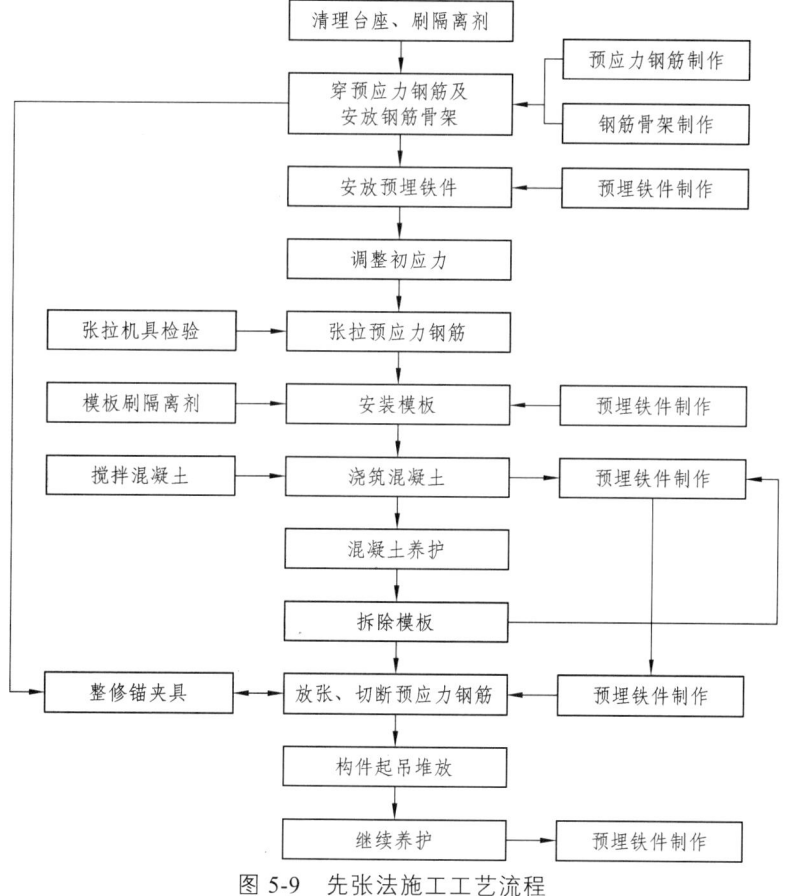

图 5-9 先张法施工工艺流程

1. 预应力筋的铺设、张拉

1）预应力筋的铺设

铺设预应力筋前先做好台面的隔离层，隔离剂应选用非油脂类模板隔离剂，不得使预应力筋受污，以免影响预应力筋与混凝土的粘结。

碳素钢丝强度高，表面光滑，与混凝土黏结力差，必要时可采取表面刻痕和压波措施来提高钢丝与混凝土的黏结力。

钢丝接长可借助钢丝拼接器用20~22号铁丝密排绑扎。

2）张拉控制应力

预应力筋的张拉应根据设计要求采用合适的张拉方法、张拉顺序及张拉程序进行，并应有可靠的质量保证措施和安全技术措施。

《混凝土结构设计规范》规定，预应力筋的张拉控制应力σ_{con}不宜超过表5.1的数值。

表5.1 张拉控制应力允许值

钢筋种类	张拉方法	
	先张法	后张法
消除应力钢丝、钢绞线	$0.80f_{ptk}$	$0.80f_{ptk}$
热处理钢筋	$0.75f_{ptk}$	$0.70f_{ptk}$
冷处理钢筋	$0.95f_{pyk}$	$0.90f_{pyk}$

注：① f_{ptk}为预应力筋极限抗拉强度标准值；f_{pyk}为预应力筋屈服强度强度标准值
② 预应力筋的张拉控制应力值σ_{con}不应小于$0.4f_{ptk}$。
③ 在下列情况下，表中的数值允许提高$0.05f_{ptk}$：
  a. 为了提高构件制作、运输及吊装阶段的抗裂度而设置在使用阶段受压区的预应力钢筋；
  b. 为了部分抵消由于应力松弛、摩擦、钢筋分批张拉以及预应力钢筋与张拉台座之间的温差因素产生的预应力损失。

3）预应力筋张拉力计算

预应力筋张拉力F_p的计算，见公式（5-1）。

$$F_p = m \cdot \sigma_{con} \cdot A_p \tag{5-1}$$

式中 m——超张拉系数，取值1.03或1.05；
　　　σ_{con}——预应力筋张拉控制应力，N/mm²；
　　　A_p——预应力筋截面面积，mm²。

4）张拉程序

热处理钢筋或钢绞线：采用$0 \to 1.03\sigma_{con} \to$持荷2 min$\to \sigma_{con}$

钢丝采用：$0 \to 1.03\sigma_{con} \to 1.05\sigma_{con}$

如果设计时，钢筋的应力松弛按一次张拉取值，则张拉程序按照$0 \to \sigma_{con}$就可以满足要求。

热处理钢筋或钢绞线的张拉程序中，超张拉5%并持荷2 min，主要目的是为了在高应力状态下加速预应力筋松弛早期发展，以减少应力松弛引起的预应力损失。钢丝超张拉3%~5%，是为了弥补由于预应力筋松弛而引起的预应力损失。

预应力筋的张拉控制应力，应符合设计要求。当施工中预应力筋需要超张拉时，可比设计要求提高5%，但预应力筋必须处于弹性工作状态；预应力筋张拉锚固后实际预应力值与工程设计规定检验值的相对允许偏差为±5%，以确保对混凝土建立有效的预压应力。

5）预应力筋伸长值的验算

张拉预应力筋可单根进行也可多根成组同时进行。同时张拉多根预应力筋时，应预先调整初应力,使其相互之间的应力一致。预应力筋张拉锚固后,对设计位置的偏差不得大于 5 mm,也不得大于截面短边长度的 4%。

预应力筋的计算伸长值 Δl(单位:mm)见公式(5-2)。

$$\Delta l = \frac{F_p \cdot l}{A_p \cdot E_s} \tag{5-2}$$

式中 F_p——预应力筋的平均张拉力,kN。直线筋取张拉端的拉力;两端张拉的曲线筋,取张拉端的拉力与跨中扣除孔道摩阻损失后拉力的平均值;

l——预应力筋的长度,mm;

A_p——预应力筋的截面面积,mm²;

E_s——预应力筋的弹性模量,kN/mm²。

预应力筋的实际伸长值,宜在初应力约为 $10\%\sigma_{con}$ 时开始量测,但必须加上初应力以下的推算伸长值。通过伸长值的检验,可以综合反映张拉力是否足够以及预应力筋是否有异常现象等。

用应力控制方法张拉时,应校核预应力筋的伸长值,要求实际伸长值与计算伸长值允许偏差不超过 ±6%,如超出此范围,应暂停张拉,查明原因并采取措施予以调整后方可继续张拉。

2. 混凝土浇筑和养护

预应力筋张拉完毕后即应浇筑混凝土。混凝土的浇筑应一次完成,不允许留设施工缝。混凝土的用水量和水泥用量必须严格控制,以减少混凝土由于收缩和徐变而引起的预应力损失。预应力混凝土构件浇筑时必须振捣密实(特别是在构件的端部),以保证预应力筋和混凝土之间的黏结力。预应力混凝土构件混凝土的强度等级一般不低于 C30;当采用钢丝、钢绞线、热处理钢筋做预应力筋时,混凝土的强度等级不宜低于 C40。

构件应避开台面的温度缝,当不可能避开时,可先在温度缝上铺薄钢板或垫油毡,然后再灌混凝土。浇筑时,振捣器不得碰撞预应力钢筋;混凝土未达到一定强度前也不允许碰踩或踩动预应力筋,以保证预应力筋与混凝土有良好的黏结力。

采用平卧叠浇法制作预应力混凝土构件时,其下层构件混凝土的强度须达到 8~10 MPa 后,方可浇筑上层构件混凝土并应有隔离措施。

混凝土可采用自然养护或蒸汽养护。但应注意,在台座上用蒸汽养护时,温度升高后,预应力筋膨胀而台座的长度并无变化,因而引起预应力筋应力减小,这就是温差引起的预应力损失。为了减少这种温差应力损失,应保证混凝土在达到一定强度之前,温差不能太大(一般不超过 20 ℃),故在台座上采用蒸汽养护时,其最高允许温度应根据设计要求的允许温差(张拉钢筋时的温度与台座温度的差)经计算确定。当混凝土强度养护至 7.5 MPa(粗钢筋)或 10 MPa(钢丝、钢绞线配筋)以上时,则可不受设计要求的温差限制,按一般构件的蒸汽养护规定进行。这种养护方法又称为二次升温养护法。在采用机组流水法用钢模制作、蒸汽养护时,由于钢模和预应力筋同样伸缩,所以不存在因温差而引起的预应力损失,可以采用一般加热养护制度。

3. 预应力筋的放张

预应力筋放张过程是预应力的传递过程,是先张法构件能否获得良好质量的一个重要生产过程。应根据放张要求,确定合理的放张顺序、放张方法及相应的技术措施。

1)放张要求

放张预应力筋时,混凝土强度必须符合设计要求。当设计无要求时,不得低于设计的混凝土强度标准值的 75%。对于重叠生产的构件,要求最上一层构件的混凝土强度不低于设计强度标准值的 75%时,方可进行预应力筋的放张。过早放张预应力筋会引起较大的预应力损失或产生预应力筋滑动。预应力混凝土构件在预应力筋放张前要对混凝土试块进行试压,以确定混凝土的实际强度。

2)放张顺序

预应力筋的放张顺序,应符合设计要求。当设计无专门要求时,应符合下列规定:

(1)对承受轴心预压力的构件(如压杆、桩等),所有预应力筋应同时放张;

(2)对承受偏心预压力的构件,应先同时放张预压力较小区域的预应力筋,再同时放张预压力较大区域的预应力筋;

(3)当不能按上述规定放张时,应分阶段、对称、相互交错地放张,以防止放张过程中构件发生翘曲、裂纹及预应力筋断裂等现象;

(4)放张后预应力筋的切断顺序,宜由放张端开始,逐次切向另一端。

3)放张方法

对于预应力钢丝混凝土构件,分两种情况放张。配筋不多的预应力钢丝放张采用剪切、割断和熔断的方法自中间向两侧逐根进行,以减少回弹量,利于脱模。配筋较多的预应力钢丝放张采用同时放张的方法,以防止最后的预应力钢丝因应力突然增大而断裂或使构件端部开裂。

对于预应力钢筋混凝土构件,放张应缓慢进行。配筋不多的预应力钢筋,可采用逐根加热熔断或借预先设置在钢筋锚固端的楔块等单根放张。配筋较多的预应力钢筋,所有钢筋应同时放张,可采用楔块或砂箱等装置进行缓慢放张。

(1)楔块放张。

楔块装置放置在台座与横梁之间,放张预应力筋时,旋转螺母使螺杆向上运动,带动楔块向上移动,钢块间距变小,横梁向台座方向移动,同时放松预应力筋(见图 5-10)。楔块放张,一般用于张拉力不大于 300 kN 的情况。

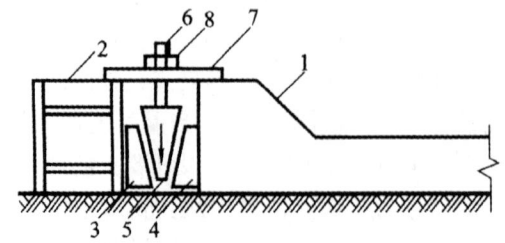

图 5-10 楔块放张

1—台座;2—横梁;3,4—钢块;5—钢楔块;6—螺杆;7—承力板;8—螺母

(2)砂箱放张。

砂箱装置放置在台座和横梁之间,它由钢制的套箱和活塞组成,内装石英砂或铁砂。预应

力筋张拉时，砂箱中的砂被压实，承受横梁的反力。预应力筋放张时，将出砂口打开，砂缓慢流出，从而使预应力筋缓慢地放张。砂箱装置中的砂应采用于砂并选定适宜的级配，防止出现砂子压碎引起流不出的现象或者增加砂的空隙率，使预应力筋的预应力损失增加。采用砂箱放张，能控制放张速度，工作可靠，施工方便，可用于张拉力大于 100 kN 的情况，见图 5-11。

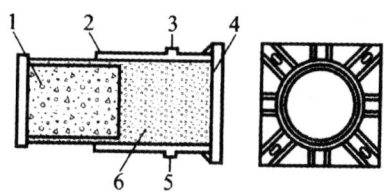

图 5-11　砂箱装置示意图
1—活塞；2—钢套箱；3—进砂口；4—钢套箱底板；5—出砂口；6—砂子

5.3　后张法施工

后张法施工是在浇筑混凝土构件时，在放置预应力筋的位置处预留孔道，待混凝土达到一定强度（一般不低于设计强度标准值的 75%），将预应力筋穿入孔道中并进行张拉，然后用锚具将预应力筋锚固在构件上，最后进行孔道灌浆。预应力筋承受的张拉力通过锚具传递给混凝土构件，使混凝土产生预压应力。

图 5-12 为预应力混凝土构件后张法施工示意图。图 5-12（a）为制作混凝土构件并在预应力筋的设计位置上预留孔道，待混凝土达到规定的强度后，穿入预应力筋进行张拉。图 5-12（b）为预应力筋的张拉，用张拉机械直接在构件上进行张拉，混凝土同时完成弹性压缩。图 5-12（c）为预应力筋的锚固和孔道灌浆，预应力筋的张拉力通过构件两端的锚具传递给混凝土构件，使其产生预压应力，最后进行孔道灌浆。

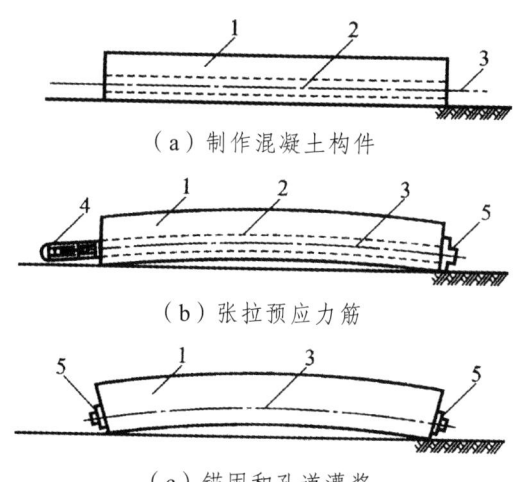

（a）制作混凝土构件

（b）张拉预应力筋

（c）锚固和孔道灌浆

图 5-12　后张法施工示意图
1—混凝土构件；2—预留孔道；3—预应力筋；4—千斤顶；5—锚具

后张法施工由于直接在混凝土构件上进行张拉，故不需要固定的台座设备，不受地点限制，适用于在施工现场生产大型预应力混凝土构件，特别是大跨度构件。后张法施工工序较多，工艺复杂，锚具作为预应力筋的组成部分，将永远留置在预应力混凝土构件上，不能重复使用。

5.3.1 后张法施工设备

1. 锚具种类

后张法所用锚具根据其锚固原理和构造形式不同，分为螺杆锚具、夹片锚具、锥销式锚具和镦头锚具四种体系；在预应力筋张拉过程中，根据锚具所在位置与作用不同，又可分为张拉端锚具和固定端锚具；预应力筋的种类有热处理钢筋束、消除应力钢丝束或钢绞线束。

因此按锚具锚固钢筋或钢丝的数量，可分为钢绞线束锚具和钢筋束锚具、钢丝束锚具。

1）钢绞线束、钢筋束锚具

钢绞线束和钢筋束目前使用的锚具有 JM 型、XM 型、QM 型、KT-Z 型和镦头锚具等。

（1）JM 型锚具。

JM 型锚具由锚环与夹片组成，用于固 3~6 根 $\phi12$ 的光圆或变形钢筋束和 5~6 根 $\phi12$ 钢绞线束。它可以作为张拉端或固定端锚具，也可作为重复使用的工具锚。如图 5-13 所示，夹片呈扇形，靠两侧的半圆槽锚固预应力钢筋，为增加夹片与预应力筋之间的摩擦力，在半圆槽内刻有截面为梯形的齿痕，夹片背面的坡度与锚环一致。锚环分甲型和乙型两种。甲型锚环为一个具有锥形内孔的圆柱体，外形比较简单，使用时直接放置在构件端部的垫板上；乙型锚环在圆柱体外部增添正方形肋板，使用时锚环预埋在构件端部不另设垫板。锚环和夹片均用 45 号钢制造，甲型锚环和夹片必须经过热处理，乙型锚环可不必进行热处理。

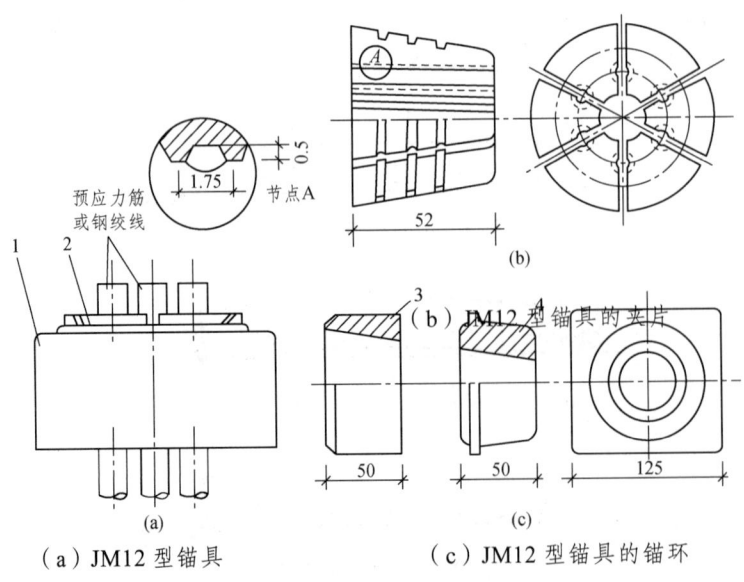

（a）JM12 型锚具　　（c）JM12 型锚具的锚环

图 5-13　JM12 型锚具（单位：mm）

1—锚环；2—夹片；3—圆锚环；4—方锚环

（2）XM 型锚具。

XM 型锚具，它既可用于锚固钢绞线束，又可用于锚固钢丝束，既可用于锚固单根预应力筋，又可用于锚固多根预应力筋。当用于锚固多根预应力筋时，既可单根张拉，逐根锚固，又可成组张拉，成组锚固，既可用作工作锚，又可用作工具锚，见图 5-14。

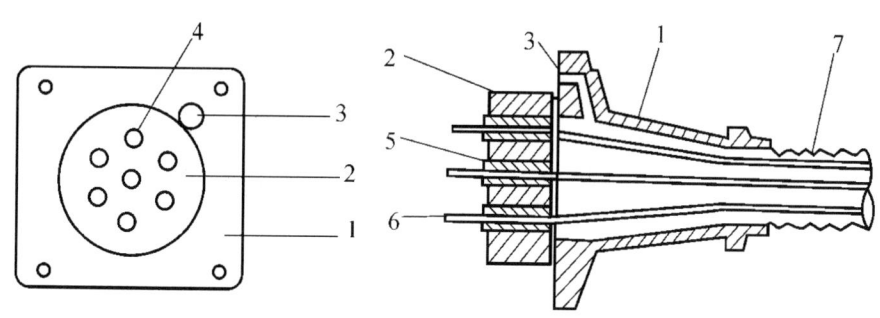

图 5-14　XM 型锚具

1—喇叭管；2—锚环；3—灌浆孔；4—圆锥孔；5—夹片；6—钢绞线；7—波纹管

（3）QM 型锚具。

由锚板和夹片组成，见图 5-15。它与 XM 型锚具的不同之处是：锚孔是直的，锚板顶面是平面，夹片垂直开缝，备有配套喇叭形铸铁垫片与弹簧圈等。由于灌浆孔设在锚板上，锚板尺寸可以小一点。它适用于后张法，用于锚固钢绞线。

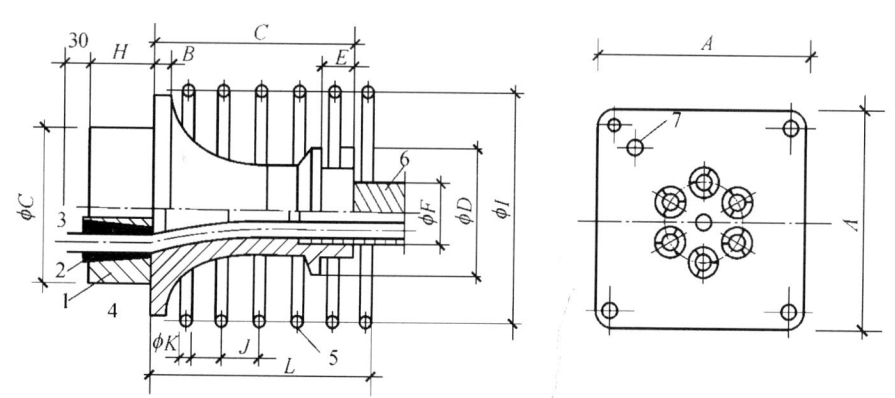

图 5-15　QM 型锚具及配件

1—锚板；2—夹片；3—钢绞线；4—喇叭形铸铁垫板；5—簧圈；
6—预留孔道用的波纹管；7—灌浆孔

2）钢丝束锚具

钢丝束锚具目前常用的有锥形螺杆锚具、钢质锥形锚具、钢丝束镦头锚具。

（1）锥形螺杆锚具。

锥形螺杆锚具由锥形螺杆、螺母和垫板组成，见图 5-16。锥形螺杆锚具的螺杆和套筒均采用 45 号钢制成，螺母和垫板采用 Q235 钢。锥形螺杆锚具适用于后张法，用于夹持 28 根以下的 $\phi 5$ 钢丝束。

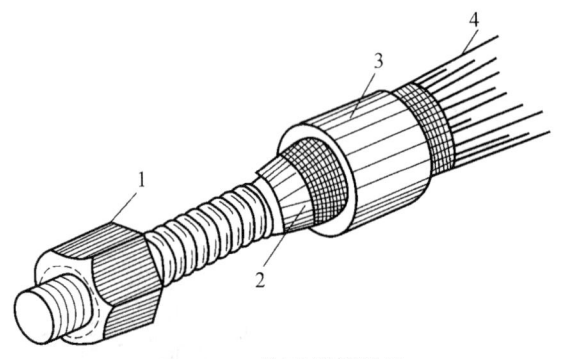

图 5-16 锥形螺杆锚具
1—螺母；2—锥形螺杆；3—套筒；4—预应力钢丝

（2）钢质锥形锚具

钢质锥形锚具适用于锚固 6~30 根 ϕ5 或 12~24 根 ϕ7 的钢丝束。它由锚环和锚塞组成，见图 5-17。锚环采用 45 号钢，经调质热处理后硬度为 HRC22~25；锚塞采用 45 号钢或 T7、T3 碳素工具钢，热处理后硬度为 HRC55~58。锚塞表面刻有细齿槽，以防止被夹紧的预应力钢丝滑动。

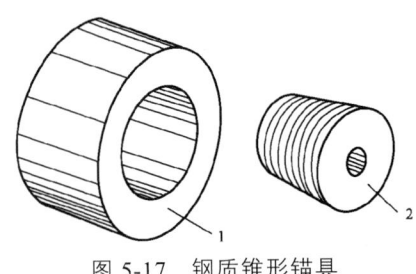

图 5-17 钢质锥形锚具
1—锚环；2—锚塞

（3）钢丝束镦头锚具。

钢丝束镦头锚具适用于锚固任意根数的 ϕ5 和 ϕ7 钢丝束，适用于后张法，见图 5-18。张拉端采用 DM、A 型，由锚环和螺母组成。锚环采用 45 号钢，调质热处理后硬度为 HRC25~30，锚环内外壁均有丝扣，内丝扣用于连接张拉螺杆，外丝扣用于拧紧螺母锚固预应力筋。螺母采用 30 号钢或 45 号钢制作。固定端采用 DM、B 型，锚板采用 45 号钢制作，调质热处理后硬度为 HRC25~30，锚板四周钻孔，以固定钢丝的镦头，ϕ5 钢丝镦粗头直径为 7~7.5 mm，高度为 4.8~5.3 mm，头型不应偏歪。

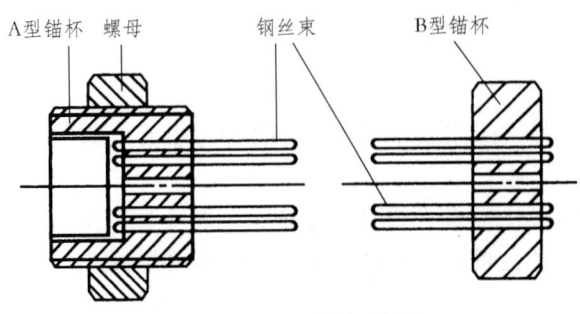

图 5-18 钢丝束镦头锚具

2. 张拉机械

预应力张拉机械分为电动张拉机与液压张拉机。电动张拉机仅用于先张法单根预应力筋的张拉。

1）电动螺杆张拉机

电动螺杆张拉机主要用于长线台座上张拉预应力钢筋或钢丝。它是由张拉螺杆、电动机、变速箱、测力装置、拉力架、承力架和张拉夹具等组成。最大张拉力为 300~600 kN，张拉行程为 800 mm，张拉速度为 2 m/min，质量为 400 kg。为了便于工作和转移，将其装置在带轮的小车上。电动螺杆张拉机的示意图见图 5-19。

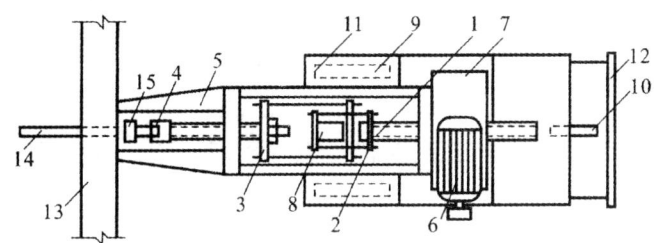

图 5-19 电动螺杆张拉机
1—螺杆；2，3—拉力架；4—张拉夹具；5—顶杆；6—电动机；7—齿轮减速机；8—测力计；
9，10—车轮；11—底盘；12—手把；13—横梁；14—钢筋；15—锚固夹具

2）液压张拉机

液压张拉机由液压千斤顶、压力表和油泵组成。常用的液压张拉机有拉杆式千斤顶、穿心式千斤顶、锥锚式千斤顶等，应根据预应力筋的张拉力和锚具类型，选择确定千斤顶的类型和型号。

（1）拉杆式千斤顶（代号 YL）。

拉杆式千斤顶是单作用千斤顶，由缸体、活塞杆、撑脚和连接器组成。最大张拉力为 600 kN，张拉行程为 150 mm。适用于张拉支承试锚夹具锚固的预应力筋。

拉杆式千斤顶构造简单，操作方便，应用范围广。其工作示意图见图 5-20。

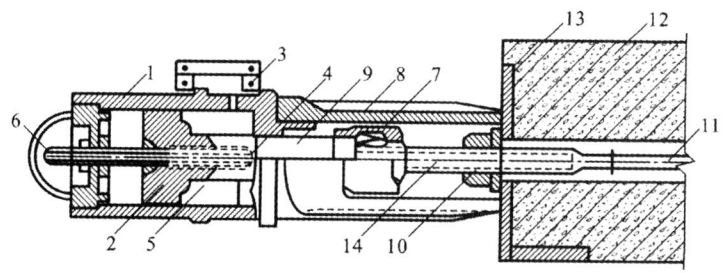

图 5-20 拉杆式千斤顶及工作示意图
1—主缸；2—主缸活塞；3—主缸油嘴；4—副缸；5—副缸活塞；6—副缸油嘴；7—连接器；8—顶杆；
9—拉杆；10—螺母；11—预应力筋；12—混凝土构件；13—预埋钢板；14—螺丝端杆

（2）穿心式千斤顶（代号 YC）。

穿心式千斤顶是双作用千斤顶，由张拉油缸、顶压油缸（张拉活塞）、顶压活塞和回程弹簧组成。这里所讲的双作用指的是既能张拉预应力筋又能锚固预应力筋。YC60 型千斤顶，最

大张拉力为 600 kN，张拉行程为 150 mm，适用于张拉以夹片锚具为张拉锚具的预应力钢筋束或钢绞线束。YCD120 型和 YCD200 型千斤顶，最大张拉力分别为 1 200 kN 和 2 000 kN，张拉行程为 180 mm，适用于张拉以夹片式锚具为张拉锚具的预应力钢绞线束。

YCQ100 型和 YCQ200 型及 YCQ350 型千斤顶，最大张拉为分别为 1 000 kN 和 2 000 kN 及 3 500 kN，张拉行程为 150 mm，适用于张拉以夹片式锚夹具锚固的预应力筋。

YC60 型千斤顶加装撑脚、张拉杆和连接器后，可以张拉以支承式锚具锚固的预应力筋。YC60 型千斤顶的构造见图 5-21。

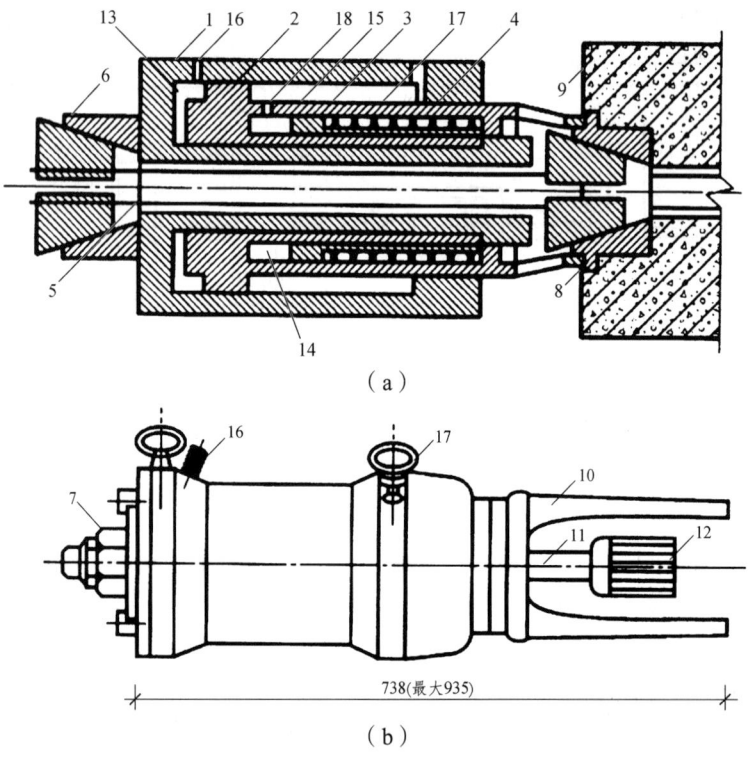

图 5-21 YC60 型千斤顶的构造

1—张拉油缸；2—顶压油缸（张拉活塞）；3—顶压活塞；4—弹簧；5—预应力筋；6—工具锚；7—螺母；8—锚环；9—构件；10—撑脚；11—张拉杆；12—连接器；13—张拉工作油室；14—顶压工作油室；15—张拉回程油室；16—张拉缸油嘴；17—顶压缸油嘴；18—油孔

（3）锥锚式千斤顶。

锥锚式千斤顶是张拉、顶压与退楔三作用千斤顶，由主缸、副缸、退楔块、锥形卡环、退楔翼片和楔块等组成。最大张拉力为 850 kN，张拉行程为 250 mm，顶压行程为 60 mm。

锥锚式千斤顶专门用于张拉以锥塞式锚具锚固的预应力钢绞线束，其 3 个工作过程如下：

① 张拉首先将预应力筋固定在锥形卡环上，然后主缸油嘴进油，主缸向左移动，则张拉预应力筋。

② 顶压张拉完成后，主缸稳压，副缸进油，则副缸活塞及顶压头向右移动，将锚塞推入锚环而锚固预应力筋。

③ 回程顶锚完成后，主副缸同时回油，主缸及副缸活塞在弹簧力的作用下复位。最后松楔块即可拆下千斤顶。

锥锚式千斤顶的构造见图 5-22。

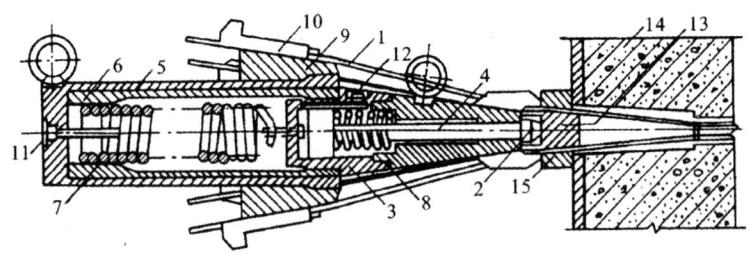

图 5-22 锥锚式千斤顶构造及工作原理示意图
1—预应力筋；2—顶压头；3—副缸；4—副缸活塞；5—主缸；6—主缸活塞；7—主缸拉力弹簧；
8—副缸拉力弹簧；9—锥形卡环；10—楔块；11—主缸油嘴；12—副缸油嘴；
13—锚塞；14—构件；15—锚环

（4）液压千斤顶标定。

液压千斤顶张拉预应力筋时，预应力筋的张拉力由压力表读数反映，压力表读数表示千斤顶油缸活塞单位面积上的油压力。但是由于活塞与油缸间存在摩擦力，则实际张拉力比千斤顶压力表的读数要小（压力表读数为张拉力除以活塞面积）。为准确地获得实际张拉力值，必须采用标定方法直接测定千斤顶的实际张拉力与压力表读数之间的关系，绘制出 N-P 关系曲线，供施工时使用。

张拉设备应配套标定，以减少误差积累。压力表的精度不低于 1.5 级；标定张拉设备用的试验机或测力计精度不得低于 ±2%。标定千斤顶时，千斤顶活塞的运动方向应与实际张拉工作状态一致，见图 5-23。

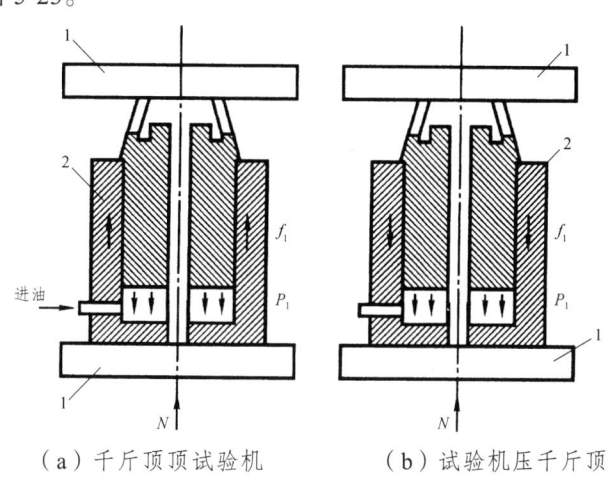

（a）千斤顶顶试验机　　　（b）试验机压千斤顶

图 5-23 千斤顶校验示意图
1—压力机的上、下压板；2—穿心式千斤顶

3. 预应力筋

1）预应力筋的种类

预应力筋按性质分为金属预应力筋和非金属预应力筋两类。常用的金属预应力筋可分为

钢丝、钢绞线和热处理钢筋3类；非金属预应力筋主要是指纤维增强塑料预应力筋。预应力混凝土工程中一般采用金属预应力筋。

（1）钢丝。

常用的高强钢丝分为冷拔和矫直回火两种，按外形分为光面、刻痕和螺旋肋3种，其直径有4.0mm，5.0mm，6.0mm，7.0mm，8.0mm，9.0mm等。高强钢丝是用优质碳素钢热轧盘条冷拔制成，再用机械方式对钢丝进行压痕处理形成刻痕钢丝，对钢丝进行低温矫直回火处理成为矫直回火钢丝。

（2）钢绞线。

预应力筋钢绞线是用7（或3）根冷拔钢丝在绞线机以一根钢丝为中心，其余6根围绕其进行螺旋状绞合，再经低温回火制成。钢绞线根据加工深度的不同分为普通松弛钢绞线（消除应力钢绞线）、低松弛钢绞线、镀锌钢绞线、模拔钢绞线等。

（3）热处理钢筋。

热处理钢筋是用普通热拔中碳低合金钢经淬火和回火的调质热处理或轧后冷却方法制成。按其螺纹外形分为带纵肋和无纵肋两种。这种钢筋一般以大盘卷供货，在施工中不需要焊接。热处理钢筋具有强度高、韧性好、黏结力强和松弛值低的特点。

预应力钢丝、钢绞线和热处理钢丝的强度标准值，根据其极限抗拉强度确定，用 f_{ptk} 表示，见表5.2。

表5.2 预应力钢筋强度标准值

种类		符号	d/mm	f_{ptk}/（N/mm）
钢绞线	1×3	ϕ_S	8.6，10.8	1860，1720，1570
			12.9	1720，1570
	1×7		9.5，11.1，12.7	1860
			15.2	1860，1720
消除应力钢丝	光面螺旋肋	ϕ_P ϕ_H	4，5	1770，1670，1.570
			6	1670，1570
			7，8，9	1570
	刻痕	ϕ_I	5.7	1570
热处理钢筋	40Si$_2$Mn	ϕ_{HT}	6	1570
	48Si$_2$Mn		8.2	
	45Si$_2$Cr		10	

注：① 钢绞线直径 d 系指钢绞线外接圆直径，即现行国家标准《预应力混凝土用钢绞线》（GB/T 15224）中的公称直径 D_g，钢丝和热处理钢筋的直径 d 均指公称直径。
② 消除应力光面钢丝直径 d 为4~9mm，消除应力螺旋肋钢丝直径 d 为4~8mm。

2）预应力筋的进场检验

预应力筋的质量是影响预应力混凝土构件质量的关键因素之一，在预应力筋进场时，必须按照现行国家标准抽取试件进行力学性能检验，其质量必须符合有关的标准。

（1）检查数量。按进场的批次和产品的抽样检验方案确定。

（2）检验方法。检查产品合格证、出厂检验报告和进场复验报告。

（3）无黏结预应力筋的涂包质量符合无黏结预应力钢绞线标准的规定。

（4）预应力筋使用前应进行外观检查，其质量符合下列要求：有黏结预应力筋展开后应平顺，不得有弯折，表面不应有裂纹、小刺、机械损伤、氧化铁皮和油污等；无黏结预应力筋护套应光滑，无裂缝，无明显褶皱，轻微破损应外包防水塑料胶带进行修补，严重损坏的不能使用；预应力筋应全部观察检查。

5.3.2 施工工艺

后张法预应力混凝土构件制作工艺流程，见图5-24。

1. 孔道的留设

孔道留设是后张法预应力混凝土构件制作中的关键工序之一，也是施工过程检验验收的重要环节，主要为穿预应力钢筋及张拉锚固后灌浆用。

预留孔道的尺寸与位置应正确，孔道应平顺；端部的预埋垫板应垂直于孔道中心线并用螺栓或钉子固定在模板上，以防止浇筑混凝土时发生走动；孔道的直径一般应比预应力筋的外径（包括钢筋对焊接头的外径或需穿入孔道的锚具外径）大10～15 mm，以利于预应力筋穿入。

孔道留设的方法有钢管抽芯法、胶管抽芯法和预埋波纹管法等。

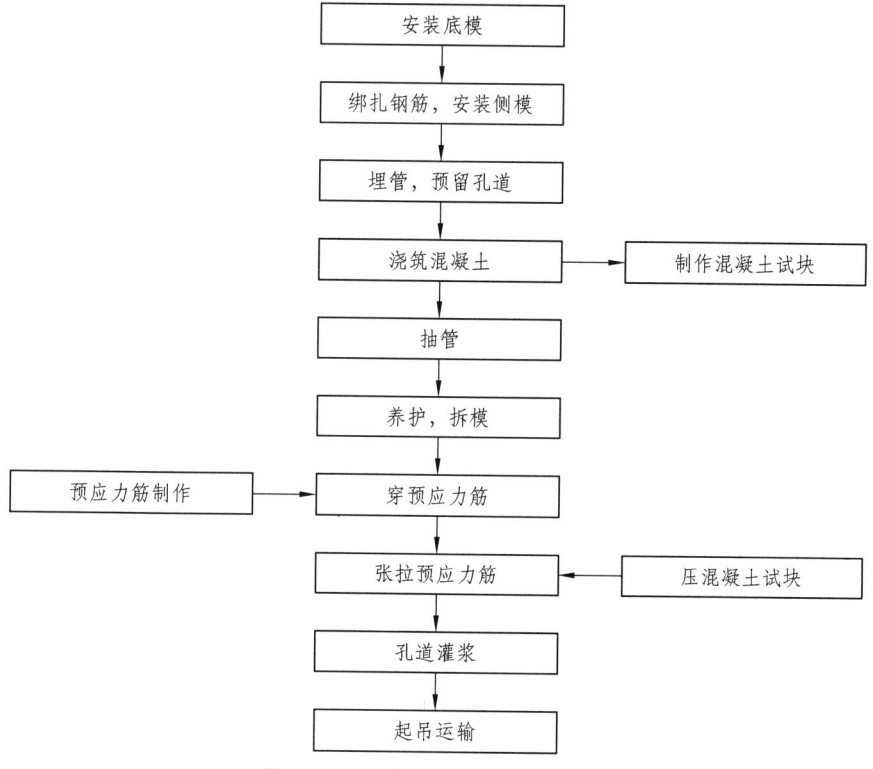

图 5-24 后张法施工工艺流程图

1）钢管抽芯法

钢管抽芯法适用于留设直线孔道。钢管抽芯法是预先将钢管敷设在模板的孔道位置上，在混凝土浇筑后每隔一定时间慢慢转动钢管，防止它与混凝土黏住，待混凝土初凝后、终凝前抽出钢管形成孔道。

选用的钢管要求平直，表面光滑，敷设位置准确。钢管用钢筋井字架固定，间距不宜大于 1.0 m。每根钢管的长度一般不超过 15 m，以便于转动和抽管。钢管两端应各伸出构件外 0.5 m 左右。较长的构件可采用两根钢管，中间用套管连接，其连接方法见图 5-25。

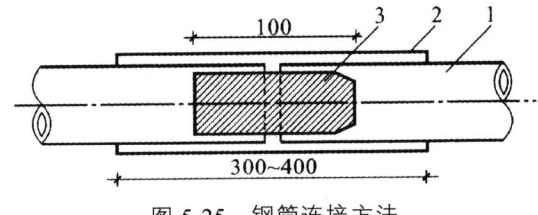

图 5-25 钢管连接方法
1—钢管；2—白铁皮套管；3—硬木塞

准确地掌握抽管时间很重要。抽管时间与水泥品种、气温和养护条件有关。抽管宜在混凝土初凝后、终凝以前进行，以用手指按压混凝土表面不显指纹时为宜。抽管过早，会造成塌孔事故；抽管太晚，混凝土与钢管黏结牢固，抽管困难，甚至抽不出来。常温下抽管时间约在混凝土浇筑后 3～5 h。抽管顺序宜先上后下进行。抽管方法可用来人工抽管或卷扬机抽管，抽管时必须速度均匀，边抽边转并与孔道保持在一直线上。抽管后应及时检查孔道情况，并做好孔道清理工作，以防止以后穿筋困难。

2）胶管抽芯法

胶管抽芯法可用于留设直线、曲线或折线孔道。胶管有五层或七层夹布胶管和钢丝网橡皮管两种。前者质软，必须在管内充气或充水后才能使用；后者质硬，且有一定的弹性。预留孔道时与钢管一样使用，所不同的是浇筑混凝土后不需转动。抽管时可利用其有一定弹性的特点，胶管在拉力作用下断面缩小，即可把管抽出。

胶管用钢筋井字架固定，间距不宜大于 0.5 m 且曲线孔道处应适当加密。对于充水或充气的胶管，在浇筑混凝土前胶管中应充入压力为 0.6～0.8 MPa 的压缩空气或压力水，此时胶管直径可增大约 3 mm。抽管时放出压缩空气或压力水，胶管孔径缩小，与混凝土脱开，随即抽出胶管，形成孔道。胶管抽芯法预留孔道，混凝土浇筑后不需要旋转胶管，抽管时间一般控制在 200 h·℃，抽管时应先上后下，先曲后直。

3）预埋波纹管法

孔道的留设除采用钢管或胶管抽芯成孔外，也可采用预埋波纹管的方法成孔，波纹管直接埋设在构件中而不再抽出。波纹管应密封良好并有一定的轴向刚度，接头应严密，不得漏浆。固定波纹管的钢筋井字架间距不宜大于 0.8 m。波纹管全称镀锌双波纹金属软管，是由镀锌薄钢带经压波后卷成，具有质量轻、刚度好、弯折方便、连接容易、与混凝土黏结性能好等优点，可作成各种形状的孔道并可省去抽管工序。因此，这种留孔方法具有较大的推广价值。

在留设孔道的同时，还要在设计规定的位置留设灌浆孔和排气孔。灌浆孔的间距：预埋波纹管不宜大于 30 m；抽芯成形孔道不宜大于 12 m。曲线孔道的曲线波峰部位，宜设置排气孔。留设灌浆孔或排气孔时，可用木塞或白铁皮管成孔。孔道成形后，应立即逐孔检查，发现堵塞现象，应及时疏通。

2. 预应力筋的制作

1）钢丝的下料与编束

消除应力钢丝放开后直接下料，下料中如发现钢丝表面有电接头或机械损伤，应随时剔除。采用镦头锚具时，钢丝的等长要求较严，同束钢丝下料长度的相对差值不应大于 $L/5000$ 且不得大于 5 mm（L 为钢丝的下料长度）。为满足这一要求，钢丝下料可以采用钢管限位法或用牵引索在拉紧状态下进行。

钢丝编束可以保证钢丝两端的排列顺序一致，在穿束和张拉时不紊乱。由于采用锚具的形式不同，编束方法也略有差异。采用钢质锥形锚具时，编束分空心束和实心束两种；采用镦头锚具时，先将内圈和外圈钢丝分别用铁丝扎牢，然后将内圈钢丝放入外圈钢丝内扎牢，但都需要用圆盘梳丝理顺钢丝，并在距钢丝端部 50~100 mm 编扎一道，使张拉分丝时不致紊乱。

2）钢绞线束的下料与编束

为了防止钢绞线在下料时紊乱并弹出伤人，应将钢绞线盘卷放在事先准备的铁笼内，从盘卷中逐步抽出。钢绞线下料宜采用砂轮切割机切断，不得采用电弧切割。

钢绞线用 20 号铁丝绑扎编束，间距 1~1.5 m。编束时应先将钢绞线理顺，使各根钢绞线松紧一致。如果钢绞线是单根穿入孔道的，则不需要编束。

3. 预应力筋张拉

预应力筋的张拉是制作预应力混凝土构件的关键，必须按照现行《混凝土结构工程施工及验收规范》的有关规定进行施工。

1）一般规定

预应力筋张拉时，结构的混凝土强度应符合设计要求，当设计无要求时，不应低于设计强度标准值的 75%，以确保在张拉过程中，混凝土不至于受压而破坏。安装张拉设备时，直线预应力筋应使张拉力的作用线与孔道中心线重合；曲线预应力筋应使张拉力的作用线与孔道中心线末端的切线重合。预应力筋张拉、锚固完毕，留在锚具外的预应力筋长度不得小于 30 mm。锚具应用封端混凝土保护，长期外露的锚具应采取防锈措施。

2）张拉控制应力和张拉程序

后张法预应力筋的张拉控制应力 σ_{con} 见表 5.3 的数值。

表 5.3 张拉控制应力限值和最大张拉控制应力

钢筋种类	张拉控制应力限值		超张拉最大张拉控制应力
	先张法	后张法	
消除应力钢丝钢绞线	$0.75f_{ptk}$	$0.75f_{ptk}$	$0.80f_{ptk}$
冷轧带肋钢筋	$0.70f_{ptk}$	—	$0.75f_{ptk}$
精轧螺纹钢筋	—	$0.85f_{pyk}$	$0.95f_{pyk}$

注：f_{ptk} 指根据极限抗拉强度确定的强度标准值；f_{pyk} 指根据屈服强度确定的强度标准值。

预应力筋伸长值的验算、预应力筋张拉力的计算与先张法相同。

3）张拉方法

为了减少预应力筋与孔道摩擦引起的损失，预应力筋张拉端的设置，应符合设计要求。当设计无要求时，应符合下列规定：

(1) 抽芯成形孔道曲线预应力筋和长度大于 24 m 的直线预应力筋，应在两端张拉；长度等于或小于 24 m 的直线预应力筋，可在一端张拉。

(2) 预埋波纹管孔道曲线预应力筋和长度大于 30 m 的直线预应力筋，宜在两端张拉；长度等于或小于 30 m 的直线预应力筋，可在一端张拉。

(3) 同一截面中有多根一端张拉的预应力筋时，张拉端宜分别设置在结构的两端。当两端同时张拉同一根预应力筋时，为了减少预应力损失，宜先在一端锚固，再在另一端补足张拉力后进行锚固。

4）张拉顺序

预应力筋的张拉顺序应符合设计要求，当设计无具体要求时，可采用分批、分阶段对称张拉，应使混凝土不产生超应力，构件不扭转与侧弯，结构不变位等。因此，对称张拉是一项重要原则。同时，还要考虑到尽量减少张拉机械的移动次数。

对配有多根预应力筋的预应力混凝土构件，由于不可能同时一次张拉，应分批、对称地进行张拉。分批张拉时，要考虑后批预应力筋张拉时对混凝土产生的弹性压缩，而引起前批张拉并锚固好的预应力筋应力值的降低，所以对前批张拉的预应力筋的张拉应力值应增加仪 $\alpha_E \cdot \alpha_{PC}$ 见公式（5-3）。

$$\alpha_E \cdot \alpha_{PC} = \frac{E_s}{E_c} \cdot \frac{\sigma_{con} - \sigma_{11AP}}{A_n} \tag{5-3}$$

式中　α_E——钢筋弹性模量与混凝土弹性模量的比值；

α_{pc}——后批张拉的预应力筋对前批张拉的预应力筋重心处的混凝土法向应力，MPa；

E_s——钢筋的弹性模量，MPa；

E_C——混凝土的弹性模量，MPa；

σ_{con}——预应力筋的控制应力，N/mm^2；

σ_{11}——预应力筋的第一批应力损失值，MPa；

A_p——后批张拉的预应力筋截面面积，mm^2；

A_n——混凝土构件的净截面面积，mm^2。

采用分批张拉时，应按上式计算出分批张拉的预应力损失值，分别加到先批张拉预应力筋的张拉控制应力值内或采用同一张拉值逐根复拉补足。

4. 孔道灌浆

预应力筋张拉锚固后，孔道应及时灌浆以防止预应力筋锈蚀，增加结构的整体性和耐久性。但采用电热法时孔道灌浆应在钢筋冷却后进行。

孔道灌浆应采用标号不低于 425 号普通硅酸盐水泥或矿渣硅酸盐水泥配制的水泥浆；对

空隙大的孔道可采用砂浆灌浆。水泥浆及砂浆强度均不应低于 30 MPa。灌浆用水泥浆的水灰比宜为 0.4 左右,搅拌后 3 h 泌水率宜控制在 0.2%,最大不超过 0.3%。纯水泥浆的收缩性较大,为了增加孔道灌浆的密实性,在水泥浆中可掺入水泥用量 0.2% 的木质素磺酸钙或其他减水剂,但不得掺入氯化物或其他对预应筋有腐蚀作用的外加剂。

灌浆前混凝土孔道应用压力水冲刷干净并润湿孔壁。灌浆顺序应先下后上,以避免上层孔道漏浆而把下层孔道堵塞。孔道灌浆可采用电动灰浆泵,灌浆应缓慢均匀地进行,不得中断,灌满孔道并封闭排气孔后,宜再继续加压至 0.5~0.6 MPa 并稳压一定时间,以确保孔道灌浆的密实性。对于不掺外加剂的水泥浆可采用二次灌浆法,以提高孔道灌浆的密实性。

灌浆后孔道内水泥浆及砂浆强度达到 15 MPa 时,预应力混凝土构件即可进行起吊运输或安装。

5.3.3 无黏结预应力施工

在后张法预应力混凝土构件中,预应力筋分为有黏结和无黏结两种。有黏结的预应力是后张法的常规做法,张拉后通过灌浆使预应力筋与混凝土黏结。无黏结预应力是近几年发展起来的新技术,其做法是在预应力筋表面刷涂油脂并包塑料带(管)后如同普通钢筋一样先铺设在支好的模板内,再浇筑混凝土,待混凝土达到规定的强度后,进行预应力筋张拉和锚固。这种预应力工艺是借助两端的锚具传递预应力,无需留孔灌浆,施工简便,摩擦损失小,预应力筋易弯成多跨曲线形状等,但对锚具锚固能力要求较高。这种工艺适用于大柱网整体现浇楼盖结构,尤其在双向连续平板和密肋楼板中使用最为合理经济。目前无黏结预应力混凝土平板结构的跨度,单向板可达 9~10 m,双向板为 9 m×9 m,密肋板为 12 m。现浇梁跨度可达 27 m。

1. 无黏结预应力筋

无黏结预应力筋由无黏结筋、涂料层和外包层 3 部分组成,见图 5-26。

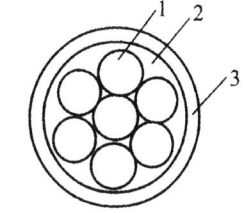

图 5-26 无黏结预应力筋
1—无黏结筋;2—涂料层;
3—外包层

1)无黏结筋

无黏结筋宜采用强度高、松弛低、柔性较好的钢绞线制作。

2)涂料层

无黏结筋的涂料层应采用专用防腐油脂制作。涂料层的作用是使无黏结筋与混凝土隔离,减少张拉时的摩擦损失,防止无黏结筋腐蚀等。因此,要求涂料性能符合下列要求:① 在 -20~+70 ℃ 温度范围内,不流淌,不裂缝,不变脆,并有一定韧性;② 使用期内化学稳定性高;③ 润滑性能好,摩擦阻力小;④ 不透水,不吸湿;⑤ 防腐性能好。

3)外包层

无黏结筋的外包层可用高压聚乙烯塑料带制作。外包层的作用是使无黏结筋在运输、储存、铺设和浇筑混凝土等过程中不会发生不可修复的破坏。因此要求外包层应符合下列要求:① 在 -20~+70 ℃ 温度范围内,低温不脆化,高温化学稳定性好;② 必须具有足够的韧性,抗破损性强;③ 对周围材料无侵蚀作用;④ 防水性强。

制作单根无黏结筋时，宜优先选用防腐油脂做涂料层，其塑料外包层应用塑料注塑机注塑成型，防腐油脂应填充饱满，外包层应松紧适度；成束无黏结筋可用防腐沥青或防腐油脂作涂料层，当使用防腐沥青时，应用密缠塑料带做外包层，塑料带各圈之间的搭接宽度应不小于带宽的 1/2，缠绕层数不小于 4 层。要求防腐油脂涂料层无黏结筋的张拉摩擦系数不应大于 0.12；防腐沥青涂料层无黏结筋的张拉摩擦系数不应大于 0.25。

2. 无黏结筋的制作

无黏结筋的制作一般采用挤塑涂层工艺。挤塑涂层工艺主要是无黏结筋通过涂油装置涂油，涂油无黏结筋通过塑料挤压机涂刷塑料薄膜，再经冷却筒槽成型塑料套管。这种挤压涂层工艺的特点是效率高，质量好，设备性能稳定。它与电线、电缆包裹塑料套管的工艺相似。

3. 无黏结预应力施工

无黏结预应力在施工中，主要问题是无黏结预应力筋的铺设、张拉和端部锚头处理。无黏结筋在使用前应逐根检查外包层的完好程度。对有轻微破损者，可包塑料带补好；对破损严重者应予以报废。

1）无黏结预应力筋的铺设

在单向连续梁板中，无黏结筋的铺设比较简单，如同普通钢筋一样铺设在设计位置上；在双向连续平板中，无黏结筋一般为双向曲线配筋，两个方向的无黏结筋互相穿插，给施工操作带来困难，因此确定铺设顺序很重要。铺设双向配筋的无黏结筋时，应先铺设标高低的无黏结筋，再铺设标高较高的无黏结筋，并应尽量避免两个方向的无黏结筋相互穿插编结。人工编序比较烦琐而且极易出错。根据编序特点采用电子计算机处理较为合理。

无黏结筋应严格按设计要求的曲线形状就位并固定牢靠。铺设无黏结筋时，无黏结筋的曲率可垫铁马凳控制。铁马凳高度应根据设计要求的无黏结筋曲率确定，铁马凳间隔不宜大于 2 m，并应用铁丝将其与无黏结筋扎紧。也可以用铁丝将无黏结筋与非预应力钢筋绑扎牢固，以防止无黏结筋在浇筑混凝土过程中发生位移，绑扎点的间距为 0.7～1.0 m。无黏结筋控制点的安装偏差：矢高方向 ±5 mm；水平方向 ±30 mm。

2）无黏结预应力筋的张拉

由于无黏结预应力筋一般为曲线配筋，故应两端同时张拉。无黏结筋的张拉顺序，应与其铺设顺序一致，先铺设的先张拉，后铺设的后张拉。成束无黏结筋正式张拉前，宜先用千斤顶往复抽动 1～2 次以降低张拉摩擦损失。无黏结筋的张拉过程中，当有个别钢丝发生滑脱或断裂时，可相应降低张拉力，但滑脱或断裂的数量不应超过结构同一截面无黏结预应力筋总量的 2%。

3）无黏结预应力筋的端部锚头处理

无黏结筋端部锚头的防腐处理应特别重视。采用 XM 型夹片式锚具的钢绞线，张拉端头构造简单，无需另加设施，端头钢绞线预留长度不小于 150 mm，多余部分切断并将钢绞线散开打弯，埋设在混凝土中以加强锚固，见图 5-27。

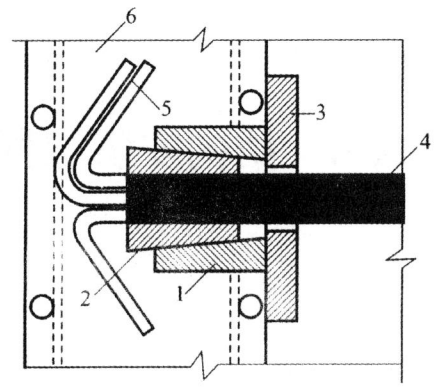

图 5-27 钢绞线端部锚头处理
1—锚环；2—夹片；3—埋件；4—钢绞线；5—散开打弯钢丝；6—圈梁

思考题

1. 什么叫预应力混凝土？其优点有哪些？
2. 试比较先张法与后张法施工的不同特点及其适用范围。
3. 后张法孔道留设方法有几种？留设孔道时应注意哪些问题？
4. 后张法孔道灌浆的作用是什么？对灌浆材料的要求如何？
5. 预应力筋张拉时为什么要校核其伸长值？如何量测？

项目 6　结构安装工程

【学习目标】

1. 了解在结构安装工程施工中常用的起重机械和索具设备的构造、性能、适用范围和使用要求。

2. 掌握装配式单层工业厂房和多层框架结构安装施工的工艺原理、施工方法、技术措施和质量要求。

【工程导入】

港珠澳大桥钢结构阶段，引入智能化的板单元组装和焊接示范生产线，在国内率先实现"车间化"桥梁钢结构总拼装和防腐涂装作业。采用大型龙门吊转运、大型浮吊吊装、精细化桥位连接技术等，确保钢结构制造的质量、进度及安全。

港珠澳大桥钢结构总拼装全部在中山基地完成，在国内率先实现了"车间化"钢拼装作业，基本不受气候变化影响，可以大大缩短拼装周期，在 50 d 内便可完成一联（6×110 m）连续钢箱（总重量达 1 万余吨）的拼装作业。

6.1　单层工业厂房结构安装

结构安装工程是将房屋结构设计成各种单独的构件，分别在工厂或现场预制成型，然后在现场用起重设备将各种预制构件安装到设计位置上去的施工工程。用这种施工方法完成的结构，称为装配式结构。结构安装工程是装配式结构房屋的主导工种工程，它直接影响装配式结构房屋的工程进度、工程质量和工程成本。

单层工业厂房一般采用装配式钢筋混凝土结构，主要承重构件除基础现浇外，柱、吊车梁、屋架、天窗架和屋面板等均为预制构件。根据构件的尺寸和重量及运输构件的能力，预制构件中较大的一般在现场就地制作，中小型的多集中在工厂制作。结构安装工程是单层工业厂房施工的主导工种工程。

6.1.1　结构安装前的准备工作

结构安装前的准备工作包括：清理场地，铺设道路，敷设水电管线，构件运输、堆放，拼装与加固，检查、弹线、编号，基础的准备等。

1）构件的运输与堆放

在工厂制作或在施工现场集中制作的构件，吊装前要运到吊装地点就位。构件的运输一般采用载重汽车、半托式或全托式的平板拖车。构件在运输过程中必须保证构件不倾倒、不变形、不损坏。为此要求：

（1）构件的强度，当设计无具体要求时，不得低于混凝土设计强度标准值的75%。

（2）构件的支垫位置要正确，数量要适当，装卸时吊点位置要符合设计要求。

（3）运输道路要平整，有足够的宽度和转弯半径。

构件的堆放应按平面布置图规定的位置堆放，避免二次搬运。

柱、吊车梁和屋架等主要构件的运输示意图见图6-1。

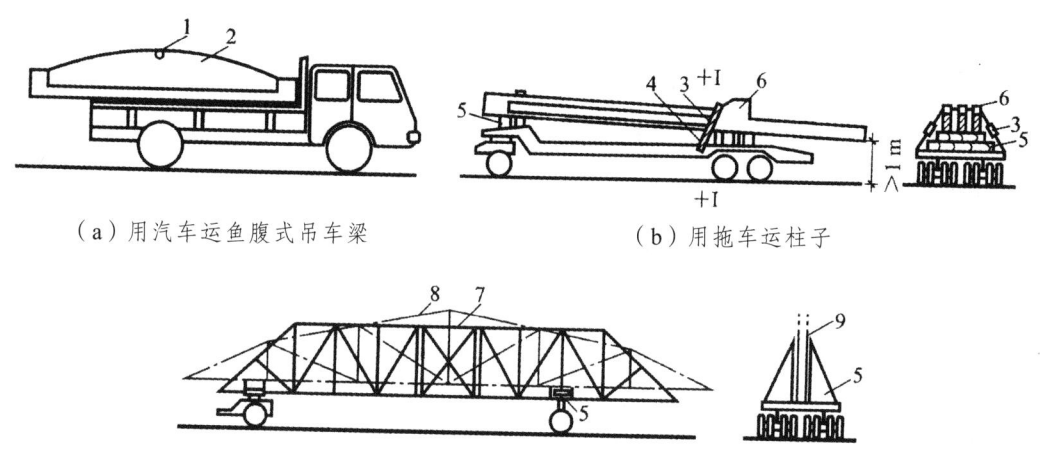

图6-1 柱、吊车梁和屋架等主要构件的运输示意图

1—钢丝；2—鱼腹式吊车梁；3—倒链；4—钢丝绳；5—垫木；6—柱子；7—钢拖架；8—屋架；9—木楔

2）构件的拼装和加固

为了便于运输和避免扶直过程中损坏构件，天窗架及大型屋架应制成两个半榀，运到现场后拼装成整体。构件的拼装分为平拼和立拼两种。前者将构件平放拼装，拼装后扶直，一般适用于小跨度构件，如天窗架，见图6-2。后者用于侧向刚度较差的大跨度屋架，拼装时在吊装位置呈直立状态进行，减少移动和扶直工序。图6-3是拼装30~36m跨度预应力混凝土屋架的示意图。

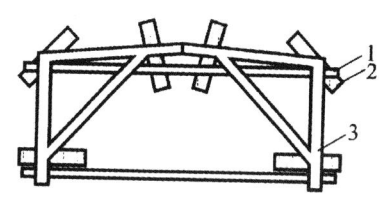

图6-2 天窗架平拼示意图

1—杠杆；2—垫木；3—天窗架

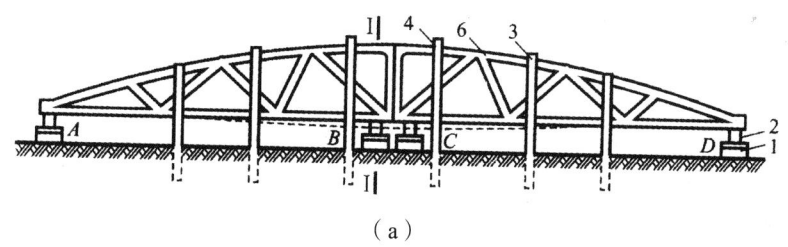

（a）

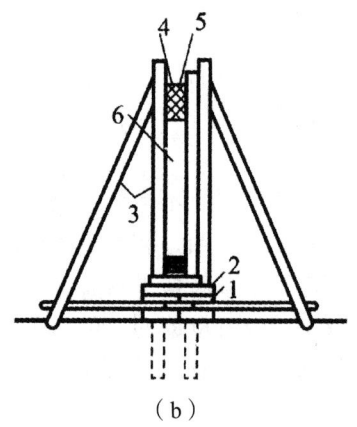

(b)

图 6-3 30~36 m 预应力混凝土屋架拼装示意图
1—砖砌支架；2—方木或钢筋混凝土垫块；3—三角架；4—钢丝；5—木楔；6—屋架块体

对于一些侧向刚度较差的天窗架、屋架，在拼装、焊接、翻身扶直及吊装过程中，为了防止变形和开裂，一般都用横杆进行临时加固。图 6-4 是天窗架临时加固的示意图。

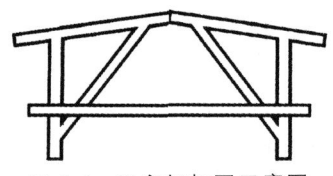

图 6-4 天窗架加固示意图

3）构件的质量检查

在吊装之前对所有构件进行全面检查，检查的主要内容有：

（1）构件的外观 构件的型号、数量、外观尺寸（总长度、截面尺寸、侧向弯曲）、预埋件及预留孔洞位置是否正确。构件表面有无孔洞、蜂窝、麻面、裂缝等缺陷。

（2）构件的强度 当设计无具体要求时，一般柱要达到混凝土设计强度的 75%，大型构件（大孔洞梁、屋架）应达到 100%，预应力混凝土构件孔道灌浆的强度不应低于 15 MPa。

4）构件的弹线与编号

构件在质量检查合格后，即可在构件上弹出吊装的定位墨线，作为吊装、校正的依据。

（1）柱。

在柱身的 3 个面上弹出几何中心线，此线与基础杯口面上的定位轴线相吻合。此外，在牛腿面和柱顶面弹出吊车梁和屋架的吊装定位线，见图 6-5。

（2）屋架。

屋架上弦顶面应弹出几何中心线，并延至屋架两端下部，再从屋架中央向两端弹出天窗架、屋面板的吊装定位线。

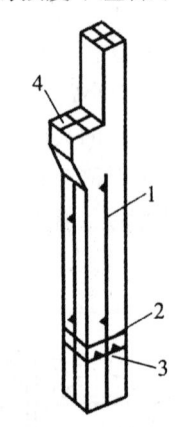

图 6-5 柱子弹线图
1—柱子中心线；2—地基标高线；3—基础顶面线；
4—吊车梁定位线

（3）吊车梁。

在梁的两端及顶面弹出吊装定位准线。

在对构件弹线的同时，应依据设计图纸对构件进行编号。编号应写在明显的部位。对上下、左右难辨的构件，还应注明方向，以免吊装时搞错。

5）基础准备

装配式混凝土柱一般为杯形基础，基础准备工作内容主要包括：

（1）杯口弹线在杯口顶面弹出纵、横定位轴线，作为柱对位、校正的依据。

（2）杯底抄平为了保证柱牛腿标高的准确，在吊装前须对杯底标高进行调整（抄平）。

调整前先测量出杯底原有标高，小柱测中点，大柱测4个角点，再测量出柱脚底面至牛腿面的实际距离，计算出杯底标高的调整值，然后用水泥砂浆或细石混凝土填抹至需要的标高。杯底标高调整后，应加以保护，以防杂物落入。

6.1.2 构件的吊装工艺

装配式钢筋混凝土单层工业厂房的结构构件主要有柱、吊车梁、连系梁、屋架、天窗架、屋面板等，各种构件的吊装过程为：

绑扎→吊升→对位→临时固定→校正→最后固定。

1）柱的吊装

（1）柱的绑扎。

绑扎柱的工具主要有吊索、卡环和横吊梁等。为使在高空中脱钩方便，应采用活络式卡环。为避免吊装柱时吊索磨损柱表面，要在吊索与构件之间垫麻袋或木板等。

绑扎点的数量和位置，应根据柱的形状、断面、长度、配筋和起重机性能等情况确定。对中、小型柱（≤130 kN）采用一点绑扎，绑扎点一般选在牛腿下；对重型柱或细而长的柱子，须选用两点绑扎，绑扎点位置应使两根吊索的合力作用线高于柱子的重心，这样才能保证柱子起吊后自行回转直立状态。

常用的绑扎方法有斜吊绑扎法和直吊绑扎法两种。

① 斜吊绑扎法。

当柱子平放起吊，抗弯强度满足要求时，可采用此法。柱子在平放状态绑扎，直接从底模起吊，柱起吊后柱身略呈倾斜状态，见图6-6。吊索在柱子宽面一侧，吊钩可低于柱顶。采用斜吊绑扎法时，柱不需翻身，起重臂和起重高度都可以短一些，但由于柱吊离地面后呈倾斜状态，对位比较不方便。

② 直吊绑扎法。

当柱子平放起吊，抗弯强度不能满足要求时，须先将柱子翻身，以提高柱截面的抗弯能力。柱起吊后柱身呈垂直状态，吊索分别在柱子两侧，通过横吊梁与吊钩相连，见图6-7。这种绑扎法的特点是：柱起吊后呈垂直状态，对位容易，吊钩在柱顶之上，需较大的起重高度，因此起重臂要求比斜吊法长。

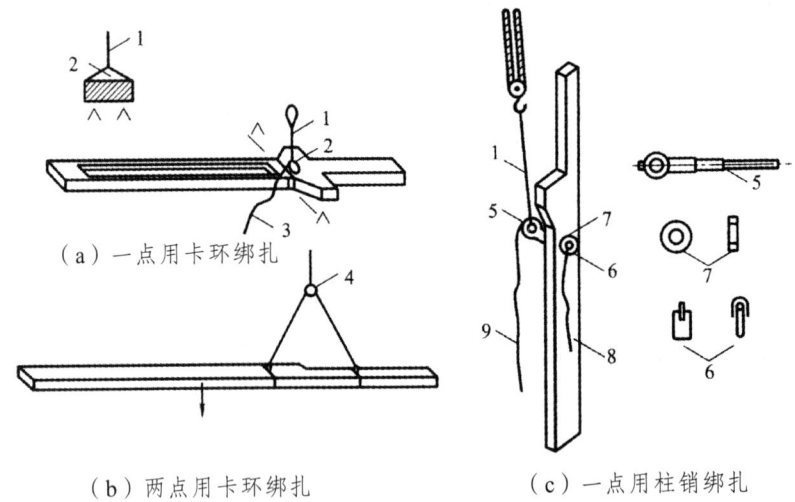

(a) 一点用卡环绑扎

(b) 两点用卡环绑扎

(c) 一点用柱销绑扎

图 6-6 斜吊绑扎法

1—吊索；2—t 活络卡环；3—卡环拉绳；4—滑轮；5—柱销；6—插销；
7—垫圈；8—插销拉绳；9—柱销拉绳

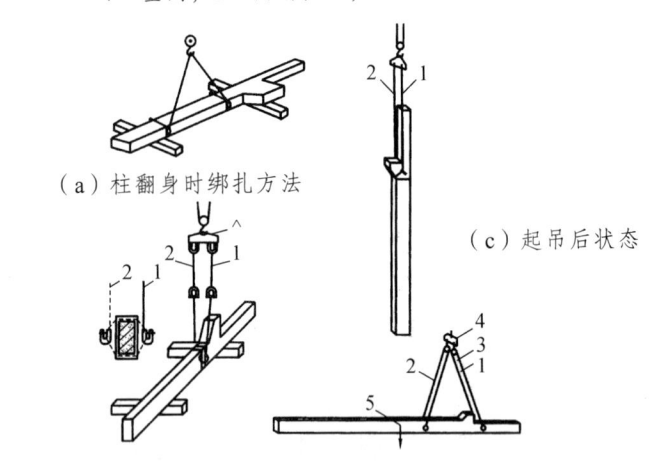

(a) 柱翻身时绑扎方法

(c) 起吊后状态

(b) 一点绑扎直吊法　　(d) 两点绑扎直吊法

图 6-7 直吊绑扎法

1—第一支吊索；2—第二支吊索；3—滑轮；4—铁扁担；5—重心

（2）柱的起吊。

柱的吊升方法，根据柱在吊升过程中的运动特点分为旋转法和滑行法两种。

① 旋转法。

旋转法吊升柱时，起重机边收钩边回转，使柱子绕着柱脚旋转呈直立状态，然后吊离地面，略转起重臂，将柱放入基础杯口，见图 6-8（a）。采用旋转法时，柱在预制和堆放时的平面布置应做到：柱脚靠近基础，柱的绑扎点、柱脚中心和基础中心三点同在以起重机停机点为圆心，以停机点到绑扎点的距离（吊升柱子时的起重半径）为半径的圆弧上，见图 6-8（b），即三点同弧。

旋转法吊升柱时，柱在吊升过程受墼动小，吊装效率高，但对起重机的机动性能要求较高，须同时完成收钩和回转的操作。采用/自行杆式起重机时，宜采用此法。

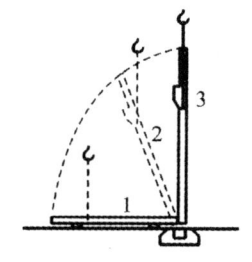 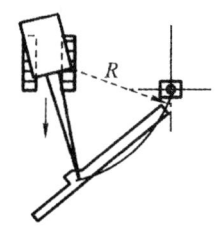

（a）柱身旋转过程　　　　（b）柱的平面布置

图 6-8　单机吊装旋转法

② 滑行法。

滑行法吊升柱时，起重机只收钩，柱脚沿地面滑行，在绑扎点位置柱身呈直立状态，然后吊离地面，略转起重臂，将柱放入基础杯口，见图 6-9（a）。此法平面布置要求是：绑扎点靠近基础，柱的绑扎点与基础中心同在起重半径圆弧上，见图 6-9（b），简称两点同弧。滑行法吊升柱时，柱受振动较大，应对柱脚采取保护措施，但滑行法对起重机的机动性能要求较低，只需完成收钩上升一个动作，因此，当采用桅杆式起重机时，常采用此法。另外，对一些长而重的柱，为便于构件的布置和吊升，有时也采用此法。

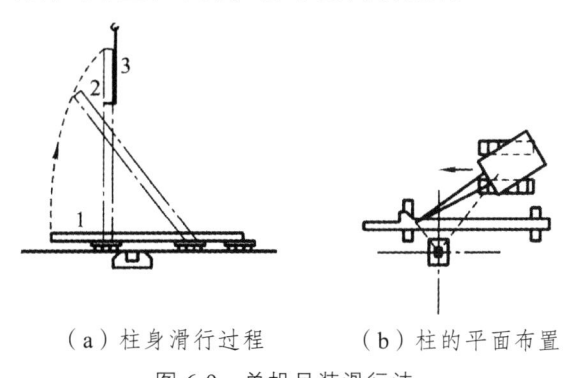

（a）柱身滑行过程　　　　（b）柱的平面布置

图 6-9　单机吊装滑行法

（3）柱的对位和临时固定。

柱脚插入杯口后，并不立即降入杯底，而是停在离杯底 30~50 mm 处进行对位。对位方法是用 8 块木楔或钢楔从柱的四周放入杯口，每边放两块，用撬棍拨动柱脚或通过起重机操作，使柱的吊装准线对准杯口上的定位轴线，并保持柱的垂直，见图 6-10。

对位后，放松吊钩，柱沉至杯底，再复合吊装准线的对准情况后，对称地打紧楔块，将柱临时固定，然后起重机脱钩，拆除绑扎索具。当柱较高，基础杯口深度与柱长之比小于 1/20，或柱的牛腿较大时，仅靠柱脚处的楔块不能保证临时固定的柱子稳定，这时可采取增设缆风绳或加斜撑的方法加强柱临时固定的稳定。

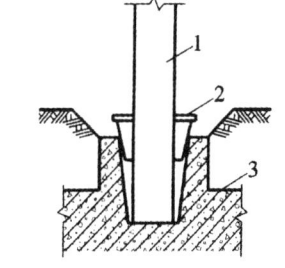

图 6-10　柱的临时固定
1—柱子；2—楔块；3—基础

（4）柱的校正。

柱的校正内容包括平面位置、标高和垂直度 3 个方面。由于柱的标高校正在基础抄平时已进行，平面位置在对位过程中也已完成，因此柱的校正主要是指垂直度的校正。

柱垂直度的检查，是用两台经纬仪从柱相邻两边检查柱吊装准线的垂直度。其允许偏差值：当柱高 $H<5\ m$ 时，为 5 mm；柱高 $H=5\sim10\ m$ 时，为 10 mm，柱高 $H>10\ m$ 时，为（1/1000）H，且不大于 20 mm。

柱垂直度的校正方法：当柱的垂直偏差较小时，可用打紧或放松楔块的方法或用钢钎来纠正；偏差较大时，可用螺旋千斤顶斜顶或平顶、钢管支撑斜顶等方法纠正。如图 6-11 所示。

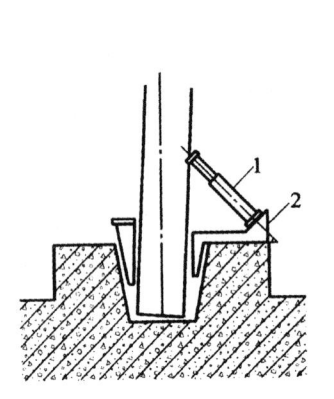

（a）螺旋千斤顶斜顶　　（b）钢管千斤顶斜顶

图 6-11　柱垂直度校正方法

1—螺旋千斤顶；2—千斤顶支座；3—底板；4—转动手柄；5—钢管；
6—头部摩擦板；7—钢丝绳；8—卡环

（5）柱的最后固定。

柱子校正完成后，应立即进行最后固定。最后固定方法是在柱脚与基础杯口间的空隙内灌筑细石混凝土，其强度等级应比构件混凝土强度等级提高两级。细石混凝土的浇筑分两次进行：第一次，浇筑到楔块底部；第二次，在第一次浇筑的混凝土强度达 25%设计强度标准值后，拔出楔块，将杯口内灌满细石混凝土。

2）吊车梁的吊装

吊车梁的吊装，应在柱子杯口第二次浇筑的细石混凝土强度达到设计强度 75%以后进行。

（1）吊车梁的绑扎、吊升、对位和临时固定。

吊车梁的绑扎点应对称设在梁的两端，吊钩垂线对准梁的重心，起吊后吊车梁，保持水平状态。在梁的两端设溜绳以控制梁的转动，以免与柱相碰，对位时应缓慢降钩，将梁端的安装准线与柱牛腿面的吊装定位线对准，见图 6-12。

（2）吊车梁的校正和最后固定。

吊车梁的校正内容包括：标高、平面位置和垂直度。标高在基础抄平时已基本完成，一般误差不会太大，如存在少

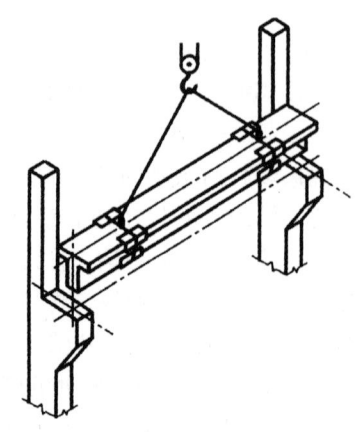

图 6-12　吊车梁吊装

许误差，可在安装轨道时，在吊车梁面上抹一层砂浆找平层进行调整。吊车梁的平面位置和垂直度的校正，对一般的中小型吊车梁，校正工作应在厂房结构校正和固定后进行，这是因

为在安装屋架、支撑及其他构件时，可能引起吊车梁位置的变化，影响吊车梁的准确位置。对于较重的吊车梁，由于脱钩后校正困难，可边吊边校，但屋架等构件固定后，需再复查一次。

吊车梁的垂直度用铅锤检查，当偏差超过规范规定的允许值（5 mm）时，在梁的两端与柱牛腿面之间垫斜垫铁予以纠正。

吊车梁平面位置的校正主要是：检查吊车梁的纵轴线直线度和跨距是否符合要求。常用方法主要有：

① 通线法。

通线法又称拉钢丝法，它根据定位轴线，在厂房的两端地面上定出吊车梁的安装轴线位置，打入木桩，用钢尺检查两列吊车梁的轨距是否满足要求，然后用经纬仪将厂房两端的 4 根吊车梁位置校正正确，最后在校正后柱列两端的吊车梁上设高约 20 mm 的支架，拉钢丝通线，根据此通线检查并用撬棍拨正吊车梁的中心线，见图 6-13。

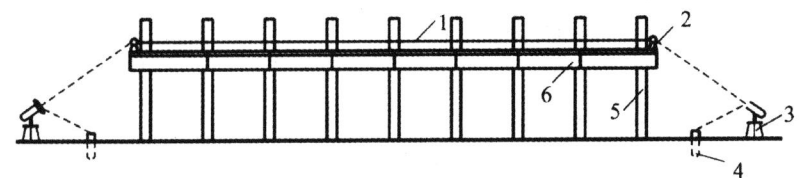

图 6-13 通线法校正吊车梁
1—通线；2—支架；3—经纬仪；4—木桩；5—柱子；6—吊车梁

② 平移轴线法。

在柱列边设置经纬仪，逐根将杯口上柱的吊装准线投射到吊车梁顶面处的柱面上，并做出标志，见图 6-14。若标志线至柱定位轴线的距离为 a，则标志距吊车梁定位轴线距离为 $\lambda - a$，其中 λ 为柱定位轴线到吊车梁定位轴线之间的距离。据此逐根拨正吊车梁的中心线，并检查两列吊车梁间的轨距是否满足要求。这种方法适用于同一轴线上吊车梁数量较多的情况。

吊车梁校正后，立即用电焊做最后固定，并在吊车梁与柱的空隙处灌筑细石混凝土。

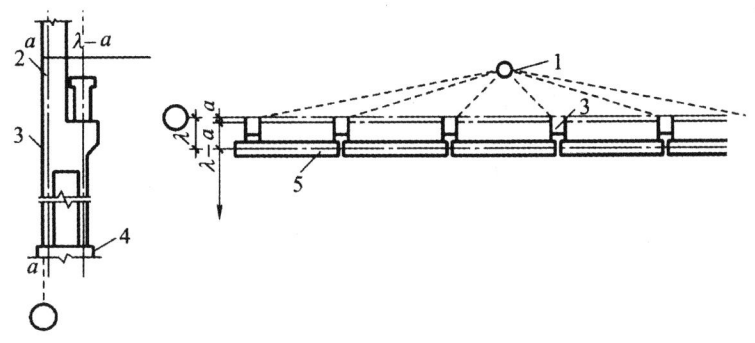

图 6-14 平移轴线法
1—经纬仪；2—标志；3—柱子；4—柱基础；5—吊车梁

3）屋架的吊装

(1)屋架的绑扎。

屋架的绑扎点应选在上弦节点处,左右对称,并且绑扎吊索的合力作用点(绑扎中心)应高于屋架重心,这样屋架起吊后不宜倾翻和转动。

绑扎时,绑扎吊索与构件水平夹角,扶直时不宜小于60°,吊升时不宜小于45°,以免屋架承受较大的横向压力。为减少屋架的起重高度和横向压力可采用横吊梁进行吊装。一般来说,屋架跨度小于18 m时,两点绑扎;屋架跨度大于18 m时,用两根吊索四点绑扎;当跨度大于30 m时,应考虑采用横吊梁,以减小起重高度;对三角组合屋架等刚性较差的屋架,由于下弦不能承受压力,绑扎时也应采用横吊梁。见图6-15。

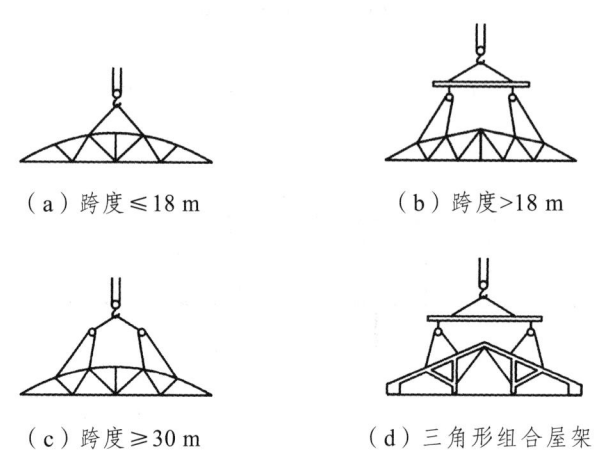

(a)跨度≤18 m (b)跨度>18 m

(c)跨度≥30 m (d)三角形组合屋架

图 6-15 屋架绑扎

(2)屋架的扶直与就位。

单层工业厂房的屋架一般均在施工现场平卧叠浇,因此,在吊装屋架前,需将平卧制作的屋架扶成直立状态,然后吊放到设计规定的位置,这个施工过程称为屋架的扶直与就位。屋架的扶直方法有正向扶直和反向扶直两种。

正向扶直时,起重机位于屋架的下弦一侧。首先将吊钩对准屋架平面中心,收紧吊钩,然后稍微起臂使屋架脱模,接着起重机升钩起臂,使屋架以下弦为轴转成直立状态,见图6-16(a)。

反向扶直时,起重机位于屋架的上弦一侧。首先将吊钩对准屋架平面中心,收紧吊钩使屋架脱模,接着起重机升钩并降臂,使屋架以下弦为轴转成直立状态,见图6-16(b)。

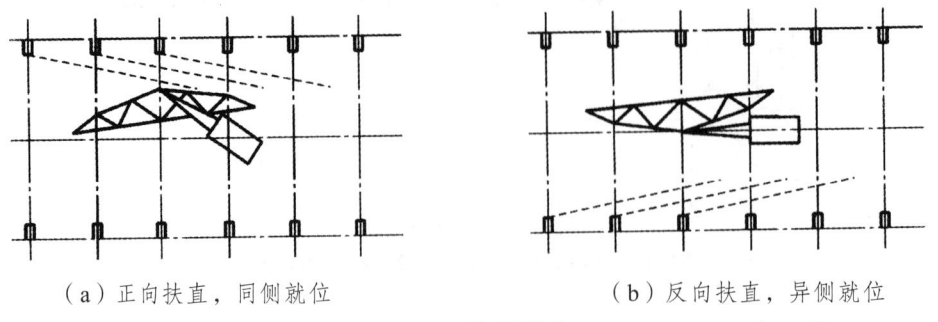

(a)正向扶直,同侧就位 (b)反向扶直,异侧就位

图 6-16 屋架的扶直

正向扶直和反向扶直的最主要不同点，是在扶直过程中，一为升臂，一为降臂。起重机的升臂比降臂易于操作且较安全，因此应尽量采用正向扶直。

屋架扶直时应注意的问题：

① 起重机吊钩应对准屋架中心，吊索宜用滑轮连接，左右对称。在屋架接近扶直时，吊钩应对准下弦中心，防止屋架摇摆。

② 当屋架叠浇时，为防止屋架突然下滑而损坏，应在屋架两端搭设井字架或枕木垛，枕木垛的高度与下层屋架的表面平齐。

③ 屋架间有严重黏结时，应先用撬棍撬或用钢钎凿，不能强拉，以免造成屋架损坏。屋架扶直后，立即吊放到构件平面布置图规定的位置。一般靠柱边斜放或以 3~5 榀为一组平行柱边就位，然后用铁丝、支撑等与已安装的柱扎牢。

（3）屋架的吊升、对位与临时固定。

屋架吊升是先将屋架吊离地面 500 mm，然后将屋架吊至吊装位置下方，升钩将屋架吊至超过柱顶 300 mm 然后将屋架缓缓地降至柱顶，进行对位。屋架对位以建筑物的轴线为准，对位前应事先将建筑物轴线用经纬仪投放到柱顶面上，对位后，立即进行临时固定，然后起重机脱钩。

第一榀屋架的临时固定方法是：用 4 根缆风绳从两边拉牢。若先吊装了抗风柱，可将屋架与抗风柱连接。第二榀屋架及以后的屋架用屋架校正器临时固定在前一榀屋架上，每榀屋架至少需要两个屋架校正器。屋架校正器见图 6-17。

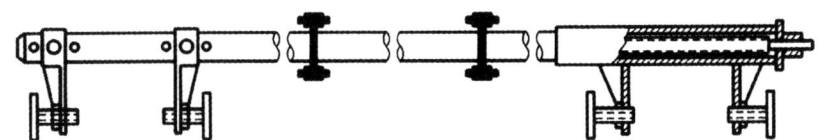

图 6-17　屋架校正器

（4）屋架的校正和最后固定。

屋架的校正内容是检查并校正其垂直度。检查用经纬仪或垂球，校正用房屋校正器或缆风绳。

① 经纬仪检查。

在屋架上安装 3 个卡尺，一个安装在屋架上弦中央，另两个安装在屋架的两端，卡尺与屋架的平面垂直。从屋架上弦几何中心线量取 500 mm 在卡尺上做标志，然后在距屋架中线 500 mm 处的地面上，设置一台经纬仪，检查 3 个卡尺上的标志是否在同一垂直面上，见图 6-18。

② 垂球检查。

卡尺设置与经纬仪检查方法相同。从屋架上弦几何中心线向卡尺方向量取 300 mm 的一段距离，并在 3 个卡尺上做出标志，然后在两端卡尺的标志处拉一条通线，在中央卡尺标志处向下挂垂球，检查 3 个卡尺上的标志是否在同一垂直面上。

屋架校正后，立即用电焊做最后固定。

4）屋面板的吊装

屋面板一般预埋有吊环，用带钩的吊索钩住吊环进行吊装。屋面板的安装顺序，应自檐口两边左右对称地逐块铺向屋脊，避免屋架受力不均。屋面板对位后，立即用电焊固定。

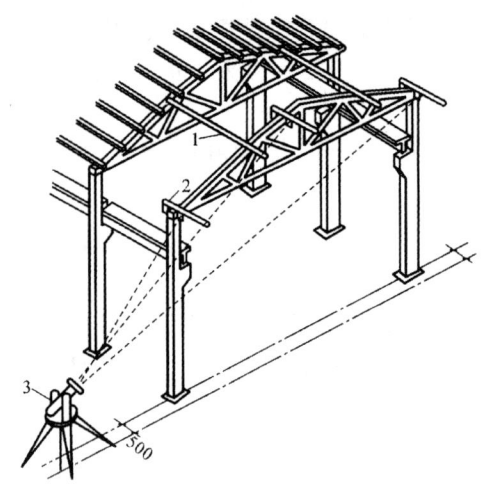

图 6-18 屋架临时固定与校正
1—工具式支撑；2—卡尺；3—经纬仪

5）天窗架的吊装

天窗架的吊装应在天窗架两侧的屋面板吊装完成后进行，其吊装方法与屋架的吊装基本相同。

6.1.3 结构安装方案

单层工业厂房结构安装工程的施工方案内容包括：确定结构吊装方法，选择起重机，确定起重机的开行路线和构件的平面布置等。确定施工方案时应根据厂房的结构形式、构件的重量及安装高度、工程量和工期的要求，并考虑现有起重机设备条件等因素综合确定。

1）结构吊装方法

单层工业厂房的结构吊装方法有分件吊装法和综合吊装法。

（1）分件吊装法。

起重机开行一次，只吊装一种或几种构件。通常分三次开行安装完构件：第一次吊装柱，并逐一进行校正和最后固定；第二次吊装吊车梁、连系梁及柱间支撑等；第三次以节间为单位吊装屋架、天窗架和屋面板等构件。

分件吊装法由于每次吊装基本上是同类构件，可根据构件的重量和安装高度选择不同的起重机，同时，在吊装过程中，不需频繁更换索具，容易熟练操作，所以吊装速度快，能充分发挥起重机的工作性能。另外，构件的供应、现场的平面布置以及校正等都比较容易组织。因此，目前一般单层工业厂房多采用分件吊装法。但分件吊装法由于起重机开行路线长，停机点多，不能及早为后续工程提供工作面。

（2）综合吊装法。

起重机开行一次，以节间为单位安装所有的构件，具体做法是，先吊 4～6 根柱子，接着就进行校正和最后固定，然后吊装该节间的吊车梁、连系梁、屋架、屋面板和天窗架等构件。

综合吊装起重机开行路线短，停机点少，能及早为后续工程提供工作面。但由于同时吊装各类构件，索具更换频繁，操作多变，影响生产效率的提高，不能充分发挥起重机的性能；另外，构件供应、平面布置复杂，且校正和最后固定时间紧张，不利于施工组织。所以，一般情况不采用这种吊装方法，只有采用桅杆式等移动困难的起重机时，才采用此法。

2）起重机的选择

（1）起重机类型的选择。

起重机类型的选择应根据厂房的结构形式、构件的重量、安装高度、吊装方法及现有起重设备条件来确定，要综合考虑其合理性、可行性和经济性。对中小型厂房，一般采用自行杆式起重机，其中以履带式起重机最为常用。当缺乏上述起重设备时，可采用自制桅杆式起重机。重型厂房跨度大，构件重，安装高度大，厂房内设备安装往往要同结构吊装同时进行，所以，一般选用大型自行杆式起重机，以及重型塔式起重机与其他起重机械配合使用。

（2）起重机型号的选择。

起重机的型号要根据构件的尺寸、重量和安装高度确定。所选起重机的 3 个工作参数，即起重量、起重高度和起重半径，必须满足构件吊装的要求。

① 起重量。

选择起重机的起重量，必须大于或等于所安装构件的重量与索具重量之和，即

$$Q \geqslant Q_1 + Q_2 \tag{6-1}$$

式中 Q——起重机的起重量，kN；

Q_1——构件的重量，kN；

Q_2——索具的重量，kN。

② 起重高度。

选择起重机的起重高度，必须满足吊装构件安装高度的要求，见图 6-19，即

$$H \geqslant h_1 + h_2 + h_3 + h_4 \tag{6-2}$$

式中 H——起重机的起重高度（从停机面至吊钩中心的距离），m；

h_1——安装支座距顶面的高度，m；

h_2——安装间隙，视具体情况定，一般取 0.2~0.3 m；

h_3——绑扎点至起吊后构件底面的距离，m；

h_4——索具高度（从绑扎点至吊钩中心距离），m。

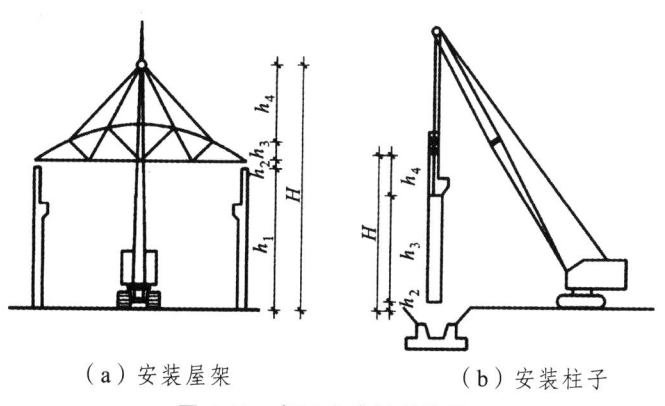

（a）安装屋架　　　　（b）安装柱子

图 6-19 起重高度计算简图

③ 起重半径。

起重半径的确定一般分为两种情况：

a）当起重机能不受限制地开到吊装位置附近时，不需验算起重半径 R。根据计算的起重量 Q 和起重高度 H，查阅起重机性能曲线或性能表，选择起重机的型号和起重臂长度 L，并可查得相应起重量和起重高度下的起重半径 R，作为确定起重机开行路线和停机点位置时的依据。

b）当起重机不能直接开到吊装位置附近时，就需根据实际情况确定吊装时的最小起重半径 R。根据起重量 Q、起重高度 H 和起重半径 R 等 3 个参数查阅起重机性能曲线或性能表，选择起重机的型号和起重臂长度 L。

确定起重机的最小起重臂长的方法有数解法和图解法。

a）数解法。

根据图 6-20（a）所示的几何关系，起重臂的最小长度可按式（6-3）计算：

$$L \geqslant l_1 + l_2 = \frac{h}{\sin\alpha} + \frac{f+g}{\cos\alpha} \tag{6-3}$$

式中　　L ——起重臂的长度，m；

　　　　h ——起重臂底铰至构件安装底座顶面的距离（$h = h_1 - E$），m；

　　　　h_1 ——支座高度，m；

　　　　E ——起重臂底铰至停机面的距离，m；

　　　　f ——起重吊钩需跨过已安装好的构件的水平；

　　　　g ——起重轴线与已安装好的构件间的水平距离，一般不小于 1 m；

　　　　α ——起重臂仰角。$\alpha = \arctan\sqrt[3]{\dfrac{h}{f+g}}$

b）图解法。

见图 6-20（b），按下列步骤确定最小臂长。

第一步，按一定比例绘出吊装厂房一个节间的纵剖面图，并绘出起重机吊装屋面板时的吊钩位置处的垂线 y—y；初步选定起重机型号，根据起重机的 E 值，绘出平行于停机面的线 H—H；

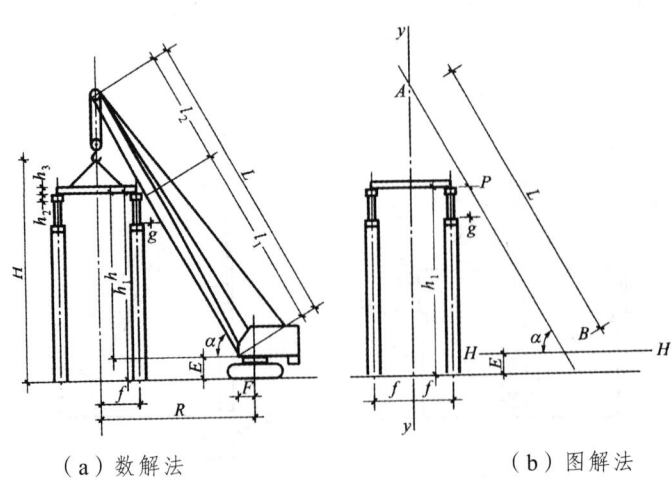

（a）数解法　　　　　（b）图解法

图 6-20　吊装屋面板时起重机最小臂长的计算简图

第二步，从屋架顶面中心线向起重机方向水平量出一段距离 g，$g = 1.0$ m，定出 P 点，按满足吊装要求的起重臂上定滑轮中心点的最小高度，在垂线 $y—y$ 上定出 A 点，A 点距停机面的距离为 $H + d$；

第三步，连接 A，P 两点，使其延长线与 $H—H$ 相交于点 B，线段 AB 即为起重臂的轴线长度。然后，以 P 点为圆心，按顺时针方向微微旋转线段 AB，与 $y—y$，$H—H$ 相交后得线段 A_1B_1，比较 AB 与 A_1B_1。若 $AB > A_1B_1$，则应继续旋转，以找其最小的 A_1B_1，所得最小的 A_1B_1 即为起重机的最小臂长 L_{min}；若 $AB < A_1B_1$，则 AB 线段长度即为最小起重臂长度 L_{min}。

根据数解法或图解法确定的起重臂最小长度的理论值 L_{min}，查阅起重机性能曲线或性能表，从提供的几种臂长中，选择一种，满足 $L \geq L_{min}$。

一般按上述方法首先确定吊装跨中屋面板所需的起重臂长和起重半径，然后复核最边缘一块屋面板是否满足要求。

（3）起重机数量的确定。

起重机的数量根据工程量、工期要求和起重机的台班产量定额，按式（6-4）计算：

$$N = \frac{1}{TCK} \sum \frac{Q_i}{P_i} \qquad (6\text{-}4)$$

式中　N——起重机台数；

　　　T——工期（d）；

　　　C——每天工作班数；

　　　K——时间利用系数，一般取 0.8~0.9；

　　　Q_i——每种构件的安装工程量（件或 kN）；

　　　P_i——起重机的产量定额，件/（台·班）或 kN/（台·班）。

此外，在决定起重机的数量时，还需考虑构件的装卸、拼装和堆放的需要。

3）起重机的开行路线、停机位置及构件的平面位置

（1）吊装柱时起重机的开行路线及平面位置。

① 起重机的开行路线。

吊装柱时起重机的开行路线根据厂房的跨度，柱的尺寸、重量及起重机的性能，有跨中开行和跨边开行两种。

a）跨中开行。

见图 6-21（a），(b)，当 $R \geq L/2$（R 为起重半径，L 为厂房跨度）时采用。其中若 $\sqrt{\left(\frac{L}{2}\right)^2 + \left(\frac{b}{2}\right)^2} > R$（$b$ 为厂房柱距），则一个停机点可吊装两个柱子，停机点位置在以基础中心点为圆心，以 R 为半径的圆弧与跨中路线的交点处，见图 6-21(a)；若 $R \geq \sqrt{\left(\frac{L}{2}\right)^2 + \left(\frac{b}{2}\right)^2}$，则一个停机点可吊装 4 个柱子，停机点位置在该柱网的对角线中心处，见图 6-21（b）。

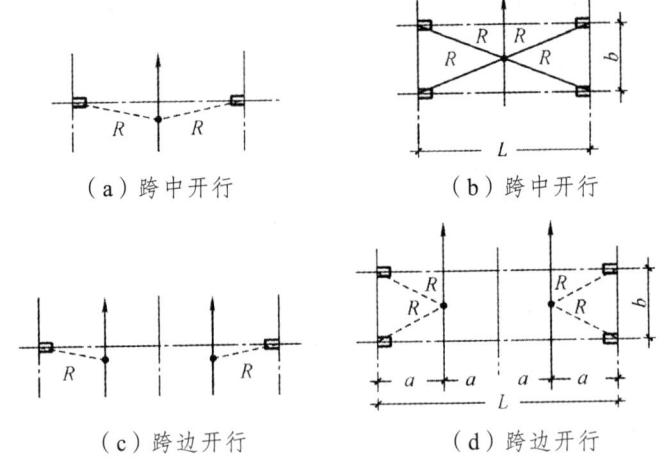

图 6-21　吊装柱时起重机的开行路线及停机位置

b）跨边开行。

见图 6-21（c）（d），当 R<L/2 时采用。其中若 $R < \sqrt{a^2 + \left(\dfrac{b}{2}\right)^2}$（$a$ 为开行路线到柱列纵轴线的距离），则每个停机点可吊装一根柱子，见图 6-21（c）；若 $R \geq \sqrt{a^2 + \left(\dfrac{b}{2}\right)^2}$ 则一个停机点可吊装两根柱子，见图 6-21（d）。

② 柱的平面布置。

柱的现场预制位置即为吊装阶段的就位位置。一般按吊装要求进行平面布置。布置方式主要有：旋转法吊升时，斜向布置；滑行法吊装时，纵向布置，也可斜向布置。

a）按旋转法起吊，一般按三点同弧作图，确定其斜向布置的位置，其作图步骤如下：

第一步，确定起重机开行路线到柱列中心的距离 a，要求 a 小于起重半径 R，大于起重机的回转半径；

第二步，以基础杯口中心为圆心，以 R 为半径画弧交于开行路线上一点 O，O 点即为吊装该柱时起重机的停机点；

第三步，按三点同弧的原则，首先在靠近基础杯口处的弧上定一点 B，作为柱脚中心位置，然后以 B 点为圆心，以绑扎点至柱脚的距离为半径画弧，与以 R 为半径的弧交于 C 点，C 点即为绑扎点位置，最后以 BC 为准画出柱的模板图，见图 6-22（a）。

有时，由于场地限制或柱太长，很难做到三点同弧，这时也可两点同弧，即绑扎点和柱脚中心两点同弧，见图 6-22（b）。起吊时，起重臂先升臂，当起重半径由 R' 变为 R 时，再按旋转法起吊。

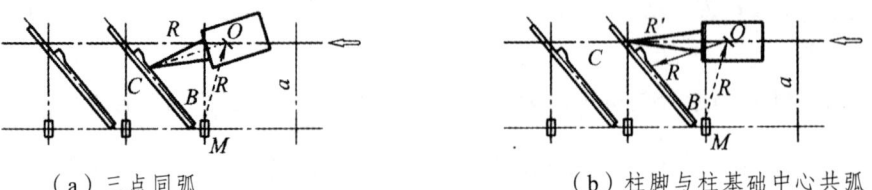

图 6-22　旋转法吊装柱时柱的平面布置

b）按滑行法起吊，按两点同弧斜向或纵向布置，绑扎点靠近杯口，见图6-23。有时为节约场地，对不太长的柱可两柱叠浇纵向布置。

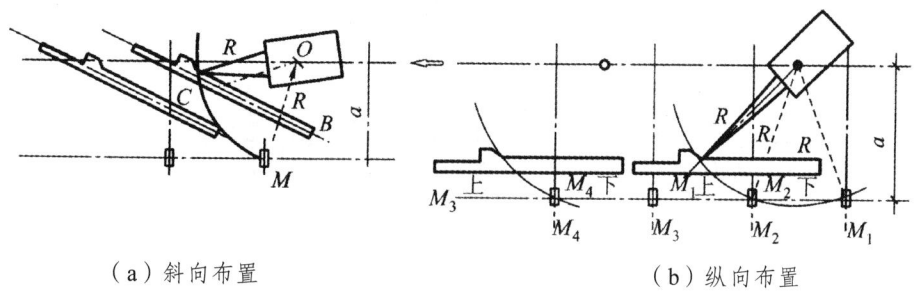

（a）斜向布置　　　　　　　　（b）纵向布置

图6-23　滑行法吊装柱时柱的平面布置

（2）吊装屋架时起重机的开行路线及构件的平面布置。

吊装屋架及屋盖结构中其他构件时，起重机均跨中开行。屋架的平面布置分为预制阶段平面布置和吊装阶段平面布置。

① 预制阶段平面布置。

屋架一般在跨内平卧叠浇预制，每叠3~4榀。布置方式有斜向、正反斜向和正反纵向布置3种，见图6-24。图中的虚线表示预应力屋架抽管及穿筋所需的长度，每叠屋架间应留1.0 m的间距，以便于支模和浇筑混凝土。

在上述3种布置方式中，应优先考虑采用斜向布置，因为它便于屋架的扶直就位，只有在场地条件受到限制时，才考虑采用其他两种形式。

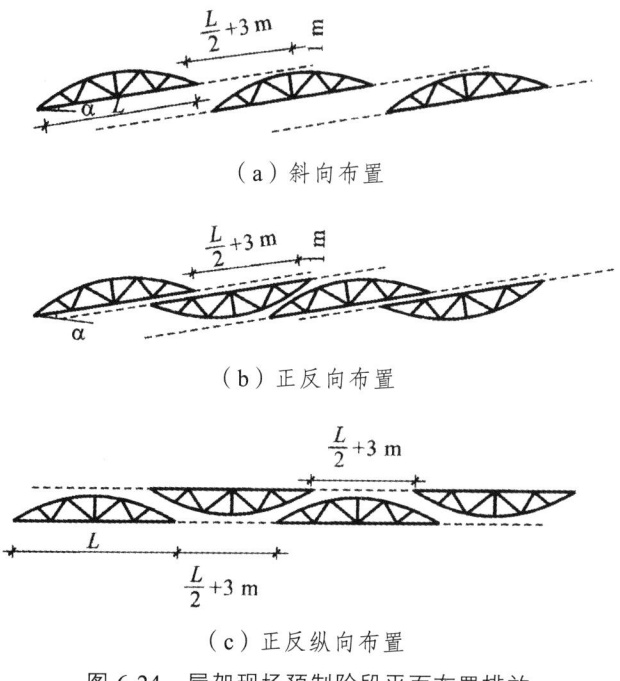

（a）斜向布置

（b）正反向布置

（c）正反纵向布置

图6-24　屋架现场预制阶段平面布置排放

② 吊装阶段的平面布置。

屋架吊装阶段的平面布置指将叠浇的屋架扶直后，排放到吊装前的预定位置。其布置方式主要有靠柱边斜向排放和靠柱边成组纵向排放。

a）屋架的斜向排放，见图 6-25，用于重量较大的屋架。排放位置的确定可按下列步骤进行。

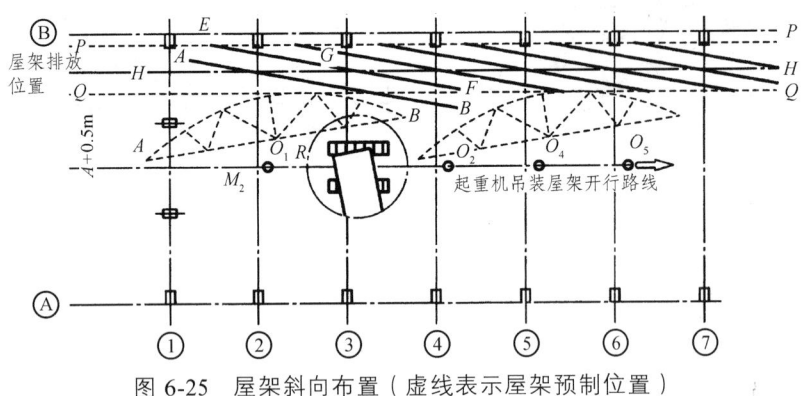

图 6-25 屋架斜向布置（虚线表示屋架预制位置）

第一步，确定起重机的开行路线和停机点。起重机跨中开行，在开行路线上定出吊装每榀屋架的停机点，即以屋架轴线的中点 M 为圆心，以 R 为半径画弧与开行路线交于 O 点即为停机点。

第二步，确定屋架的排放位置。先定出 $P—P$ 线，该线距柱边距离不小于 200 mm，再定 $Q—Q$ 线，该线距开行路线的距离为 $A+0.5$ m（A 为起重机机尾长），并在 $P—P$ 线和 $Q—Q$ 线定出中线 $H—H$ 线，屋架排放在 $P—P$ 线与 $Q—Q$ 线之间，中点在 $H—H$ 线上。

第三步，确定排放位置。一般从第一榀开始，以 O_3 为圆心，以 R 为半径画弧交于 $H—H$ 线于 G，G 为屋架中心点，再以 G 为圆心，以 1/2 屋架跨度为半径画弧交 $P—P$ 线、$H—H$ 线于 E，F，连接 E，F 即为屋架吊装位置，以此类推。第一榀因有抗风柱，可灵活布置。

b）屋架的纵向排放，对于重量较轻的屋架，允许起重机负荷行使，纵向排放一般以 3～4 榀为一组靠柱边顺轴线排放，屋架之间的净距不大于 200 mm，相互之间用铁丝及支撑拉紧撑牢，每组屋架之间预留约 3 m 作为横向通道。为防止吊装过程中与已安装的屋架相碰，每组屋架的跨中，可安排在该组屋架倒数第二榀安装轴线之后约 2 m 处，见图 6-26。

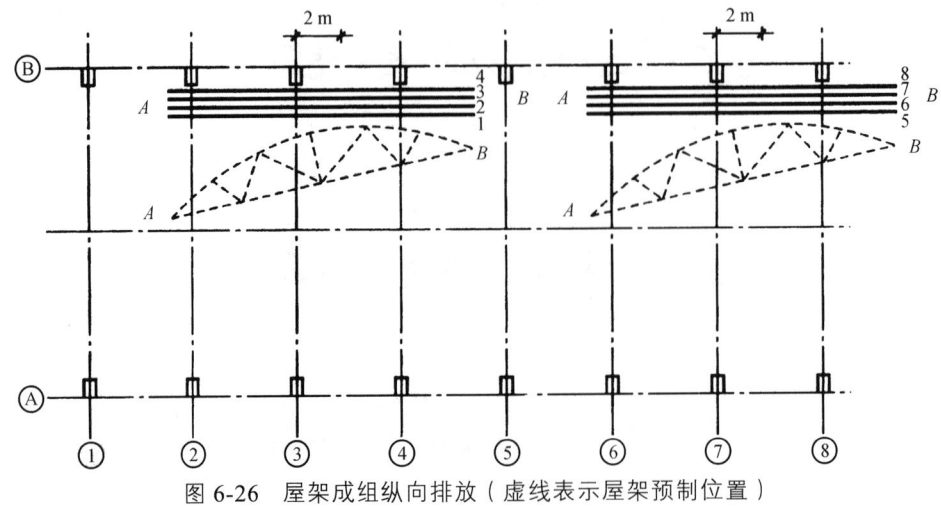

图 6-26 屋架成组纵向排放（虚线表示屋架预制位置）

6.2 多层装配式框架结构安装

装配式框架结构广泛应用于多层工业与民用建筑中,这种结构的全部构件先在工厂或现场预制,然后用起重机械在现场安装成整体。其主要优点是:节约建筑用地,提高建筑的工业化水平,施工速度快,节约模板材料。装配式框架结构的主导工程是结构安装工程,吊装前应先拟定合理的结构吊装方案,主要内容有:起重机械的选择与布置,预制构件的供应,现场预制构件的布置及结构吊装方法。

6.2.1 起重机械的选择和布置

起重机的选择要根据建筑物的结构形式、构件的最大安装高度、重量及吊装工程量等条件来确定。对一般框架结构,5层以下的民用建筑和高度18 m以下的工业建筑,选用自行杆起重机;10层以下的民用建筑和多层工业建筑多采用轨道式塔式起重机;高层建筑(10层以上)可采用爬升式、附着式塔式起重机。下面主要介绍轨道式塔式起重机在多层装配式结构施工中的型号选择与平面布置。

1)塔式起重机的选择

塔式起重机的型号主要根据建筑物的高度、平面尺寸、构件的重量以及现有设备条件来确定。

选择起重机型号时,首先根据建筑物的结构情况绘制出剖面图,见图 6-27。在剖面图上注明最高一层各主要构件的重量 Q_i 及所需的起重半径 R,根据所需的最大起重力矩 M($M = Q_i R$)及最大起重高度来选择起重机。目前10层以下的建筑物结构安装一般采用 QT1-6 型轨道式塔式起重机。

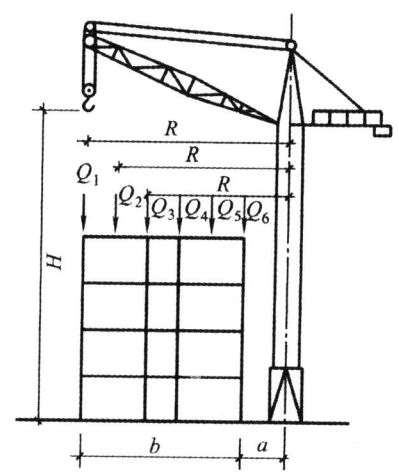

图 6-27 塔式起重机工作参数示意图

2)起重机的布置

起重机的布置方案主要根据建筑物的平面现状、构件的重量、起重机的性能以及现场地形等条件来确定。塔式起重机布置形式主要有以下 4 种，见图 6-28。

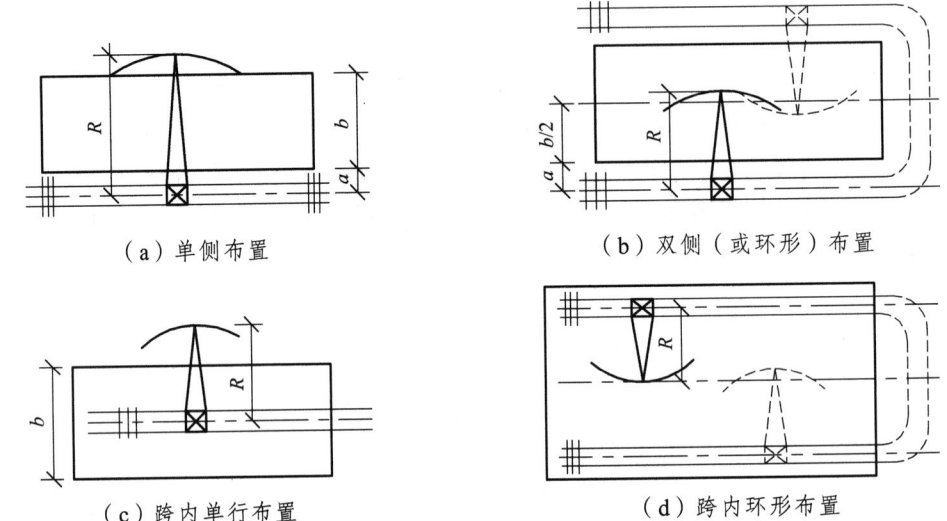

图 6-28 塔式起重机的布置

（1）跨外单侧布置。

跨外单侧布置适用于房屋宽度较小（15 m 左右），构件重量较轻（20 kN 左右）的情形。

（2）跨外双向布置或环形布置。

跨外双向布置或环形布置适用于建筑物宽度较大，构件较重，起重机不能满足最远构件的吊装要求的情形。

（3）跨内单行布置。

当建筑场地狭窄，起重机不能布置在建筑物外侧或起重机布置在建筑物外侧，起重机的性能不能满足构件的吊装要求时采用此种布置方式。

（4）跨内环形布置。

当构件较重，起重机跨内单行布置时，起重机的性能不能满足构件的吊装要求，同时，起重机又不可能跨外环形布置时采用此种布置方式。见图 6-29。

6.2.2 构件的平面布置和堆放

预制构件的现场布置方案取决于建筑物结构特点，起重机的类型、型号及布置方式。构件布置应遵循以下几个原则：

（1）预制构件布置应尽量布置在起重机的工作范围之内，避免二次搬运。

（2）重型构件尽可能布置在起重机周围，中小型构件布置在重型构件的外侧。

（3）当所有构件布置在起重机工作范围之内有困难时，可将一部分小型构件集中堆放在建筑物附近，吊装时再用运输工具运到吊装地点。

（4）构件布置地点应与该构件安装到建筑物上的位置相吻合，以便在吊装时减少起重机的移动和变幅，提高生产效率。

（5）构件叠浇预制时，应满足吊装顺序要求，即先吊装的底层构件布置在上面，后吊装的上层构件布置在下面。

（6）构件堆放时，同类构件要尽量集中堆放，便于吊装时查找，同时，堆放的构件不能影响运输道路的畅通。

装配式框架结构的柱一般在现场预制，其他构件均在工厂预制。柱的现场布置的方式主要有平行于起重机轨道、垂直于起重机轨道和斜向布置等，见图 6-29。平行布置的主要优点是：可将几层柱通长预制，能减少柱接头的偏差；斜向布置可用旋转法吊装，适用较长的柱；当起重机跨内开行时，为使柱的吊装点在起重半径内，柱应垂直布置。梁、板等构件一般堆放在柱的外侧。

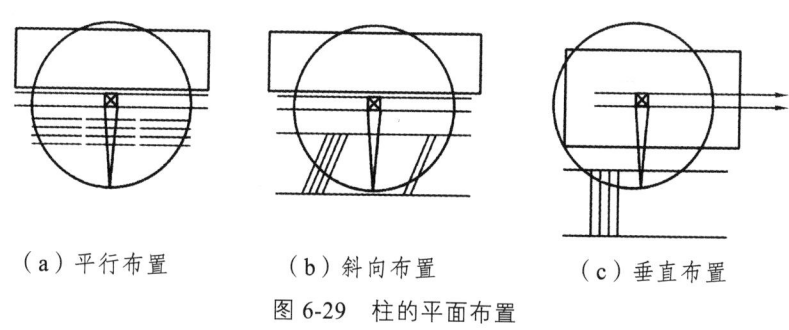

（a）平行布置　　（b）斜向布置　　（c）垂直布置

图 6-29　柱的平面布置

6.2.3　结构吊装方法

多层装配式框架结构的吊装方法有分件吊装法和综合吊装法两种。

1. 分件吊装法

起重机开行一次吊装一种构件，如先吊装柱，再吊装梁，最后吊装板。为使已吊装好的构件尽早形成稳定的结构，分件吊装法又分为分层分段流水作业和分层大流水作业。

图 6-30 是采用 QT1-6 塔式起重机吊装框架结构的示例。由于构件数量不多，故用一台起重机，在建筑物外侧环形布置。每一楼层分 4 个吊装施工段，每一施工段吊装时，先吊装柱，然后吊装该段的梁，再吊装楼板。也可将两个施工段的柱、梁吊装完毕后，再吊装这两段的楼板。

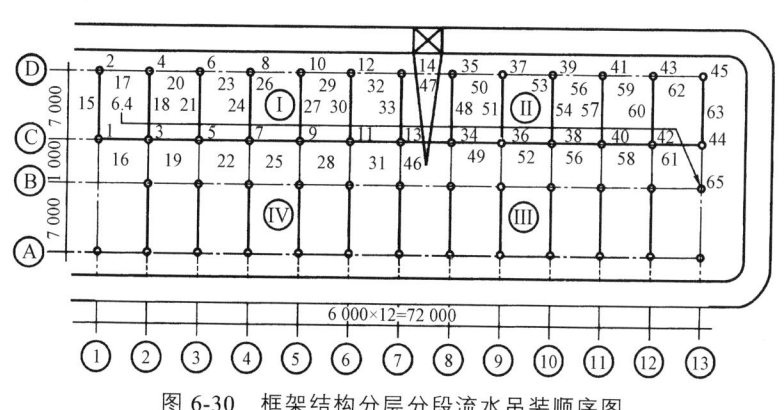

图 6-30　框架结构分层分段流水吊装顺序图

1，2，3—吊装顺序；Ⅰ，Ⅱ，Ⅲ，Ⅳ—施工段

2. 综合吊装法

起重机在吊装构件时，以节间为单位一次吊装完毕该节间的所有构件，吊装工作逐节间进行，综合吊装法一般在起重机跨内开行时采用。

6.2.4 构件的吊装工艺

1. 柱的吊装

（1）柱的绑扎和起吊。

柱子的长度在 12 m 以内时，一般采用一点直吊绑扎；柱子的长度在 14～20 m 时，则须两点绑扎并对吊点位置进行验算。

根据柱在吊升过程中柱身运动的特点分为：旋转法、滑行法

① 旋转法：起重机边起钩、边旋转，使柱身绕柱脚旋转而逐渐吊起的方法。

条件：保持柱脚位置不动，并使柱的吊点、柱脚中心和杯口中心三点共弧。

特点：柱吊升中所受震动较小，但对起重机的机动性要求高。

适用：自行式起重机。

② 滑行法：起吊时起重机不旋转，只起升吊钩，使柱脚在吊钩上升过程中沿着地面逐渐向前滑行，直至柱身直立的方法。

条件：柱的吊点布置在杯口旁，并与杯口中心两点共弧。

特点：柱在滑行中受到震动，对构件不利，但对起重机机动性要求低。

适用：独脚桅杆起重机，或场地受限时。

柱的起吊方法与单层工业厂房的柱的吊装基本相同，一般采用旋转法。上层柱的底部都有外伸钢筋，吊装时应采取保护措施，以防止碰弯钢筋。外伸钢筋的保护措施有：用钢管保护柱脚外伸钢筋，用钢管三角架套在柱端钢筋处或用垫木保护等，见图 6-31。

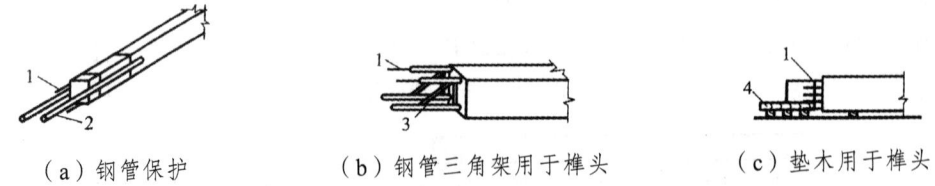

（a）钢管保护　　　　（b）钢管三角架用于榫头　　　　（c）垫木用于榫头

图 6-31　柱脚外伸钢筋保护方法
1—外伸钢筋；2—钢管；3—钢管三角架；4—垫木

（2）柱的临时固定和校正。

底层柱插入基础杯口后进行临时固定，其临时固定和校正方法与单层工业厂房柱相同。

上节柱的吊装须在下节柱最后固定后进行，上节柱吊装在下节柱的柱头上时，上柱与下柱的对位工作应在起重机脱钩前进行。对位方法是将上柱底部中线对准下柱顶部中线，同时测定上柱中心线的垂直度。

临时固定和校正可采用方木或管式支撑进行，见图 6-32 和图 6-33。管式支撑为两端装有螺杆的钢管，上端与套在柱上的管箍相连，下端与楼板上的预埋件连接。

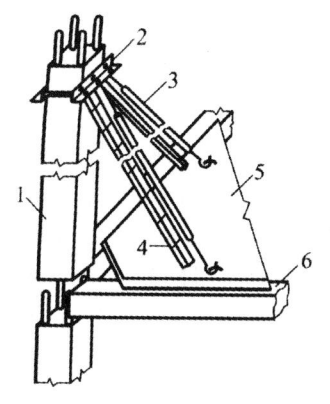 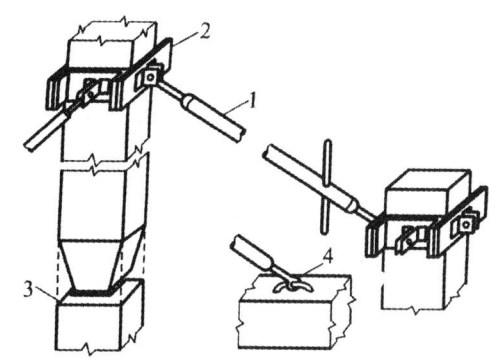

图 6-32 角柱临时固定示意图
1—柱;2—角钢夹板;3—钢管拉杆;
4—木支撑;5—楼板;6—梁

图 6-33 管式支撑临时固定
1—管式支撑;2—夹箍;3—预埋钢板及点焊;
4—预埋件

柱子的校正工作应多次反复进行。第一次在起重机脱钩后焊接前进行初校;第二次在柱接头电焊后进行,以校正因焊接引起钢筋收缩不均而产生的偏差;在柱子与梁连接和楼板吊装后,为消除荷载和电焊产生的偏差,还要再校正一次。此外,对细而长的多层框架柱,在强烈阳光照射下,由于阳面和阴面的温差会使柱子产生弯曲变形,因此,必须考虑温差对垂直度的影响,采取相应的措施。

(3)柱接头施工。

柱接头的形式主要有榫式接头、插入式接头和浆锚式接头 3 种,见图 6-34。

榫式接头见图 6-34(a),上柱下部有一榫头,承受施工荷载,上柱和下柱外露的受力钢筋用剖口焊连接,并配置一定数量的箍筋,最后浇灌接头混凝土形成整体。

插入式接头见图 6-34(b),上柱下部做成榫头,下柱顶部做成杯口,上柱插入杯口后用水泥砂浆灌筑填实。这种接头不需焊接,吊装固定方便。

浆锚式接头见图 6-34(c),将上柱伸出的钢筋插入下柱的预留孔内,然后用水泥砂浆灌缝锚固上柱钢筋,形成整体。

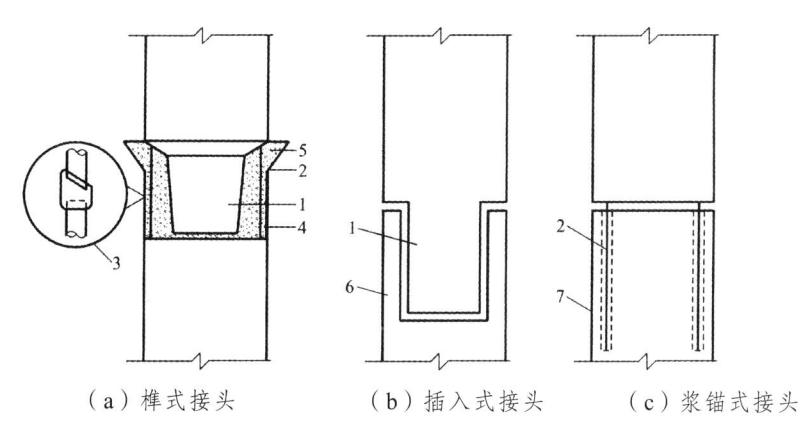

(a)榫式接头　　(b)插入式接头　　(c)浆锚式接头

图 6-34 柱接头形式

1—榫头;2—上柱外伸钢筋;3—剖口焊;4—下柱外伸钢筋;5—后浇混凝土接头;
6—下柱杯口;7—下柱预留孔

2）梁、板的吊装

框架结构的梁，有一次预制成的普通梁和叠合梁两种，叠合梁上部留出 120～150 mm 的现浇叠合层，以增强结构的整体性。

框架结构的楼板多为预应力密肋楼板、预应力槽形板和预应力空心板等。楼板一般都是直接搁置在梁上，接缝处用细石混凝土灌实。其吊装方法与单层工业厂房基本相同。

梁与柱的接头形式做法很多，常见的主要有明牛腿式刚性接头、齿槽式接头和整体式接头等。

明牛腿式刚性接头见图 6-35，这种接头在梁吊装后，只要将梁端预埋钢板和柱牛腿上的预埋钢板焊接后，起重机即可脱钩，然后进行梁与柱的焊接。这种接头安装方便，节点刚度大，受力可靠，但牛腿占据了一定空间，多用于多层厂房。

齿槽式接头见图 6-36，这种接头是利用柱接头处的齿槽来传递梁端剪力的。梁吊装时搁置在临时牛腿上，由于搁置面积较小，为确保安全，须将梁一端的上部接头钢筋焊好两根后，起重机才能脱钩。

整体式接头见图 6-37，柱每层一节，上柱带榫头，梁搁在柱上，梁底钢筋按锚固要求向上弯起或焊接，在节点核心区安装箍筋后，浇筑混凝土。第一次浇筑至楼板面，待混凝土强度达到 10 N/mm² 以上后，吊装上柱。上柱与下柱的钢筋采用搭接连接，搭接长度为 20d（d 为钢筋直径），然后第二次浇筑混凝土到上柱的榫头上部，留 35 mm 左右的空隙，用细石混凝土捻缝。

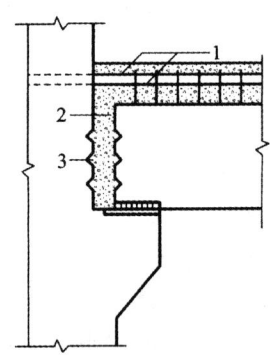

图 6-35 明牛腿刚性接头
1—剖口焊；2—后浇细石混凝土；3—齿槽

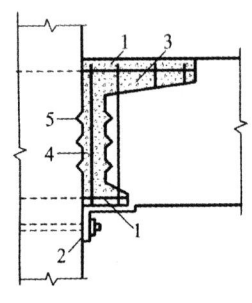

图 6-36 齿槽式梁柱接头
1—衰口焊；2—后浇细石混凝土 3—齿槽；
4—附加钢筋；5—临时牛腿

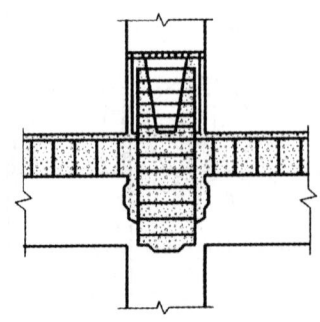

图 6-37 上柱带榫头的整体浇筑混凝土接头

思考题

1. 某工地采用独脚拔杆吊装柱，滑轮组钢丝绳经过两个导向滑轮进入卷扬机。已知柱与索具重 300 kN，滑轮组的工作线数 $n = 10$，滑轮的省力系数 $f = 1.04$。试选择滑轮钢丝绳和卷扬机。

2. 某单层工业厂房吊装工程，柱的牛腿标高 + 8.00 m，吊车梁长 6 m，起重机停机面 − 0.40 m。试计算安装吊车梁时的起重高度。

项目 7　防水工程

【学习目标】

1. 掌握各种卷材防水工程的材料及其质量要求，各种卷材防水工程的施工。
2. 掌握刚性防水工程的特点，水泥砂浆防水工程的施工，防水混凝土防水工程的分类及施工。
3. 沥青卷材防水工程施工，高聚物改性沥青卷材防水工程施工，合成高分子卷材防水工程施工。

【工程导入】

岛隧工程是港珠澳大桥的"核心工程"，是世界唯一的深埋沉管隧道，隧道总长 5 664 m，由 33 个管节水下沉放对接万里，施工精度控制在 4 cm 以内，被喻为"大风里穿针"，堪称前所未有的世界级难题。

防水工程采用禹王 SBS 3 mm 和 4 mm 厚砂面防水卷材，并用热熔法施工，并通过 4 种材料实验，选用粘接型沥青基专用基层处理剂，实现卷材与黏接率100%，空鼓率0，做到滴水不进。

7.1　概　述

防水工程包括屋面防水工程和地下防水工程。
防水工程按其构造做法分为结构自防水和防水层防水两大类。

1. 结构自防水

结构自防水主要是依靠建筑物构件材料自身的密实性及某些构造措施（坡度、埋设止水带等），使结构构件起到防水作用。

2. 防水层防水

防水层防水是在建筑物构件的迎水面或背水面以及接缝处，附加防水材料做成防水层，以起到防水作用。如卷材防水、涂膜防水、刚性材料防水层防水等。

防水工程又分为：柔性防水，如卷材防水、涂膜防水等；刚性防水，如刚性材料防水层防水、结构自防水等。

防水工程施工工艺要求严格细致，在施工工期安排上应避开雨季或冬季施工。屋面防水根据建筑物的性质、重要程度、使用功能要求以及防水层耐用年限等，分为4个等级进行设防，见表7.1。

地下工程长期受地下水变化影响，处于水的包围之中。如果防水措施不当出现渗漏，不但修缮困难，影响工程正常使用，而且长期下去，会使主体结构产生腐蚀、地基下沉现象，危及安全，易造成重大经济损失。地下工程防水等级分为4级，见表7.2。

表7.1 屋面防水等级划分

项目	屋面防水等级			
	Ⅰ	Ⅱ	Ⅲ	Ⅳ
建筑物类别	特别重要或对防水有特殊要求的建筑	重要的建筑和高层建筑	一般的建筑	非永久性的建筑
防水层合理使用年限	25年	15年	10年	5年
防水层选用材料	宜选用合成高分子防水卷材、高聚物改性沥青防水卷材、金属板材、合成高分子防水涂料、细石混凝土等材料	宜选用高聚物改性沥青防水卷材、高分子防水卷材、金属板材、合成高分子防水涂料、细石混凝土、平瓦、油毡瓦等材料	宜选用三毡四油沥青防水卷材、高聚物改性沥青防水卷材、高分子防水卷材、金属板材、高聚物改性沥青防水涂料、合成高分子防水涂料、细石混凝土、平瓦、油毡瓦等材料	可选用二毡三油沥青防水卷材、高聚物改性沥青防水涂料等材料
设防要求	三道或三道以上防水设防	二道防水设防	一道防水设防	一道防水设防

表7.2 地下工程防水等级

防水等级	标准
Ⅰ	不允许渗水，结构表面无湿渍
Ⅱ	不允许漏水，结构表面可有少量湿渍工业与民用建筑：总湿渍面积不应大于总防水面积（包括顶板、墙面、地面）的1/1 000；任意100 m² 防水面积上的湿渍不超过1处，但单个湿渍的最大面积不大于0.1 m² 其他地下工程：总湿渍面积不应大于总防水面积的6/1 000；防水面积上的湿渍不超过4处，单个湿渍的最大面积不大于0.2 m²
Ⅲ	有少量漏水点，不得有线流和漏泥沙任意100 m² 防水面积上的漏水点不超过7处，单个漏水点的最大漏水量不大于2.5L/d，单个湿渍的最大面积不大于0.3 m²
Ⅳ	有漏水点，不得有线流和漏泥沙整个工程平均漏水量不大于2 L/($m^2 \cdot d$)；任意100 m² 防水面积的平均漏水量不大于2 L/($m^2 \cdot d$)

7.2 卷材防水工程

卷材防水属于柔性防水,包括沥青防水卷材、高聚物改性沥青防水卷材、合成高分子防水卷材等三大系列。卷材又称油毡,适用于防水等级为Ⅰ~Ⅳ级的屋面防水。

7.2.1 沥青卷材防水工程

沥青卷材防水工程是用沥青胶结材料油毡逐层黏结铺设在结构基层上而成的防水层。这是我国目前采用最为广泛的防水方法。

1. 材料及其质量标准

1)沥青

卷材防水工程常用10号和30号建筑石油沥青以及60号道路石油沥青,一般不使用普通石油沥青。普通石油沥青含蜡量较大,因而降低了石油沥青的黏结力和耐热度。沥青贮存时应该按不同品种、标号分别存放,避免阳光直接曝晒并要远离火源。

沥青的主要性能如下:

防水性 沥青是一种憎水材料,不溶于水,结构非常密实,防水性好。

温度稳定性 沥青的黏性和塑性随着温度变化的性能,其好坏用软化点表示。

黏性 外力作用下抵抗变形的能力,其大小用针入度表示。

塑性 外力作用下产生变形而不破坏的能力,其大小用延伸度表示。

石油沥青根据软化点、针入度和延伸度划分标号,见表7.3。

表7.3 石油沥青牌号及其质量指标

性能指标	石油沥青牌号				
	60号甲	60号乙	30号甲	30号乙	10号
软化点/℃≥	45	45	70	80	95
针入度(25℃时)	41~80	41-80	21-40	21~40	5~20
延伸度(25℃时)/cm≥	60	40	3	3	1

2)冷底子油

冷底子油是利用30%~40%的石油沥青加入70%的汽油或者加入60%的煤油溶融而成。前者称为快挥发性冷底子油,喷涂后5~10 h干燥;后者称为慢挥发性冷底子油,喷涂后12~48 h干燥。冷底子油渗透性强,喷涂在基层表面上,可使基层表面具有憎水性并增强沥青胶结材料与基层表面的黏结力。

3)沥青防水卷材

沥青防水卷材是采用原纸、纤维织物、纤维毡等胎体材料,然后用高软化点的石油沥青涂盖油纸两面,再撒上隔离材料而成。

按胎体材料的不同分为纸胎油毡、纤维胎油毡（如玻璃布胎、玻纤毡胎、黄麻胎）、特殊胎油毡（如铝箔胎）3类。

沥青防水卷材的特点和适用范围见表7.4。

表7.4 沥青防水卷材的特点和适用范围

卷材名称	特　点	适用范围	施工工艺
石油沥青纸胎油毡	低温柔性差，防水层耐用年限较短，价格较低	三毡四油、二毡三油叠层铺设的屋面工程	热玛碲脂、冷玛碲脂粘贴
玻璃布胎沥青油毡	抗拉强度高，胎体不宜腐烂，材料柔性好，耐久性比纸胎油毡高一倍以上	多用作纸胎油毡的增强附加层和突出部位的防水层	热玛碲脂、冷玛碲脂粘贴
玻纤毡胎沥青油毡	有良好的耐久水性、耐腐蚀性和耐久性，柔性优于纸胎沥青油毡	常用作屋面或地下防水工程	热玛碲脂、冷玛碲脂粘贴
布麻胎沥青油毡	抗拉强度高，耐水性好，但胎体材料易腐烂	常用作屋面增强附加层	热玛碲脂、冷玛碲脂粘贴
铝箔胎沥青油毡	有很高的阻隔蒸汽渗透的能力，防水性能好，且具有一定的抗拉强度	与带孔玻纤毡配合或单独使用，宜用于隔汽层	热玛碲脂粘贴

沥青防水卷材的技术性能见表7.5。

表7.5 沥青防水卷材的技术性能

项目		性能	
		350号	500号
纵向拉力[在（25±2）°C]/N		≥340	i>440
耐热度[（85±2）°C，2 h]		不流淌，集中性气泡	
柔度[（18±2）°C]		绕犯0 mm圆棒无裂纹	绕犯5 mm圆棒无裂纹
不透水性	压力/MPa	≥0.10	≥0.15
	保持时间/min	≥30	≥30

沥青防水卷材的外观质量要求见表7.6。

表7.6 沥青防水卷材的外观质量要求

项　目	外观质量要求
孔洞、硌伤	不允许
露胎、涂盖不匀	不允许
折纹、皱褶	距卷心1 000 mm以外，长度不应大于100 mm
裂纹	距卷心1 000 mm以外，长度不应大于10 mm
裂口、缺边	边缘裂口小于20 mm；缺边长度小于50 mm，深度小于20 mm
每卷卷材的接头	不超过1处，较短的一段不应小于2 500 mm，接头处应加长150 mm

2．屋面防水工程施工

1）基层施工

钢筋混凝土屋面板施工时，要求安放平稳牢固，板缝间必须嵌填密实。钢筋混凝土屋面板板面应刷冷底子油一道或铺设一毡二油卷材作为隔汽层以防止室内水汽渗入保温层。采用油毡铺设隔汽层时，应满铺，搭接宽度不小于50 mm。

2）保温层施工

保温层采用的材料，可为松散保温材料或整体保温材料，保温材料重度应小于10 kN/m³，导热系数小于0.29 W/(m²·K)；具有较好的防腐性能或经过防腐处理；保温材料的含水率应符合设计要求，无设计要求时，应相应于该材料在当地自然风干状态下的含水率；憎水性胶结材料不得超过5%，水硬性胶结材料不得超过20%。

整体保温材料要求表面平整，并具有一定的强度，见表7.7。

表7.7 整体保温层强度标准

保温材料类别	抗压强度/MPa	抗折强度/MPa
各种整体的保温层	≥0.2	
预制加气混凝土板、泡沫混凝土板、膨胀珍珠岩板、膨胀蛭石板等板状材料	≥0.4	
有机纤维板（木丝板、刨花板、甘蔗板等）		≥1

3）找平层施工

找平层采用1:3水泥砂浆，细石混凝土或1:8沥青砂浆进行施工。找平层表面应平整、粗糙，并按设计要求留设坡度，屋面转角处应留设半径不小于100 mm的圆角或斜边长100~150 mm的钝角垫坡，并应具有一定的强度和刚度，以保证油毡防水层铺设平整、黏结牢固，便于排水和承受施工荷载。找平层含水率应小于9%，表面要求洁净。

找平层的施工标准，见表7.8。

表7.8 找平层厚度和技术要求

类别	基层种类	厚度/mm	技术要求
水泥砂浆找平层	整体混凝土	15~20	1:2.5-1:3（水泥:砂）体积比，水泥标号不低于325号
	整体或板状材料保温层	20-25	
	装配式混凝土板、松散材料保温层	20~30	
细石混凝土找平层	松散材料保温层	30~35	混凝土强度等级C15
沥青砂浆找平层	整体混凝土	15~20	质量比为1:8（沥青:砂）
	装配式混凝土板、整体或板状材料保温层	20~25	

4）油毡防水层施工

油毡的铺贴方法一般常用实铺法，底层油毡面不留空白地，应满涂沥青玛碲脂，其厚度严格控制在2 mm以内，一般在1~1.5 mm之间。

油毡铺设的方向应根据屋面坡度或屋面是否存在振动而确定。

① 屋面坡度<3%时，油毡宜平行屋脊方向铺设油毡铺设由檐口开始向平行屋脊方向进行，压边顺水流方向，搭接长度>70 mm，接头顺主导风向，搭接长度>100 mm；同层相邻两幅油毡的接头缝应错开 500 mm；上下相邻两层油毡应错开 1/3～1/2 幅油毡宽度。

② 屋面坡度>15%或屋面存在振动时，油毡应垂直屋脊方向铺设。

油毡铺设由檐口开始向屋脊方向进行，压边顺主导风向，搭接长度>70 mm，接头顺水流方向，搭接长度>100 mm。每幅油毡应铺过屋脊的长度不小于 200 mm。

③ 屋面坡度在 3%～15%之间时，油毡铺设方向随意。卷材防水屋面坡度不宜超过 25%。

5）保护层施工

油毡防水层铺设完毕经检查合格后，应立即进行绿豆砂保护层的施工，以免油毡表面遭到损坏。施工时，应选用色浅、耐风化、清洁、干燥、粒径为 3～5 mm 的绿豆砂，加热至 100 ℃左右，趁热将其均匀撒铺在已涂刷过 2～3 mm 厚的沥青玛碲脂的油毡防水层上，使绿豆砂 1/2 的粒径嵌入到沥青玛碲脂中，未黏结的绿豆砂随时清扫干净。

3. 地下防水工程施工

地下防水工程的油毡防水层应铺贴在整体的混凝土结构或钢筋混凝土结构的基层上、整体的水泥砂浆找平层的基层上、整体的沥青砂浆或沥青混凝土找平层的基层上。油毡地下防水层防水性能好，能抵抗酸、碱、盐的侵蚀，韧性好，但其耐久性差，机械强度低，出现渗漏现象修补困难。

地下防水工程施工时选用的沥青，其软化点应较基层及防水层周围介质可能达到的最高温度高 20～25 ℃，且不得低于 40 ℃。油毡宜采用耐腐蚀的油毡。防止酸碱的侵蚀，常采用耐酸沥青玛碲脂，其填充料为角闪石棉、辉绿岩粉、石英粉等；耐碱沥青玛碲脂，其填充料为滑石粉、温石棉、石灰石粉、白云石粉等。

油毡防水层铺贴时的沥青玛碲脂厚度控制在 1.5～2.5 mm，搭接长度短边不小于 150 mm，长边不小于 100 mm。上下层和相邻两幅油毡的接缝应错开，上下层油毡不得相互垂直铺贴。在立面与平面转角处，油毡的接缝应留在平面内，距立面距离要求大于 600 mm，所有的转角处应铺贴附加层。油毡铺贴时要求层间必须黏结紧密，搭缝必须用沥青玛碲脂封严，最后一层油毡铺贴后，表面上应均匀地涂刷一层厚 1～1.5 mm 的热沥青玛碲脂。

1）外贴法施工

外贴法施工是在垫层上铺好底面防水层后，先进行底板和墙体结构的施工，再把底面防水层延伸铺贴在墙体结构的外侧表面上，最后在防水层外侧砌筑保护墙。外贴法施工，见图 7-1。

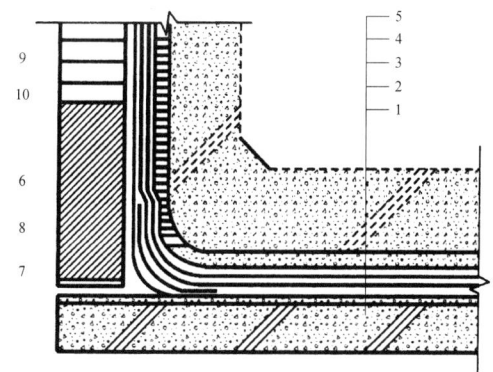

图 7-1 外贴法施工

1—混凝土垫层；2—水泥砂浆找平层；3—油毡防水层；
4—细石混凝土保护层；5—建筑结构；6—油毡防水层；
7—隔离油毡；8—永久保护墙；9—临时保护墙；
10—单砖保护墙

外贴法施工程序：

首先在垫层四周砌筑永性保护墙，高度 300~500 mm，其下部应干铺油毡条一层，其上部砌筑临时性保护墙。然后铺设混凝土底板垫层上的油毡防水层，并留出墙身油毡防水层的接头。继而进行混凝土底板和墙身的施工，拆除临时保护墙，铺贴墙体的油毡防水层，最后砌筑永久保护墙。为使油毡防水层与基层表面紧密贴合，充分发挥防水效能，永久性保护墙按 5 m 分段并且与防水层间空隙用水泥砂浆填实。

外贴法施工应先铺贴平面，然后立面，平、立面交接处应交叉搭接，临时性保护墙宜采用石灰砂浆砌筑以便于拆除。

2）内贴法施工

内贴法施工是在垫层边沿上先砌筑保护墙，油毡防水层一次铺贴在垫层和保护墙上，最后进行底板和墙体结构的施工。

内贴法施工程序：

首先在垫层四周砌筑永性保护墙，然后在垫层上和永久性保护墙上铺贴油毡防水层，防水层上面铺 15~30 mm 厚的水泥砂浆保护层，最后进行混凝土底板和墙体结构的施工。

内贴法施工应先铺立面，然后铺平面。铺贴立面时，应先铺转角，再铺大面。

卷材地下防水工程施工一般采用外贴法施工，只有在施工条件受到限制，外贴法施工不能进行时，方采用内贴法施工。

7.2.2 高聚物改性沥青卷材防水工程

高聚物改性沥青卷材防水工程是用氯丁橡胶改性沥青胶黏剂（CX-404 胶）将以橡胶或塑料改性沥青的玻璃纤维布或聚酯纤维无纺布为胎芯的柔性卷材毡单层或双层铺设在结构基层上而形成的防水层。

高聚物改性沥青防水卷材的质量应符合表 7.9、表 7.10 和表 7.11 的要求。

表 7.9 高聚物改性沥青防水卷材的外观质量

项 目	外观质量要求
孔洞、缺边、裂口	不允许
边缘不整齐	不超过 10 mm
胎体露白、未浸透	不允许
撒布材料粒度、颜色	均匀
每卷卷材的接头	不超过 1 处，较短的一段不应小于 1 000 mm，接头处应加长 150 mm

表 7.10 高聚物改性沥青防水卷材规格

厚度/mm	宽度/mm	每卷长度/m
2.0	≥1000	15.0~20.0
3.0	≥1000	10.0
4.0	≥1000	7.5
5.0	≥1000	5.0

表 7.11 高聚物改性沥青防水卷材的物理性能

项　目		性能要求		
		聚酯毡胎体	玻纤胎体	聚乙烯胎体
拉伸性能	拉力/(N/50 min)	≥450	≥350（纵向） ≥250（横向）	≥100
	最大拉力时延伸率%	≥30		≥200
耐热度（2 h）/℃		SBS 卷材 90，APP 卷材 110，无滑动、流淌、滴落		PEE 卷材 90，无流淌、气泡
低温柔性/℃		SBS 卷材 -18，APP 卷材 -5，PEE 卷材 -10 3 mm 厚，r = 15 mm；4 mm 厚，r = 25 mm；3S 弯 180°，无裂纹		
不透水性	压力/MPa	>0.3	>10.2	≥0.3
	保持时间/min	≥30		

1. 材料及其质量标准

1）高聚物改性沥青油毡

（1）SBS 改性沥青柔性油毡。

SBS 改性沥青柔性油毡是以聚酯纤维无纺布为胎体，SBS 橡胶改性石油沥青为浸渍涂盖层，塑料薄膜为防黏隔离层，经过一系列工序加工制作的柔性防水油毡。其耐高温和低温性能有明显提高，油毡的弹性和耐疲劳得到了改善，将传统的沥青油毡热施工改变为冷施工，适用于建筑工程的屋面和地下防水工程。

SBS 改性沥青柔性油毡的规格，见表 7.12。

表 7.12 SBS 改性沥青柔性油毡的规格

类型	厚度/mm		宽度/mm		长度/m		每卷质量/kg	
	基本尺寸	允许误差/%	基本尺寸	允许误差/%	基本尺寸	允许误差/%	基本质量	允许误差/%
Ⅰ	1.0	±10	1000	±2	20	不得小于基本尺寸	20	±2
Ⅱ	2.0	±10	1000	±2	10	同上	25	±2
Ⅲ	3.0	±10	1000	±2	10	同上	40	±2

注：Ⅰ型表面带薄膜；Ⅱ，Ⅲ型表面带砂粒。

SBS 改性沥青柔性油毡的技术性能，见表 7.13。

表 7.13 SBS 改性沥青柔性油毡的技术性能

项　目	企业标准	实测数据		
		Ⅰ型	Ⅱ型	Ⅲ型
抗拉断裂强度/MPa	2.94	3.09	3.57	4.41
直角撕裂强度/(kN/m)	9.8	17.0	21.7	29.5
断裂伸长度/%	>30	46.0	54.6	44.0
耐热度（80 ℃，45°角，受热 5 h）	不流淌	涂盖层不流淌，无集中性气泡		
低温柔度（-20 ℃）	无裂纹	绕担 0 mm 圆棒无裂纹		
不透水性（9.8×10⁴ Pa, 30 min）	不透水	不透水		
紫外光老化[1 000 W（50±2）℃]	200 h 不龟裂	合格		

注：Ⅰ类指聚酯毡胎体；Ⅱ类指麻布胎体；Ⅲ类指聚乙烯膜胎体。

（2）铝箔塑胶油毡。

铝箔塑胶油毡是以聚酯纤维无纺布为胎体,高分子聚合物改性沥青类材料为浸渍涂盖层,塑料薄膜为底面防黏隔离层,以银白色软质铝箔为表面反光保护层,经过一系列工序加工制作的新型防水油毡。其低温柔性好,能在较低的气温环境中顺利开卷和进行防水层的施工;延伸性能好,对基层伸缩或开裂变形的适应性强;对阳光的反射率高达78%,抗老化能力强,可延长油毡的使用寿命和降低房屋顶层的室内温度。铝箔塑胶防水层可采用单层做法,冷施工作业,减少了环境的污染,改善了劳动条件,提高了施工效率,适用于工业与民用建筑工程的屋面防水工程。

铝箔塑胶油毡的规格,见表7.14。

表7.14 铝箔塑胶油毡的规格

长度/m		宽度/mm		质量/kg	
基本尺寸	允许公差	基本尺寸	允许公差	基本质量	允许公差
15	±0.03	1250	±50	45	±3 −2
20	±0.03	1000	±40	50	+3 −2

铝箔塑胶油毡的技术性能,见表7.15。

表7.15 铝箔塑胶油毡的技术性能

1	单位面积总质量/kg	≥2.50
2	不透水性（压力1.96×10Pa,30 min）	不透水
3	吸水性/%	≤2.0
4	耐热度[在(85±2)℃时加热5 h]	涂盖层无滑动和集中性气泡
5	拉伸强度/MPa,纵向不小于	2.5
6	断裂伸长度/%	≥50
7	撕裂强度/(kN/m)	≥15
8	柔度（在−10 ℃时）	绕犯0 mm圆棒无裂纹

（3）化纤胎改性沥青油毡。

化纤胎改性沥青油毡是以聚酯纤维无纺布为胎体,再生橡胶改性石油沥青为浸渍涂盖层,塑料薄膜为隔离层,经过一系列工序加工制作的防水油毡。其延伸率较纸胎沥青油毡提高20%,能够适应基层伸缩或开裂变形的要求;耐热性有明显改善,可以在较低气温环境中施工;质量轻,约为二毡三油的防水层总质量的15%。单层冷施工作业,适用于建筑工程中屋面和地下防水工程。

化纤胎改性沥青油毡的规格,见表7.16。

表7.16 化纤胎改性沥青油毡的规格

类型	长度/m		宽度/mm		质量/kg	
	基本尺寸	允许误差	基本尺寸	允许误差	基本质量	允许误差
A	10	±0.3	1 250	±50	37.5	不允许出现负值
B	15		1 000		45.0	不允许出现负值

化纤胎改性沥青油毡的技术性能,见表7.17。

表7.17 化纤胎改性沥青油毡的技术性能

项目名称	指 标
单位面积总质量/kg	不少于3.0
不透水性(压力1.96×10⁵ Pa)	30 min 不透水
吸水性/%	不大于2.0
耐热度[(85±2)℃时,加热5 h]	涂盖层无滑动和集中性气泡
拉伸强度(纵向)/MPa	不小于2.5
断裂伸长度/%	不小于30.0
撕裂强度/(kN/m)	不小于15.0
柔度(在-10℃时)	绕犯0 mm圆棒无裂纹

(4)废胶粉改性沥青耐低温油毡。

废胶粉改性沥青耐低温油毡是以 $350 /\!/ m^2$ 的油毡厚纸为胎体,以废胶粉改性石油沥青为浸渍涂盖层,滑石粉为撒布料,按照传统石油沥青油毡的生产工艺加工制成的防水油毡。在-10~45 ℃条件下,易于开卷并无黏连现象,适用于建筑工程屋面或地下防水工程,尤其适用寒冷地区。

废胶粉改性沥青耐低温油毡的规格,见表7.18。

表7.18 废胶粉改性沥青耐低温油毡的型号、质量

型号	Ⅰ型		Ⅱ型	
品种	粉面毡	砂面毡	粉面毡	砂面毡
质量/kg≥	28.5	28.5	28.5	28.5

注:Ⅰ型指柔度在(-10±2)℃时,绕φ20 mm圆棒无裂纹;
Ⅱ型指柔度在(0±2)℃时,绕φ20 mm圆棒无裂纹。

废胶粉改性沥青低温油毡的技术性能,见表7.19。

表 7.19 废胶粉改性沥青耐低温油毡的技术性能

项 目		I 型		II 型	
		粉面毡	砂面毡	粉面毡	砂面毡
单位面积浸涂材料总质量/g，≥		1 000		1 000	
不透水性	压力/Pa，≥	1.47×10^5		1.47×10^5	
	保持时间/min，≥	30		30	
拉力/N，在（18±2）℃时，纵向不小于		431		431	
吸引力/%，≥		1.0		1.0	
耐热度（受热 5 h 涂盖层无滑动和集中气泡的温度）/℃		90±2		85±2	
柔度（绕ϕ20 mm 圆棒无裂纹的温度）/℃		-10±2		0±2	
开卷温度		-15 ℃时开卷顺利无裂纹		-10 ℃时开卷顺利无裂纹	

2）胶黏剂

胶黏剂主要用于油毡与基层的黏结，用于排水口、管子根部等容易漏水的薄弱部位作增强密封处理，用于油毡接缝的黏结和油毡收头的密封处理等。胶黏剂一般选用橡胶或再生橡胶改性沥青和汽油溶融而成，其黏结剪切强度≥0.05 N/mm²，黏结剥离强度≥0.8 N/mm。常用的胶黏剂为氯丁橡胶改性沥青胶黏剂。

2. 高聚物改性沥青油毡防水工程施工

高聚物改性沥青油毡防水工程施工，可以采取单层外露构造，见图 7-2；也可以采取双层外露构造，见图 7-3。

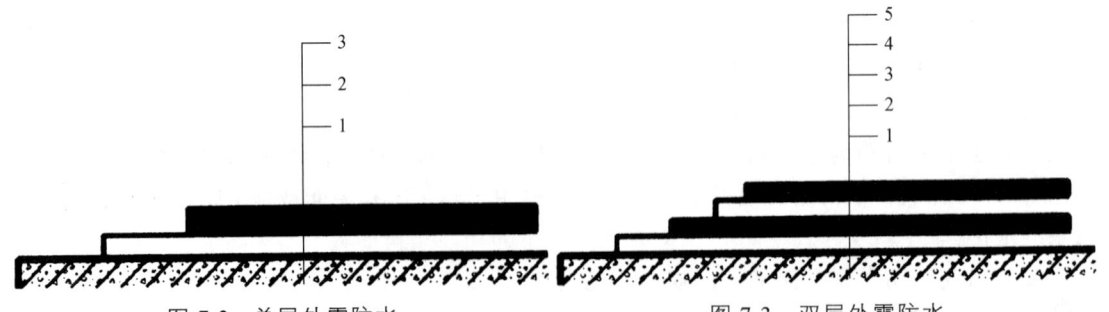

图 7-2 单层外露防水　　　　　　图 7-3 双层外露防水
1—基层；2—胶黏剂；3—油毡　　1—基层；2，4—胶黏剂；3，5—油毡

1）冷粘法施工

利用毛刷将胶黏剂涂刷在基层上，然后铺贴油毡，油毡防水层上部再涂刷胶黏剂保护层。

冷粘法施工程序：

清理干净的基层涂刷一层基层处理剂，基层处理剂为汽油稀释的胶黏剂，涂刷均匀一致，不允许反复涂刷。

对于排水口、管子根部、烟囱底部等容易发生渗漏的薄弱部位应加设整体增强层。在薄弱部位中心 200 mm 范围内，均匀涂刷一层胶黏剂，厚度为 1 mm 左右，随即粘贴一层聚酯纤维无纺布，无纺布上面再涂一层1 mm厚的胶黏剂，干燥后形成无接缝的弹塑性整体增强层。

油毡铺贴时首先应在流水坡度的下坡弹出基准线，边涂刷胶黏剂边铺贴油毡并及时用压辊进行压实处理，排出空气或异物。平面和立面相连接的油毡，应由下向上压缝铺贴，不得有空鼓现象。当立面油毡超过300 mm时，应用氯丁系胶黏剂进行黏结或采用干木砖钉木压条与黏结复合的处理方法，以达到黏结牢固和封闭严密的效果。油毡纵横向的搭缝宽度为100 mm，接缝可用胶黏剂黏合，可用汽油喷灯进行加热熔接。采用双层外露防水构造时，第二层油毡的搭接缝与第一层油毡的搭接缝应错开油毡幅宽的1/3～1/2。接缝边缘和油毡的末端收头部位，应刮抹浆膏状的胶黏剂进行黏合封闭处理，以达到密封防水效果。必要时，可在经过密封处理的末端收头处，再用掺入占水泥质量20%的聚乙烯醇缩甲醛的水泥砂浆进行压缝处理。油毡接缝及末端收头处理见图7-4。

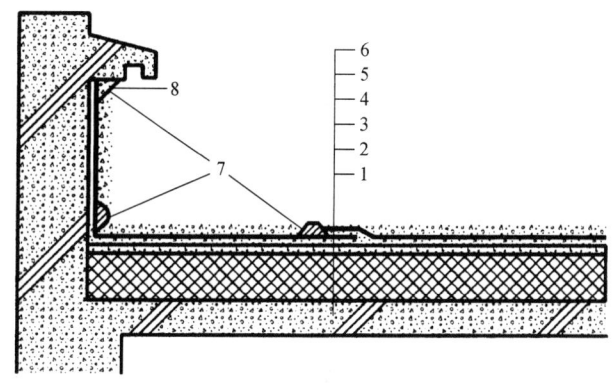

图7-4 油毡接缝及末端收头处理

1—钢筋混凝土屋面板；2—保温层；3—水泥砂浆找平层；4—胶黏剂；5—油毡防水层；
6—蛭石粉保护层或银色涂料；7—膏状胶黏剂；8—聚乙烯醇缩甲醛水泥砂浆

2）热熔施工

利用火焰加热器如汽油喷灯或煤油焊枪对油毡加热，待油毡表面熔化后，进行热熔接处理。热熔施工节省胶黏剂，适于气温较低时施工。

热熔施工程序：

基层处理剂涂刷后，必须干燥8 h后方可进行热熔施工，以防发生火灾。

热熔油毡时，火焰加热器距离油毡0.5 m左右，加热要均匀，待油毡表面熔化后，缓慢地滚铺油毡进行铺贴。

油毡尚未冷却时，应将油毡接缝边封好，再用火焰加热器均匀细致地密封。其他施工程序同冷粘法施工。

3）施工技术安全措施

（1）高聚物改性沥青油毡防水工程材料和辅助材料属易燃物质，存放材料的地点和施工现场，必须严禁烟火。

（2）屋面防水层不应有积水和渗漏现象。

（3）油毡的接缝部位必须黏结牢固，封闭严密，不允许存在皱褶、空鼓、翘边、脱层和滑移等缺陷。

（4）排水口周边、檐口部位和油毡防水层的末端收头处，必须黏结牢固，密封良好。

（5）在屋顶或挑檐等危险部位进行施工作业时，施工人员必须佩戴安全带，四周设置防护安全网。

7.2.3 合成高分子卷材防水工程

合成高分子卷材防水工程是用氯丁橡胶和叔丁基酚醛树脂制成的基层胶黏剂，用丁基橡胶和氯化丁基橡胶或氯丁橡胶和硫化剂等制成的接缝胶黏剂，用单组分氯磺化聚乙烯或双组分聚氨酯等接缝密封剂，将高分子油毡单层黏结铺设在结构基层上而成的防水层，以达到建筑物的防水目的。

合成高分子防水油毡的质量应符合表7.20、表7.21和表7.22的要求。

表7.20 合成高分子防水卷材的外观质量

项 目	外观质量要求
折 痕	每卷不超过2处，总长度不超过20 mm
杂 质	大于0.5 mm颗粒不允许，每1 m2不超过9 mm^2
胶 块	每卷不超过6处，每处面积不大于4 mm^2
凹 痕	每卷不超过6处，每深度不超过本身的30%；树脂类深度不超过15%
每卷卷材的接头	橡胶类每20 m不超过1处，较短的一段不应小于3 000 mm，接头处应加长150 mm；树脂类20 m长度内不允许有接头

表7.21 合成高分子防水卷材规格

厚度/mm	宽度/mm	每卷长度/m
1.0	≥1000	20.0
1.2	≥1000	20.0
1.5	≥1000	20.0
2.0	≥1000	10.0

表7.22 合成高分子防水卷材的物理性能

项 目		性能要求		
		Ⅰ	Ⅱ	Ⅲ
拉伸强度/MPa		≥7	≥2	≥9
断裂伸长率%		≥450	≥100	≥10
低温弯折性/℃		−40	−20	−20
		无裂纹		
不透水性	压力/MPa	≥0.3	≥0.2	≥0.3
	保持时间/min	≥30		
热老化保持率/%[(80±2)℃,168 h]	拉伸强度	≥80		
	断裂伸长率	≥70		

注：Ⅰ类指弹性体卷材；Ⅱ类指塑性体卷材；Ⅲ类指加合成纤维的卷材。

1. 材料及其质量标准

1）合成高分子防水卷材

（1）三元乙丙橡胶防水卷材。

三元乙丙橡胶防水卷材是以乙烯、丙烯和双环戊二烯 3 种单体共聚合成的三元乙丙橡胶为主体，掺入适量的丁基橡胶、硫化剂、促进剂、软化剂、补强剂和填充剂等，经过一系列工序加工制作的高弹性防水卷材。这种卷材耐老化，使用年限长，拉伸强度高，延伸率大，对基层伸缩或开裂变形适应性强，可采用单层防水、冷施工，减少了对环境的污染，改善了劳动条件，适用于屋面、地下和室内的防水工程。

三元乙丙橡胶防水卷材的规格，见表 7.23。

表 7.23 三元乙丙橡胶防水卷材的规格

类型	厚度/mm		宽度/m		长度/m	
	基本尺寸	允许误差	基本尺寸	允许误差	基本尺寸	允许误差
A 型	0.8	+15% −10%	1.0 或 1.2	不允许出现负值	20.0	不允许出现负值
	1.0					
	1.2					
	1.5					
B 型	2.0				10.0	

（2）氯化聚乙烯防水卷材。

氯化聚乙烯防水卷材是以含氯量为 30%～40% 的氯化聚乙烯树脂为主要原料，掺入适量的化学助剂和大量的填充材料，采用塑料或橡胶的加工工艺，经过一系列工序加工制成的弹塑性防水卷材毡。它具有热塑性弹性体的优良的性能，耐候性、耐臭氧、耐油、耐化学药品和阻燃性能都较好，易于黏结成为整体防水层。其适用于屋面、地下以及水池等防水工程。

氯化聚乙烯防水卷材的规格，见表 7.24。

表 7.24 氯化聚乙烯防水卷材的规格

厚度/mm		宽度/mm		长度/m	
基本尺寸	允许误差/%	基本尺寸	允许误差/%	基本尺寸	允许误差/%
0.8	±10	10 000 或 900	不得小于基本尺寸	20 或 10	不得小于基本尺寸
1.0					
1.2					
1.5					

氯化聚乙烯防水卷材的技术性能见表 7.25。

表 7.25 氯化聚乙烯防水油毡的技术性能

项目名称	产品指标	产品指标
拉伸强度/MPa	纵向≥9.8，横向≥4.9	≥6.9
断裂伸长率/%	纵向≥100，横向≥300	≥260
撕裂强度/(kN·m^{-1})	纵向>39，横向≥20	
臭氧老化（40 ℃，1 000 pphm，168 h）	预拉伸25%合格	
脆性温度/℃≤	−25	
低温柔性（对折）	−30 ℃无裂纹	−25 ℃无裂纹
不透水性（动水压法）	2.94×10^5 Pa，10 h合格	1.96×10^5 Pa，1 h合格

2）胶黏剂

胶黏剂用于油毡与找平层间的黏结及卷材与卷材接缝黏结，前者称为基层胶黏剂，后者称为卷材接缝胶黏剂。

基层胶黏剂一般选择氯丁橡胶和叔丁基酚醛树脂为主要成分制成，如 CX-04 胶。其黏结剥离强度应大于 2 N/mm，基层胶黏剂的用量为 0.4 kg/m^2 左右。

卷材接缝胶黏剂一般选择丁基橡胶、氯化丁基橡胶或氯丁橡胶和硫化剂、促进剂、填充剂、溶剂等配制而成的双组分或单组分常温硫化型胶黏剂。其黏结剥离强度应大于 2 N/mm，接缝胶黏剂的用量为 0.1 kg/m^2 左右。双组分常温硫化型胶黏剂，由 A 液和 B 液组成，使用时 A 液：B 液 = 1 : 1，搅拌均匀后进行涂黏。

卷材接缝密封剂一般选择单组成氯磺化聚乙烯密封膏或双组分聚氨酯密封膏，其用量为 0.05 kg/m^2 左右。

3）辅助材料

（1）表面着色剂。

表面着色剂涂刷在油毡防水层表面，可以达到反射阳光，降低顶层室内温度和美化屋面的作用。系采用三元乙丙橡胶溶液或聚丙烯酸酯乳液与铝粉等混合，研磨加工制成的银色或绿色的涂料。

（2）稀释剂。

采用二甲苯做基层处理剂的稀释剂，用量为 0.25 kg/m^2 左右。

（3）清洗剂。

采用二甲苯清洗施工工具，用量为 0.25 kg/m^2 左右；采用乙酸乙酯清洗手及被胶黏剂污染的部位，用量为 0.05 kg/m^2 左右。

2. 合成高分子卷材防水工程施工

1）涂膜与油毡复合防水施工

涂膜与油毡复合防水构造见图 7-5。

涂膜与油毡复合防水施工，其基层处理剂、铺贴油毡和表面着色剂的施工工艺与单层外露防水施工相同。

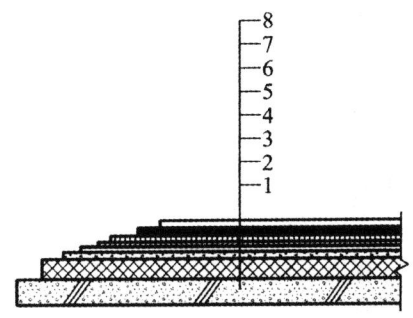

图 7-5 涂膜与油毡复合防水构造

1—钢筋混凝土屋面板；2—保温层；3—水泥砂浆找平层；4—基层处理剂；5—聚氨酯涂膜防水层；
6—胶黏剂；7—高分子油毡防水层；8—表面着色剂

聚氨酯涂膜防水层的做法是将聚氨酯涂膜防水材料甲组、乙组和二甲苯按 1:1.5:0.2 的比例配合搅拌均匀涂刷到基层表面上，涂刷量为 0.8 kg/m² 左右，干燥 24 h 后再涂 1~2 遍，涂膜完全固化后即可进行油毡铺贴。

3）有刚性保护层的防水施工

有刚性保护层的防水构造见图 7-6。

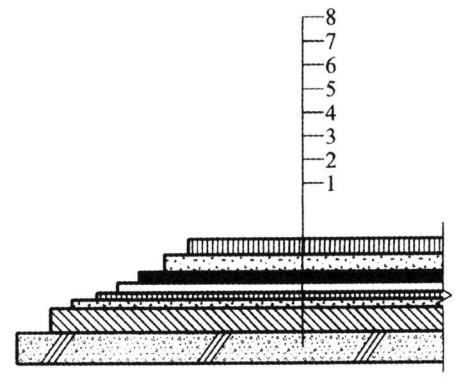

图 7-6 有刚性保护层的构造

1—钢筋混凝土屋面板；2—保温层；3—水泥砂浆找平层；4—基层处理剂；5—胶黏剂；
6—高分子防水油毡；7—水泥砂浆黏结层；8—块体饰面材料

高聚物改性沥青油毡防水工程和合成高分子防水工程施工时，由于所用材料均为易燃物质，必须注意通风防火，每次施工后的机具必须及时利用有机溶剂清洗干净。

7.3 刚性防水工程

刚性防水工程是以水泥、砂、石为原料，掺入少量外加剂、高分子聚合物等材料，通过调整配合比，抑制或减少孔隙特征，改变孔隙特征，增加各原材料界面间的密实性等方法配制的具有一定抗渗能力的水泥砂浆、混凝土作为防水材料的防水工程。具有防水作用的水泥砂浆和混凝土称为刚性防水材料，它们有以下特点：

（1）有较高的抗压、抗拉强度及一定的抗渗透能力，是一种既防水又可做承重、围护结构的材料。

（2）抗冻和抗老化性能，能满足耐久性要求，耐久年限一般超过20年。

（3）施工简便、便于修补，造价低廉。

（4）无毒，不燃，无味，具有透气性。

7.3.1 水泥砂浆防水工程

水泥砂浆防水工程的防水层分为刚性多层抹面防水层和掺外加剂的水泥砂浆防水层，适用于使用时不会因结构沉降，温度、湿度变化以及受振动而产生裂缝的地上和地下防水工程，不适用于受腐蚀、100 ℃以上高温作用及遭受反复冻融的砖砌体工程。

防水剂水泥砂浆又称防水砂浆，是在水泥砂浆中掺入占水泥质量 3%~5%的各种防水剂配制而成。常用的防水剂有氯化物金属盐类防水剂和金属类防水剂。

1. 防水砂浆

1）氯化物金属盐类防水砂浆

采用氯化物金属盐类防水剂又称防水浆，是采用氯化钙、氯化铝等金属盐类和水配制而成的浅黄色液体，加入水泥砂浆中和水泥、水起作用，在砂浆硬化过程中，生成含水氯硅酸钙、氯铝酸钙等化合物，填充砂浆中空隙，提高了砂浆的密实性，起到防水作用。

氯化物金属盐类防水砂浆的配合比为：防水剂∶水∶水泥∶砂 = 1∶6∶8∶3；防水净浆的配合比为，防水剂∶水∶水泥 = 1∶6∶8。

2）金属皂类防水砂浆

采用的金属皂类防水剂又称避水浆，是采用碳酸钠或氢氧化钾等碱金属化合物、氨水、硬脂酸和水等混合加热皂化配制而成的乳白色浆状液体。其具有塑化作用，可降低水压比，可使水泥质点和浆料间形成憎水性吸附层并生成不溶性物质，起填充砂浆中微小空隙，堵塞毛细通道，切断和减少渗水孔道作用，增加了砂浆的密实性，起到防水作用。

金属皂类防水砂浆的配合比为：水泥∶砂 = 1∶2，防水剂用量为水泥质量的 1.5%~5%。

3）氯化铁防水砂浆

氯化铁防水砂浆是在水泥浆中加入少量的氯化铁防水剂配制而成。氯化铁防水砂浆是依靠化学反应产生的氢氧化铁等胶体的密实填充作用，氯化钙对水泥熟料矿物的激化作用，使易溶性物转化为难溶性物，降低析水性，使水泥砂浆的密实性增强，抗渗性提高，起到防水作用。

2. 防水砂浆的施工

防水层施工时的环境温度为 5~35 ℃，必须在结构变形或沉降趋于稳定后进行。为抵抗裂缝，可在防水层内增设金属网片。

1）抹压法施工

先在基层涂刷一层 1∶0.4 的水泥浆（质量比），随后分层铺抹防水砂浆，每层厚度为 5～10 mm，总厚度不小于 20 mm。每层应抹压密实，待下一层养护凝固后再铺抹上一层。

2）扫浆法施工

先在基层薄涂一层防水泥浆，随后分层铺刷防水砂浆。第一层防水砂浆经养护凝固后铺刷第二层，每层厚度为 10 mm。相邻两层防水砂浆铺刷方向互相垂直。最后将防水砂浆表面扫出条纹。

3）氯化铁防水砂浆施工

先在基层涂刷一层防水净浆，然后抹底层防水砂浆，其厚 12 mm，分两遍抹压，第一遍砂浆阴干后，抹压第二遍砂浆；底层防水砂浆抹完 12 h 后，抹压面层防水砂浆，其厚 13 mm，分两遍抹压，操作要求同底层防水砂浆。

掺防水剂水泥砂浆的防水层施工后 8～12 h 即应覆盖湿草袋进行养护；24 h 后应定期浇水养护至少 14 d；养护温度不得低于 5 ℃。

7.3.2 防水混凝土防水工程

防水混凝土是通过调整混凝土配合比、掺外加剂或使用新品种水泥等方法，从而提高混凝土的密实性、憎水性和抗渗性而配制的不透水性混凝土。防水混凝土分为普通防水混凝土、外加剂防水混凝土和膨胀水泥防水混凝土，适用于工业与民用建筑的地下防水工程和屋面防水工程。

1. 掺外加剂防水混凝土

外加剂防水混凝土是依靠掺入少量的有机或无机物外加剂以改善混凝土的和易性，提高密实性和抗渗性的防水混凝土。

1）加气剂防水混凝土

加气剂防水混凝土是在外加剂防水混凝土中掺入微量的加气剂配制而成的防水混凝土。混凝土中加入加气剂后，将产生大量微小的均匀的气泡，使其黏滞性增大，不易松散离析，显著地改善了混凝土的和易性；同时抑制了沉降离析和泌水作用，减少了混凝土结构的缺陷；又由于大量微细气泡的存在，堵塞了混凝土中的毛细管，因此提高了混凝土的抗渗性能，起到了防水作用。加气剂防水混凝土适用于抗渗、抗冻要求较高的防水混凝土工程。常用的加气剂有：松香酸钠，掺量为水泥质量的 0.01%～0.03%；松香热聚物，掺量为水泥质量的 0.1%。加气剂防水混凝土含气量应控制在 3%～6%，水灰比控制在 0.5～0.6。

2）减水剂防水混凝土

减水剂防水混凝土是在混凝土中掺入适量的不同类型减水剂配制而成的防水混凝土。混凝土中加入减水剂后，使水泥具有强烈的分散作用，它借助于极性吸附作用，大大降低了水泥颗粒间的吸引力，有效地阻碍和破坏了颗粒间的凝絮作用，并放出凝絮体中的水，从而提高了混凝土的和易性,在满足施工和易性的条件下可大大地降低拌和水用量,使硬化后孔结构的分布情况得以改变,孔径及总孔隙率均显著减少,毛细孔更加细小、分散和均匀,混凝土的密实性和抗渗性得到提高。常用的减水剂见表7.26。

表7.26 防水混凝土的减水剂

种类		优点	缺点	适用范围
木质素磺酸钙		(1) 有增塑及引气作用,提高抗渗性能最为显著; (2) 有缓凝作用,可推迟水化热峰值出现; (3) 可减水10%~15%或增强10%~20%; (4) 价格低廉,货源充足	(1) 分散作用不及NNO,MF,JN等高效减水剂; (2) 温度较低时,强度发展缓慢,须与早强剂复合作用	一般防水工程均可使用,更适用于大坝、大型设备基础等大体积混凝土工程和夏季施工
多环芳香族磺酸钠	NNO MF JN FDN UNF	(1) 均匀高效减水剂,减水12%~20%,增强15%~20%; (2) 可显著改善和易性,提高抗渗性; (3) MF,JN有引气作用,抗冻性、抗渗性较NNO好; (4) JN减水剂在同类减水剂中价格最低,仅为NNO的40%左右	货源少,价格较贵 生成气泡较大,需用高频振捣器排除气泡以保证混凝土质量	防水混凝土工程均可使用,冬季气温低时,使用更为适宜
糖蜜		(1) 分散作用及其他性能均同木质素磺酸钙; (2) 掺量少,经济效果显著; (3) 有缓凝作用	由于可从中提取酒精、丙酮等副产品,因而货源日趋减少	宜于就地取材,配制防水混凝土

常用减水剂的掺量见表7.27。

表7.27 减水剂的掺量

种类	适宜掺量(占水泥质量的百分比)/%	备注
木钙、糖蜜	0.2~0.3	掺量不大于0.3%,否则将使混凝土强度降低及过分缓凝
NNO.MF	0.5~1	在此范围内只稍微增加混凝土造价,而对混凝土其他性能无大影响
JN	0.5	
UNF-5	0.5	外加0.05%三乙醇胺,抗渗性能好

减水剂防水混凝土的最大施工坍落度可不受50 mm的限制,以50~100 mm为宜。

3) 氯化铁防水混凝土

氯化铁防水混凝土是在混凝土中掺入少量的氯化铁防水剂配制而成的防水混凝土。混凝土中加入氯化铁生成大量氢氧化铁胶体,使混凝土密实性提高;生成的氯化钙对混凝土也起密实作用；同时使易溶性物转化为难溶性物以及降低析水性作用等，从而使得氯化铁防水混凝土具有高抗水性，是抗渗性最好的混凝土。由于氯离子的存在，考虑腐蚀的影响，氯化铁防水混凝土禁止使用在接触直流电流的工程和预应力混凝土工程中。氯化铁防水剂为深棕色溶液，掺量为水泥质量的3%。

2. 防水混凝土施工

1）对材料的要求

防水混凝土不受侵蚀性介质和冻融作用时，可采用标号不低于425号的普通硅酸盐水泥、火山灰质硅酸盐水泥、粉煤灰硅酸盐水泥。掺入外加剂可以采用矿渣硅酸盐水泥。每1 m³混凝土的水泥用量不少于320 kg。防水混凝土石子的最大粒径不应大于40 mm，吸水率不大于1.5%，含砂率控制在35%~40%，灰砂比为1∶2~1∶2.5。防水混凝土水泥品种的选择，见表7.28。

表7.28 防水混凝土的水泥品种

水泥品种	普通硅酸盐水泥	火山灰质硅酸盐水泥	矿渣硅酸盐水泥
优点	早期及后期强度都较高，在低温下强度增长比其他水泥快，泌水性、干缩率	耐水性强，水化热低，抗硫酸盐侵蚀能力较好	水化热低，抗硫酸盐侵蚀性能也优于普通硅酸盐水泥
缺点	抗硫酸盐侵蚀能力及耐水性比火山灰质硅酸盐水泥差	早期强度低，在低温环境形大，抗冻耐磨性差	泌水性和干缩变形大，抗中强度增长较慢，干缩变冻和耐磨性均较差
适用范围	一般地下结构和水中结构及受冻融作用及干湿交替的防水工程，应优先采用本品种水泥；含硫酸盐地下水侵蚀时不宜采用	适用于有硫酸盐侵蚀介质的地下防水工程；受反复冻融及干湿交替作用的防水工程不宜采用	必须采取提高水泥研磨细度或掺入外加剂的办法减小或消除泌水现象后，方可用于一般地下防水工程

防水混凝土对砂、石材质的要求见表7.29。

表7.29 防水混凝土砂、石和材质要求

项目名称	砂						石		
筛孔尺寸	0.16	0.315	0.63	1.25	2.50	5.0	5.0	1/2Dmax	Dmax≤0.3
累计筛余	100	70~95	45~75	20~55	10~35	0~5	95~100	30~65	0~5
含泥量	不大于3%，泥土不得呈块状或包裹砂子表面						不大于1%，且不得呈块状或包裹石子表面		
材质要求	① 宜选用洁净的中砂，内含一定的粉细料；② 颗粒坚实的天然砂或由坚硬的岩石粉碎制成的人工砂						① 坚硬的卵石、碎石（包括矿渣碎石）均可；② 石子粒径宜为5~40 mm		

2）防水混凝土工程的施工

防水混凝土施工时，必须严格控制水灰比，水灰比值不大于0.6，坍落度不大于5 mm。

混凝土必须采用机械搅拌、机械振捣,搅拌时间不应小于 2 min,振捣时间 10～20 s。

防水混凝土施工时,底板混凝土应连续浇筑,不得留施工缝,墙体一般只允许留设水平施工缝,其位置应留在高出底板上表面不小于 200 mm 的墙身上。墙体设有孔洞时,施工缝距孔洞边缘不宜小于 300 mm。此外,施工缝不应留在剪力与弯矩最大处或底板与侧墙交接处。必须留垂直施工缝时,应留在结构的变形缝处。施工缝的接缝形式见图 7-7。

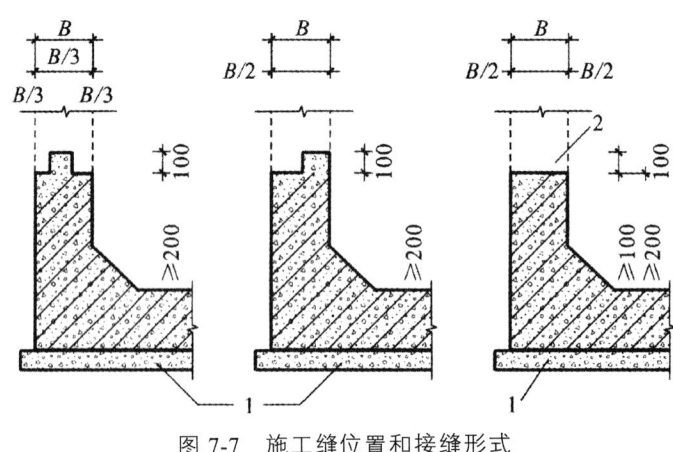

图 7-7 施工缝位置和接缝形式
1—底板;2—金属止水片

在施工缝上继续浇筑混凝土时,应将施工缝处的混凝土表面凿毛、浮粒和杂物清除,用水冲洗干净,保持潮湿,再铺上一层 20～25 mm 厚的水泥砂浆。水泥砂浆所用的材料和灰砂比应与混凝土的材料和灰砂比相同。

防水混凝土应加强养护,充分保持湿润,养护时间不得少于 14 d。

思考题

1. 屋面防水等级是如何划分的?其耐用年限和设防要求有何具体规定?
2. 试述防水工程的分类及其施工特点。
3. 试述冷底子油的分类及其作用。
4. 石油沥青油毡的标号是如何划分的?其贮存有何具体要求?

项目 8 建筑装饰装修工程

【学习目标】

1. 掌握主要装饰工程对材料的质量要求、施工工艺过程和施工方法。
2. 了解建筑装饰装修工程的质量标准及质量保证措施。
3. 一般抹灰工程中对材料的质量要求、施工操作方法,一般抹灰的质量标准和施工注意事项。

【工程导入】

建筑装饰装修是整个建筑工程中的重要组成部分。概括地说,建筑装饰装修的主要作用是:保护主体,延长其使用寿命;增强和改善建筑物的保温、隔热、防潮、隔音等使用功能;美化建筑物及周围环境,给人们创造一个良好的生活、生产的空间。

装饰装修工程的特点是:工程量大,工期长,一般装饰装修工程占项目总工期的 30%～50%;机械化施工的程度差,生产效率较低;工程资金投入大,民用建筑中可占土建部分总造价的 35%～45%;施工质量对建筑物使用功能和整体建筑效果影响很大。装饰装修工程包括抹灰工程、门窗工程、玻璃工程、吊顶工程、隔断工程、饰面板(砖)工程、涂料工程、裱糊工程、刷浆工程、花饰工程等。

8.1 抹灰工程

抹灰工程按工种部位可分为室内抹灰和室外抹灰,按抹灰的材料和装饰效果可分为一般抹灰和装饰抹灰。

一般抹灰采用的是石灰砂浆、混合砂浆、水泥砂浆、麻刀(玻纤)灰、纸筋灰和石膏灰等材料。装饰抹灰按所使用的材料、施工方法和表面效果可分为拉条灰、拉毛灰、洒毛灰、水刷石、水磨石、干粘石、剁斧石及弹涂、滚涂、喷砂等。

8.1.1 一般抹灰施工

1. 一般抹灰的分级、组成和要求

一般抹灰按做法和质量要求分为普通抹灰和高级抹灰两级。

普通抹灰由一层底层、一层中层和一层面层（或一层底层、一层面层）构成。施工要求阳角找方，设置标筋，分层赶平、修整，表面压光。要求表面光滑洁净，分格缝清晰，接槎平整。

高级抹灰由一层底层、数层中层、一面层构成。施工要求阴阳角找方，设置标筋，分层赶平、修整，表面压光。要求表面光滑洁净，颜色均匀，分格缝、线角清晰美观，无抹纹。抹灰工程分层施工主要是为了保证抹灰质量，做到表面平整，避免裂缝，黏结牢固。一般由底层、中层和面层组成，当底层和中层并为一起操作时，则可只分为底层和面层。各层的作用及对材料的要求是：

1）底　层

底层主要起抹面层与基体黏结和初步找平的作用，采用的材料与基层有关。室内砖墙常用石灰砂浆或水泥砂浆；室外砖墙常采用水泥砂浆；混凝土基层常采用素水泥浆、混合砂浆或水泥砂浆；硅酸盐砌块基层应采用水泥混合砂浆或聚合物水泥砂浆；板条基层抹灰常采用麻刀灰和纸筋灰。因基层吸水性强，故砂浆稠度应较小，一般为 10～12 cm。若有防潮、防水要求，则应采用水泥砂浆抹底层。

2）中　层

中层主要起保护墙体和找平作用，采用的材料与基层相同，但稠度可大一些，一般为 7～9 cm。

3）面　层

面层主要起装饰作用。室内墙面及顶棚抹灰常采用麻刀（玻纤）灰、纸筋灰或石膏灰，也可采用大白腻子。室外抹灰可采用水泥砂浆、聚合物水泥砂浆或各种装饰砂浆。砂浆稠度为 10 cm 左右。

抹灰层的平均总厚度要求为：内墙普通抹灰不得大于 18～20 mm，高级抹灰不得大于 25 mm；外墙抹灰，墙面不得大于 20 mm，勒脚及突出墙面部分不得大于 25 mm；顶棚抹灰当基层为板条、空心砖或现浇混凝土时不得大于 15 mm，预制混凝土不得大于 18 mm，金属网顶棚抹灰不得大于 20 mm。

2. 一般抹灰的材料和抹灰砂浆的配置

1）抹灰砂浆的材料

（1）胶凝材料。

在抹灰工程中，胶凝材料主要有水泥、石灰、石膏等。

常用的水泥有硅酸盐水泥、普通硅酸盐水泥和矿渣硅酸盐水泥等，标号在 325 号以上。不同品种的水泥不得混用，不得采用未做处理的受潮、结块水泥，出厂已超过 3 个月的水泥应经试验后，方可使用。

在抹灰工程中采用的石灰为块状生石灰经熟化陈伏后淋制成的石灰膏。为保证过火生石灰的充分熟化，以避免后期熟化引起的抹灰层的起鼓和开裂，生石灰的熟化时间，一般应不少于 15 d，如用于拌制罩面灰，则应不少于 30 d。

（2）砂。

一般抹灰砂浆中采用的为普通中砂（细度模数为 3.0～2.6），或与粗砂（细度模数为 3.7～3.1）混合掺用。抹灰用砂要求颗粒坚硬洁净，含黏土、淤泥不超过 3%，在使用前需过筛，去除粗大颗粒及杂质。应根据现场砂的含水率及时调整砂浆拌和用水量。

（3）纤维材料。

麻刀、纸筋、玻璃纤维是抹灰砂浆中常掺加的纤维材料，在抹灰层中主要起拉结作用，以提高其抗裂能力和抗拉强度，同时可增加抹灰层的弹性和耐久性，使其不易脱落。麻刀应均匀、干燥、不含杂质，长度以 20～30 mm 为宜，用时将其敲打松散。纸筋（即粗草纸）分干、湿两种，拌和纸筋灰用的干纸筋应用水浸透、捣烂，湿纸筋可直接掺用，罩面纸筋应机碾磨细。玻璃纤维丝配制抹面灰浆，耐热，耐久，耐腐蚀，其长度以 10 mm 左右为宜，但使用时要采取保护措施，以防其刺激皮肤。

2）一般抹灰砂浆的配制

一般抹灰砂浆拌和时通常采用质量配合比，材料应称量搅拌。配料的误差，水泥应在 ±2% 以内，砂子、石灰膏应控制在 ±5% 以内。砂浆应搅拌均匀，一次搅拌量不宜过多，最好随拌随用。拌好的砂浆堆放时间不宜过久，应控制在水泥初凝前用完。

抹灰砂浆的拌制可采用人工拌制或机械拌制。一般中型以上工程均采用机械搅拌。机械搅拌可采用纸筋灰搅拌机和灰浆搅拌机。

3. 抹灰工具

常用手工抹灰工具有以下几种：

1）抹子

抹子是将灰浆施于抹灰面上的主要工具，有铁抹子、钢皮抹子、压子、塑料抹子、木抹子、阴阳角抹子等若干种，分别用于抹制底层灰、面层灰、压光、搓平压实、阴阳角压光等抹灰操作。

2）木制工具

木制工具主要有木杠、刮尺、靠尺、靠尺板、方尺、托线板等，分别用于抹灰层的找平，做墙面棱角，测阴阳角的方正和靠吊墙面的垂直度。其中托线板的构造如图 8-1 所示。使用时将板的侧边靠紧墙面，根据中悬垂线偏离下端取中缺口的程度，即可确定墙面的垂直度及偏差。托线板也可用铝合金方通制作。

3）其他工具

其他工具有毛刷、钢丝刷、茅草把、喷壶、水壶、弹线墨斗等，分别用于抹灰面的洒水，清刷基层，木抹子搓平时洒水及墙面洒水、浇水用。

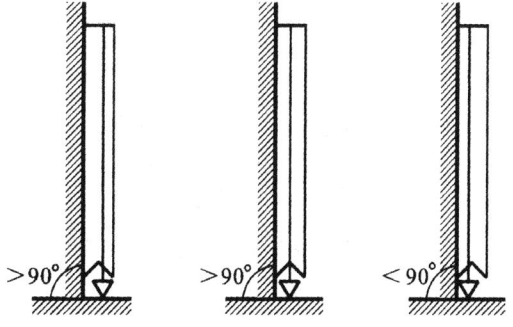

图 8-1 托线板的构造及使用示意图

4. 一般抹灰的施工方法

1）内墙一般抹灰

内墙一般抹灰操作的工艺流程为：

基体表面处理→浇水润墙→设置标筋→阳角做护角→抹底层、中层灰→窗台板、踢脚板或墙裙→抹面层灰→清理

下面介绍各主要工序的施工方法及技术要求。

（1）基体表面处理。

为使抹灰砂浆与基体表面黏结牢固，防止抹灰层产生空鼓、脱落，抹灰前应对基体表面的灰尘、污垢、油渍、碱膜、跌落砂浆等进行清除。对墙面上的孔洞、剔槽等用水泥砂浆进行填嵌。门窗框与墙体交接处缝隙应用水泥砂浆或混合砂浆分层嵌堵。

不同材质的基体表面应作相应处理，以增强其与抹灰砂浆之间的黏结强度。光滑的混凝土基体表面，应凿毛或刷一道素水泥浆（水灰比为0.37~0.4），如设计无要求，可不抹灰，用刮腻子处理；板条墙体的板条间缝不能过小，一般以8~10 mm为宜，使抹灰砂浆能挤入板缝空隙，保证灰浆与板条的牢固嵌接；加气混凝土砌块表面应清扫干净，并刷一道107胶的1:4的水溶液，以形成表面隔离层，缓解抹面砂浆的早期脱水，提高黏结强度；木结构与砌石砌体、混凝土结构等相接处，应先铺设金属网并绷紧牢固，金属网与各基体间的搭接宽度每侧不应小于100 mm。

（2）设置标筋。

为有效地控制抹灰厚度，特别是保证墙面垂直度和整体平整度，在抹底、中层灰前应设置标筋，作为抹灰的依据。

设置标筋亦为找规矩，分为做灰饼和做标筋两个步骤。

做灰饼前，应先确定灰饼的厚度。先用托线板和靠尺检查整个墙面的平整度和垂直度，根据检查结果确定灰饼的厚度，一般最薄处不应小于7 mm。先在墙面距地1.5 m左右的高度距两边阴角100~200 mm处，按所确定的灰饼厚度用抹灰基层砂浆各做一个50 mm×50 mm见方的矩形灰饼，然后用托线板或线锤在此灰饼面吊挂垂直做对应上下的两个灰饼。

上方和下方的灰饼应距顶棚和地面150~200 mm左右，其中下方的灰饼应在踢脚板上口以上。随后在墙面上方和下方的左右两个对应灰饼之间，用钉子钉在灰饼外侧的墙缝内，以灰饼为准，在钉子间拉水平横线，沿线每隔1.2~1.5 m补做灰饼（见图8-2）。

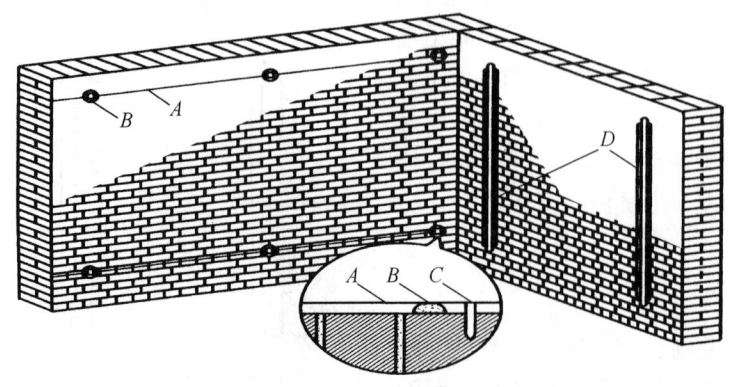

图8-2 灰饼、标筋做法示意图
A—引线；B—灰饼（标志块）；C—钉子；D—冲筋

标筋是以灰饼为准,在灰饼间所做的灰埂,作为抹灰平面的基准。具体做法是用于底层抹灰相同的砂浆在上下两个灰饼间先抹一层,再抹第二层,形成宽度为 100 mm 左右,厚度比灰饼高出 10 mm 左右的灰埂,然后用木杠紧贴灰饼搓动,直至把标筋搓得与灰饼齐平为止。最后要将标筋两边用刮尺修成斜面,以便与抹灰面接槎顺平。标筋的另一种做法是采用横向水平标筋。此种做法与垂直标筋相同,同一墙面的上下水平标筋应在同一垂直面内。标筋通过阴角时,可用带垂球的阴角尺上下错动,直至上下两条标筋形成相同且角顶在同一垂线上的阴角。阳角可用长阳角尺同样合在上下标筋的阳角处搓动,形成角顶在同一垂线上的标筋阳角。水平标筋的优点是可保证墙体在阴、阳转角处的交线顺直,并垂直于地面,避免出现阴、阳交线扭曲不直的弊病。同时水平标筋通过门窗框,有标筋控制,墙面与框面可接合平整。横向水平标筋示意图见图 8-3。

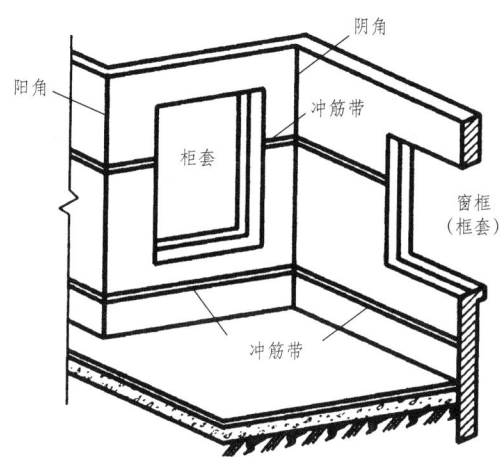

图 8-3 横向水平标筋示意图

(3)做护角。

为保护墙面转角处不易遭碰撞损坏,在室内抹面的门窗洞口及墙角、柱面的阳角处应做水泥砂浆护角。图 8-4 为护角示意图。护角高度一般不低于 2 m,每侧宽度不小于 50 mm。具体做法是先将阳角用方尺规方,靠门框一边以门框离墙的空隙为准,另一边以墙面灰饼厚度

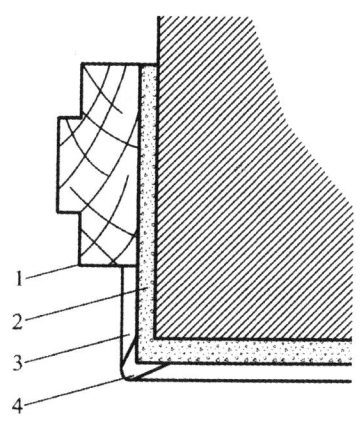

图 8-4 护角示意图
1—门框;2—底层灰;3—面层灰;4—护角

为依据。最好在地面上划好准线，按准线用砂浆粘好靠尺板，用托线板吊直，方尺找方。然后在靠尺板的另一边墙角分层抹1：2水泥砂浆，与靠尺板的外口平齐。然后把靠尺板移动至已抹好护角的一边，用钢筋卡子卡住，用托线板吊直靠尺板，把护角的另一面分层抹好。取下靠尺板，待砂浆稍干时，用阳角抹子和水泥素浆捋出护角的小圆角，最后用靠尺板沿顺直方向留出预定宽度，将多余砂浆切出40°斜面，以便抹面时与护角接槎。

（4）抹底层、中层灰。

待标筋有一定强度后，即可在两标筋间用力抹上底层灰，用木抹子压实搓毛。待底层灰收水后，即可抹中层灰，抹灰厚度应略高于标筋。中层抹灰后，随即用木杠沿标筋刮平，不平处补抹砂浆，然后再刮，直至墙面平直为止。紧接着用木抹子搓压，使表面平整密实。阴角处先用方尺上下核对方正（水平横向标筋可免去此步），然后用阴角器上下抽动扯平，使室内四角方正为止。

（5）抹面层灰

待中层灰有六七成干时，即可抹面层灰。操作一般从阴角或阳角处开始，自左向右进行。一人在前抹面灰，另一人其后找平整，并用铁抹子压实赶光。阴、阳角处用阴、阳角抹子捋光，并用毛刷蘸水将门窗圆角等处刷干净。高级抹灰的阳角必须用拐尺找方。

2）外墙一般抹灰

外墙一般抹灰的工艺流程为：

基体表面处理→浇水润墙→设置标筋→抹底层、中层灰→弹分格线、嵌分格条→抹面层灰→起分格条→养护

外墙抹灰的做法与内墙抹灰大部分相似，下面只介绍其特殊的几点。

（1）抹灰顺序。

外墙抹灰应先上部后下部，先檐口再墙面。大面积的外墙可分块同时施工。高层建筑的外墙面可在垂直方向适当分段，如一次抹完有困难，可在阴、阳角交接处或分格线处间断施工。

（2）嵌分格条，抹面层灰及分格条的拆除。

待中层灰六七成干后，按要求弹分格线。分格条为梯形截面，浸水湿润后两侧用黏稠的素水泥浆与墙面抹成45°角黏结，嵌分格条时，应注意横平竖直，接头平直。如当天不抹面层灰，分格条两边的素水泥浆应与墙面抹成60°角。

面层灰应抹得比分格条略高一些，然后用刮杠刮平，紧接着用木抹子搓平，待稍干后再用刮杠刮一遍，用木抹子搓磨出平整、粗糙、均匀的表面。

面层抹好后，最可拆除分格条，并用素水泥浆把分格缝勾平整。如果不是当即拆除分格条，则必须待面层达到适当强度后才可拆除。

3）顶棚一般抹灰

顶棚抹灰一般不设置标筋，只需按抹灰层的厚度在墙面四周弹出水平线作为控制抹灰层厚度的基准线。若基层为混凝土，则需在抹灰前在基层上用掺10%107胶的水溶液或水灰比为0.4的素水泥浆刷一遍作为结合层。抹底灰的方向应与楼板及木模板木纹方向垂直。抹中层灰后，用木刮尺刮平，再用木抹子搓平。面层灰宜两遍成活，两道抹灰方向垂直，抹完后按同一方向抹压赶光。顶棚的高级抹灰，应加钉长350～450mm的麻束，间距为400mm，

并交错布置，分别按放射状梳理抹进中层灰浆内。

5. 一般抹灰的质量标准

一般抹灰面层的外观质量应符合下列规定：

普通抹灰：表面光滑、洁净，接槎平整。

中级抹灰：表面光滑、洁净，接槎平整，灰线清晰顺直。

高级抹灰：表面光滑、洁净，颜色均匀，无抹纹，灰线平直方正、清晰美观。

抹灰工程的面层不得有爆灰和裂缝。各抹灰层之间及抹灰层与基体间应黏结牢固，不得有脱层、空鼓等缺陷。一般抹灰工程质量的允许偏差应符合表 8.1 的规定。

表 8.1 一般抹灰质量的允许偏差

项次	项目	允许偏差/mm			检验方法
		普通抹灰	中级抹灰	高级抹灰	
1	表面平整	5	4	2	用 2 m 直尺和楔形塞尺检查
2	阴、阳角垂直		4	2	用 2 m 托线板和尺检查
3	立面垂直		5	3	
4	阴、阳角方正		4	2	用 200 mm 方尺检查
5	分格条（缝）平直			3	拉 5 m 线和尺检查

注：① 外墙一般抹灰，立面总高度的垂直偏差应符合现行《砖石工程施工及验收规范》、《混凝土结构工程施工及验收规范》和《装配式大板居住建筑结构设计和施工规程》的有关规定。
② 中级抹灰，本表第 4 项阴角方正可不检查。
③ 顶棚抹灰，本表第 1 项表面平整可不检查，但应顺平。

8.1.2 装饰抹灰施工

装饰抹灰除具有与一般抹灰相同的功能外，主要是装饰艺术效果更加鲜明。装饰抹灰的底层和中层的做法与一般抹灰基本相同，只是面层的材料和做法有所不同。

装饰抹灰面层所用的材料有彩色水泥、白水泥和各种颜料及石粒，石粒中较为常用的是大理石石粒，具有多种色泽。常用大理石石粒的品种、规格及质量要求见表 8.2。

表 8.2 常用大理石石粒的规格、品种及质量要求

规格与粒径对照		常用品种	质量要求
俗称规格	粒径/mm		
大二分	≈20	汉白玉，奶油白，黄花玉，桂林白、松香黄，晚霞，蟹青，银河，雪云，齐灰，东北红，桃红，南京红，铁岭红，东北绿，丹东绿，莱阳绿，潼关绿，东北黑，竹根霞，苏州黑，大连黑，湖北黑，芝麻黑，墨玉	颗粒坚韧，有棱角，洁净，不得含有风化石粒及碱质或其他有机物质。使用时应冲洗过筛
一分半	≈15		
大八厘	≈8		
中八厘	≈6		
小八厘	≈4		
米粒石	≈2		

1. 水磨石

现制水磨石一般适用于地面施工,墙面水磨石通常采用水磨石预制贴面板镶贴。

地面现制水磨石的施工工艺流程为:

基层处理→抹底、中层灰→弹线,贴镶嵌条→抹面层石子浆→水磨面层→涂草酸磨洗→打蜡上光

1)弹线,贴镶嵌条

在中层灰验收合格相隔 24 h 后,即可弹线并镶嵌条。嵌条可采用玻璃条或铜条。玻璃条规格为宽×厚 = 10 mm×3 mm,铜条规格为宽×厚 = 10 mm×(1~1.2)mm。镶嵌条时,先用靠尺板与分格线对齐,将其压好,然后把嵌条与靠尺板贴紧,用素水泥浆在嵌条另一侧根部抹成八字形灰埂,其灰浆顶部比嵌条顶部低 3 mm 左右,然后取下靠尺板,在嵌条另一侧抹上对称的灰埂,见图 8-5。

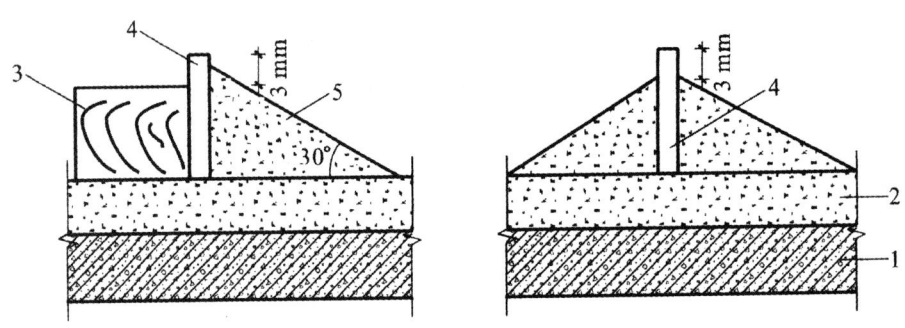

图 8-5 水磨石地面镶嵌条示意图
1—混凝土基层;2—底、中层抹灰;3—靠尺板;4—嵌条;5—素水泥浆灰埂

2)抹水泥石子浆

将嵌条稳定好,浇水养护 3~5 d 后,抹水泥石子面层。具体操作为:清除地面积水和伏灰,接着刷素水泥浆一遍,然后铺设面层水泥石浆,铺设厚度高于嵌条 1~2 mm。铺完后,在表面均匀撒一层石粒,拍实压平,用滚筒压实,待出浆后,用抹子抹平,24 h 后开始养护。

3)磨 光

开磨时间以石粒不松动为准。通常磨 4 遍,使全部嵌条外露。第一遍磨后将泥浆冲洗干净,稍干后擦同色水泥浆,养护 2~3 d。第二遍用 100~150 号金刚砂洒水后将表面磨至平滑,用水冲洗后养护 2 d。第三遍用 180~240 号金刚砂或油石洒水后磨至表面光亮,用水冲洗擦干。第四遍在表面涂擦草酸溶液[热水:草酸 = 1:0.35(质量比),冷却后备用],再用 280 号油石细磨,直至磨出白浆为止。冲洗后晾干,待地面干燥后进行打蜡。

水磨石的外观质量要求为:表面平整、光滑,石子显露均匀,不得有砂眼、磨纹和漏磨,嵌条位置准确,全部露出。水磨石质量的允许偏差见表 8.3。

表 8.3 装饰抹灰质量的允许偏差

项次	项目	允许偏差/mm													检验方法
		水刷石	水磨石	斩假石	干粘石	假面砖	拉条灰	拉毛灰	洒毛灰	喷砂	喷涂	滚涂	弹涂	仿石彩色抹灰	
1	表面平整	3	2	3	5	4	4	4	4	5	4	4	4	3	用 2 m 直尺和楔形塞尺检查
2	阴阳角垂直	4	2	3	4		4	4	4		4	4	4	3	用 2 m 托线板和尺检查
3	立面垂直	5	3	4	5	5	5	5	5	5	5	5	5	4	
4	阴阳角方正	3	2	3	4	4	4	4	4	4	4	4	4	3	用 200 mm 方尺检查
5	墙裙上口平直	3	3	3										3	拉 5 m 线检查,不足
6	分格条(缝)平直	3	2	3	3	3				3	3	3	3	3	5 m 拉通线检查

注:① 外墙面装饰抹灰,立面总高度的垂直偏差见表 8.1。
② 水刷石、斩假石、干粘石、假面砖、拉毛灰、洒毛灰等装饰抹灰,表中第 4 项阴角方正可不检查。

2. 水刷石

水刷石是常用的一种外墙装饰抹灰。面层材料的水泥可采用彩色水泥、白水泥或普通水泥。颜料应选耐碱、耐光、分散性好的矿物颜料。骨料可选用中、小八厘石粒,玻璃碴,粒砂或蚵壳,骨料颗粒应坚硬、均匀、洁净,色泽一致。

水刷石的施工工艺流程:

基层处理→抹底、中层灰→弹线,贴分格条→抹面层石子浆→冲刷面层→起分格条及浇水养护

1)抹面层石子浆

待中层砂浆初凝后,酌情将中层抹灰层润湿,紧跟着用水灰比为 0.4 的素水泥浆满刮一遍,随即抹面层石子浆。石子浆面层稍收水后,用铁抹子把面层浆满压一遍,把露出的石子棱尖轻轻拍平,然后用刷子蘸水刷一遍,再通压一遍。如此反复刷压不少于三遍,最后用铁抹子拍平,使表面石子大面朝外,排列紧密均匀。

2)冲刷面层

冲刷面层是影响水刷石质量的关键环节。此工序应待面层石子浆刚开始初凝时进行(手指按上去不显指痕,用刷子刷表面而石粒不掉时)。冲刷分两遍进行。第一遍用软毛刷蘸水刷掉面层水泥浆,露出石粒。第二遍紧跟着用喷雾器向四周相邻部位喷水,把表面水泥浆冲掉,石子外露约为 1/2 粒径,使石子清晰可见,均匀密布。喷水顺序应由上至下,喷水压力要合适,且应均匀喷洒。喷头离墙 10~20 cm。前道工序完成后用清水(水管或水壶)从

上到下冲净表面。冲刷的时间要严格掌握，过早或过度，则石子显露过多，易脱落；冲刷过晚则水泥浆冲刷不净，石子显露不够或饰面浑浊，影响美观。冲刷的顺序应由上而下分段进行，一般以每个分格线为界。为保护未喷刷的墙面面层，冲刷上段时，下段墙面可用牛皮纸或塑料布将下段贴盖，将冲刷的水泥浆外排。若墙面面积较大，则应先罩面先冲洗，后罩面后冲洗。罩面顺序也是先上后下，这样既可保证各部分的冲刷时间，又可保护下段墙面不受到损坏。

3）起分格条

冲刷面层后，适时起出分格条，用小线抹子顺线溜平，然后根据要求用素水泥浆做出凹缝并上色。

水刷石的外观质量要求是石粒清晰，分布均匀，紧密平整，色泽一致，不得有掉粒和接槎痕迹。其质量的允许偏差见表8.3。

3. 斩假石

斩假石是一种在硬化后的水泥石子浆面层上用斩斧等专用工具斩琢，形成有规律剁纹的一种装饰抹灰方法。其骨料宜采用小八厘或石屑，成品的色泽和纹理与细琢面花岗石或白云石相似。

斩假石的施工工艺流程：

基层处理→抹底、中层灰→弹线，贴分格条→抹面层水泥石子浆→养护→斩剁面层

1）抹面层

在已硬化的水泥砂浆中层（1∶2水泥砂浆）上，洒水湿润，弹线并贴好分格条，用素水泥浆刷一遍，随即抹面层。面层石粒浆的配比为1∶1.25或1∶1.5，稠度为5～6 cm，骨料采用2 mm粒径的米粒石，内掺0.3 mm左右粒径的白云石屑。面层抹面厚度为12 mm，抹后用木抹子打磨拍平，不要压光，但要拍出浆，随势上下溜直，每分格区内一次抹完。抹完后，随即用软毛刷蘸水顺将剁纹的方向把水泥浆轻刷掉露出石粒，但注意不要用力过重，以免石粒松动。抹完24 h后浇水养护。

2）斩剁面层

在正常温度（15～30 ℃）下，面层养护2～3 d后即可试剁，试剁时以石粒不脱掉，较易剁出斧迹为准。采用的斩剁工具有斩斧、多刃斧、花锤、扁凿、齿凿、尖锥等。斩剁的顺序一般为先上后下，由左至右，先剁转角和四周边缘，后剁大面。斩剁前，应先弹顺线，相距约10 cm，按线斩剁，以免剁纹跑斜。剁纹深度一般以1/3石粒粒径为宜。为了美观，一般在分格缝和阴、阳角周边留出15～20 mm的边框线不剁。斩剁完后，墙面应用清水冲刷干净，起出分格条，用钢丝刷刷净分格缝处，按设计要求，可在缝内做凹缝并上色。

斩假石的表观质量标准是：剁纹均匀顺直，深浅一致，不得有漏剁处。阳角处横剁或留出不剁的边条，应宽窄一致，棱角不得有损坏。

以上所介绍的3种装饰抹灰其共同特点是采用适当的施工方法，显露出面层中的石粒，以呈现天然石粒的质感和色泽，达到装饰目的。所以此类装饰抹灰又称为石碴类装饰抹灰。

该类装饰抹灰还有干粘石、扒拉石、拉假石、喷粘石等做法。

8.2 饰面板（砖）工程

饰面板（砖）工程内容很广，按板面材料分类，主要有天然石板饰面、人造石板饰面、陶瓷面砖饰面和金属板饰面等。

8.2.1 饰面板施工

饰面板泛指天然大理石、花岗石饰面板和人造石饰面板，其施工工艺基本相同。

1. 材质要求

1）天然大理石板材

建筑装饰工程上所指的大理石是广义的，除指大理岩外，还包括所有具有装饰功能的，可以磨平、抛光的各种碳酸盐类的沉积岩和与其有关的变质岩。大理石属中硬石材，其质地均匀，色彩多变，纹理美观，是良好的饰面材料。但大理石耐酸性差，在潮湿且含较多 CO_2 和 SO_2 的大气中，易受侵蚀，使其表面失去光泽，甚至遭到破坏，故大理石饰面板除某些特殊品种（如汉白玉、艾叶青等），一般不宜用于室外或易受有害气体侵蚀的环境中。

对大理石板材的质量要求为：光洁度高，石质细密，色泽美观，棱角整齐，表面不得有隐伤、风化、腐蚀等缺陷。

2）天然花岗石板材

装饰工程上所指的花岗石除常见的花岗岩外还泛指各种以石英、长石为主要组成矿物，含有少量云母和暗色矿物的火成岩和与其有关的变质岩。天然花岗石板材材质坚硬、密实，强度高，耐酸性好，属硬石材。

品质优良的花岗石，结晶颗粒细而分布均匀，含云母少而石英多。其颜色有黑白、青麻、粉红、深青等，纹理呈斑点状，常用于室外墙地饰面，为高级饰面板材。粗磨和磨光板材的常用规格有 400 mm × 400 mm，600 mm × 600 mm，600 mm × 900 mm，1 070 mm × 750 mm 等，厚度为 20 mm。

对花岗石饰面板的质量要求为：棱角方正，规格尺寸符合设计要求，不得有隐伤（裂纹、砂眼）、风化等缺陷。

3）人造石饰面板材

人造石饰面板有聚酯型人造大理石饰面板、水磨石饰面板和水刷石饰面板等。聚酯型人造石饰面板是以不饱和聚酯为胶凝材料，以石英砂、碎大理石、方解石为骨料，经搅拌、人模成型、固化而成的人造石材。

水磨石饰面板材的质量要求为：楞角方正，表面平整，光滑洁净，石粒密实均匀，背面有粗糙面，几何尺寸准确。水刷石饰面板材的质量要求为石粒清晰，色泽一致，无掉粒缺陷，板背面有粗糙面，几何尺寸准确。

2. 安装工艺

饰面板的安装工艺有传统湿作业法（灌浆法）、干挂法和直接粘贴法。

1）传统湿作业法

传统湿作业法的施工工艺流程：

材料准备→基层处理，挂钢筋网→弹线→安装定位→灌水泥砂浆→整理、擦缝

（1）材料准备。

饰面板材安装前，应分选检验并试拼，使板材的色调、花纹基本一致，试拼后按部位编号，以便施工时对号安装。对已选好的饰面板材进行钻孔剔槽，以系固铜丝或不锈钢丝。每块板材的上、下边钻孔数各不得少于2个，孔位宜在板宽两端1/3～1/4处，孔径5 mm左右，孔深15～20 mm，直孔应钻在板厚度的中心位置。为使金属丝绕过板材穿孔时，不搁占板材水平接缝，应在金属丝绕过部位轻剔一槽，深约5 mm。

（2）基层处理，挂钢筋网。

把墙面清扫干净，剔出预埋件或预埋筋，也可在墙面钻孔固定金属膨胀螺栓。对于加气混凝土或陶粒混凝土等轻型砌块砌体，应在预埋件固定部位加砌黏土砖或局部用细石混凝土填实，然后用φ6钢筋纵横绑扎成网片与预埋件焊牢。纵向钢筋间距500～1000 mm。横向钢筋间距视板面尺寸而定，第一道钢筋应高于第一层板的下口100 mm处，以后各道均应在每层板材的上口以下10～20 mm处设置。

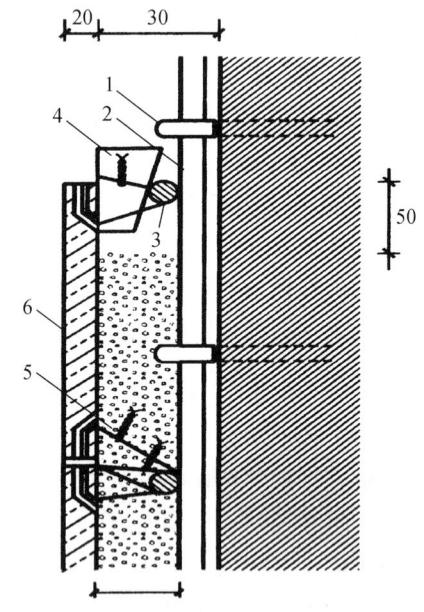

图 8-6 石材饰面板传统湿作业法安装固定示意图

1—预埋筋；2—竖筋；3—横筋；4—定位木楔；5—铜丝；6—大理石饰面板

（3）弹线定位。

弹线分为板面外轮廓线和分块线。外轮廓线弹在地面，距墙面50 mm（即板内面距墙30 mm），如图8-6所示。分块线弹在墙面上，由水平线和垂直线构成，系每块板材的定位线。

（4）安装定位。

根据预排编号的饰面板材，对号入座进行安装。第一匹饰面板材先在墙面两端以外皮弹线为准固定两块板材，找平找直，然后挂上横线，再从中间或一端开始安装。安装时先穿好钢丝，将板材就位，上口略向后仰，将下口钢丝绑扎于横筋上（不宜过紧），将上口钢丝扎紧，并用木楔垫稳，随后用水平尺检查水平，用靠尺检查平整度，用线锤或托线板检查板面垂直度，并用铅皮加垫调整板缝，使板缝均匀一致。一般天然石材的光面、镜面板缝宽为1 mm，凿琢面板缝宽为5 mm。对于人造石饰面板的缝宽，水磨石为2 mm，水刷石为10 mm，聚酯型人造石材为1 mm。调整好垂直、平整、方正后，在板材表面横竖接缝处每隔100～150 mm用石膏浆板材碎块固定。为防止板材背面灌浆时板面移位，根据具体情况可加临时支撑，将板面撑牢。

（5）灌浆。

灌注砂浆一般采用1∶2.5的水泥砂浆，稠度为80～150 mm。灌注前，应浇水将饰面板

及基体表面润湿，然后用小桶将砂浆灌入板背面与基体间的缝隙。灌浆应分层灌入。第一层浇灌高度≤150 mm，并应不大于 1/3 板高。第一层浇灌完 1~2 h 后，再浇灌第二层砂浆，高度 100 mm 左右，即板高的 1/2 左右。第三层灌浆应低于板材上口 50 mm 处，作为施工缝，以保证与上层板材灌浆的整体性。浇灌时应随灌随插捣密实，并及时注意不得漏灌。板材不得外移。当块材为浅色大理石或其他浅色板材时，应采用白水泥、白石屑浆，以防透底，影响饰面效果。

（6）清理擦缝。

一层面板灌浆完毕，待砂浆凝固后，清理上口余浆，隔日拔除上口木楔和有碍上层安装板材的石膏饼，然后按上述方法安装上一层板材，直至安装完毕。全部板材安装完毕后，洁净表面。室内光面、镜面板接缝应干接，接缝处用与板材同颜色水泥浆嵌擦接缝，缝隙嵌浆应密实，其颜色要一致。室外光面或镜面饰面板接缝可干接或在水平缝中垫硬塑料板条，待灌浆砂浆硬化后将板条剔出，用水泥细砂浆勾缝。干接应用与光面板相同的彩色水泥浆嵌缝。粗磨面、麻面、条纹面的天然石饰面板应用水泥砂浆接缝和勾缝，勾缝深度应符合设计要求。

2）干挂法

饰面板的传统湿作业法工序多，操作较复杂，而且易造成黏结不牢，表面接槎不平等弊病，同时仅适用于多、高层建筑外墙首层或内墙面的装饰，墙面高度不大于 10 m。

近年来国内外采用了许多革新的饰面板施工新工艺，其中干挂法是应用较为广泛的一种。干挂法根据板材的加工形式分为普通干挂法和复合墙板干挂法（亦称 G·P·C 法）。干挂法一般适用于钢筋混凝土外墙或有钢骨架的外墙饰面，不能用于砖墙或加气混凝土墙的饰面。

（1）普通干挂法。

普通干挂法是直接在饰面板厚度面和反面开槽或孔，然后用不锈钢连接器与安装在钢筋混凝土墙体内的膨胀金属螺栓或钢骨架相连接。饰面板背面与墙面间形成 80~100 mm 的空气层。板缝间加泡沫塑料阻水条，外用防水密封胶作嵌缝处理。该种方法多用于 30 m 以下的建筑外墙饰面。普通干挂法的施工关键是不锈钢连接器安装尺寸的准确和板面开槽（孔）位置的精确。特别是金属连接器不能用普通的碳素角钢制作，因碳素钢耐腐蚀差，使用中一旦发生锈蚀，将严重污染板面，尤其是受潮或漏水后会产生锈流纹，很难清洗。普通干挂法的构造如图 8-7 所示。

（2）复合墙板干挂法。

复合墙板干挂是以钢筋细石混凝土作衬板，磨光花岗石薄板为面板，经浇筑形成一体的饰面复合板，并在浇筑前放入预埋件，安装时用连接器将板材与主体结构的钢架相连接。复合板可根据使用要求加工成不同的规格，常做成一开间一块的大型板材。加工时花岗石面板通过不锈钢连接环与钢筋混凝土衬板结牢，形成一个整体。为防止雨水的渗漏，上下板材的接缝处设两道密封防水层，第一道在上、下花岗石面板间，第二道在上、下钢筋混凝土衬板间。复合墙板与主体结构间保持一空腔。

该种做法的特点是，施工方便，效率高，节约石材，但对连接件质量要求较高。连接件可用不锈钢制作，国内施工单位也有采用涂刷防腐防锈涂料后进行高温固化处理（400 ℃）

的碳素钢连接件,效果良好。花岗石复合墙板干挂法(G·P·C法)的构造如图8-8所示,该种方法适用于高层建筑的外墙饰面,高度不受限制。

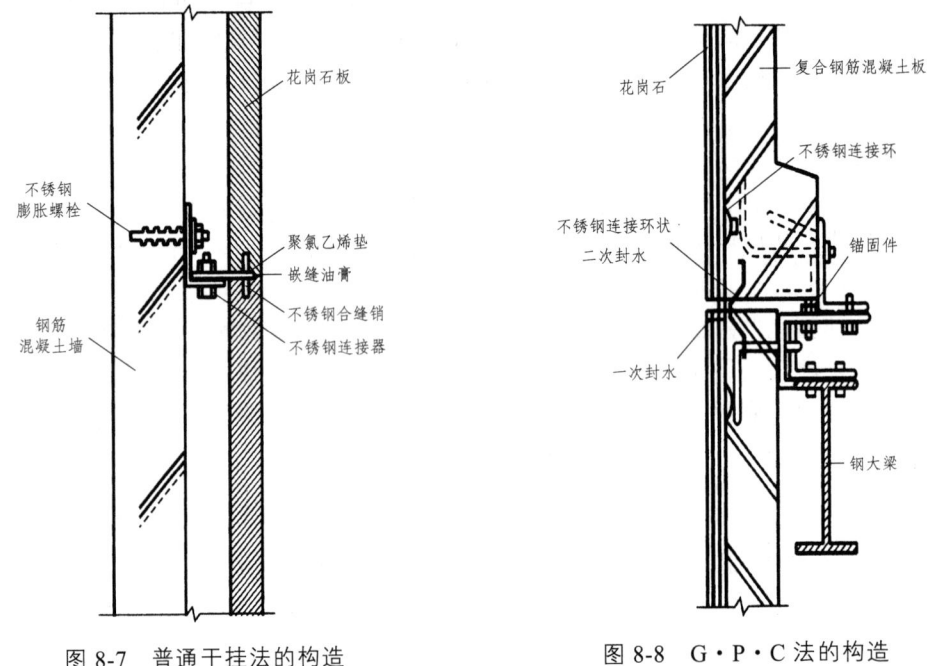

图8-7 普通干挂法的构造　　　图8-8 G·P·C法的构造

3)直接粘贴法

直接粘贴法适用于厚度在10~12mm以下的石材薄板和碎大理石板的铺设。贴接剂可采用不低于325号的普通硅酸盐水泥砂浆或白水泥白石屑浆,也可采用专用的石材黏结剂(如AH-3型大理石专用黏结胶)。对于薄型石材的水泥砂浆粘贴施工,主要应注意在粘贴第一匹时应延水平基准线放一长板作为托底板,防止石板粘贴后下滑。粘贴顺序为由下至上逐层粘贴。粘贴初步定位后,应用橡皮锤轻敲表面,以取得板面的平整和与水泥砂浆接合的牢固。每层用水平尺靠平,每贴三层垂直方向用靠尺靠平。使用黏结剂粘贴饰面板时,特别要注意检查板材的厚度是否一致,如厚度不一致,应在施工前分类,粘贴时分不同墙面分贴不同厚度的板材。

8.2.2 陶瓷面砖的施工

陶瓷面砖包括内墙陶瓷面砖(釉面砖)、外墙陶瓷面砖(墙地砖)、陶瓷锦砖及玻璃锦砖。

1. 材料及质量要求

1)釉面砖

釉面砖是采用瓷土或优质陶土烧制而成的表面上釉薄片状的精陶制品,有白色釉面砖、单色釉面砖、装饰釉面砖、图案釉面砖等多个品种。釉面砖表面光滑，易于清洗，色泽多样，美观耐用。其坯体为白色，有一定的吸水率（不大于21%）。由于釉面砖为多孔精陶，其坯体长期在空气中，特别是在潮湿环境中使用会产生吸湿膨胀，而釉面吸湿膨胀很小，故将釉面砖用于室外，有可能受干湿的作用而引起釉面开裂，以致剥落掉皮。因此釉面砖一般只用于室内而不用于室外。釉面砖有 152 mm × 152 mm × 5 mm，200 mm × 250 mm × 6 mm，300 mm × 200 mm × 6 mm 等多种规格。釉面砖的质量要求为：表面光洁，色泽一致，边缘整齐，无脱釉、缺釉、凸凹扭曲、暗痕、裂纹等缺陷。

2）外墙面砖

外墙面砖是以陶土为原料，半干压法成型，经 1100 ℃ 左右煅烧而成的粗炻类制品。表面可上釉或不上釉。其质地坚实，吸水率较小（不大于10%），色调美观，耐水抗浆冻，经久耐用。外墙面砖有 150 mm × 75 mm × 12 mm，200 mm × 100 mm × 12 mm，260 mm × 65 mm × 8 mm 等种规格。外墙面砖的质量要求为：表面光洁，质地坚固，尺寸、色泽一致，不得有暗痕和裂纹。

3）陶瓷锦砖和玻璃锦砖

陶瓷锦砖（俗称马赛克，亦称纸皮砖）是以优质瓷土烧制而成片状小瓷砖再拼成各种图案反贴在底纸上的饰面材料。其质地坚硬，经久耐用，耐酸、耐碱、耐磨，不渗水，吸水率小（不大于 0.2%），是优良的室内外墙面（或地面）饰面材料。陶瓷锦砖成联供应，每联的尺寸一般为 305.5 mm × 305.5 mm。

玻璃锦砖是用玻璃烧制而成的小块贴于纸上而成的饰面材料，有乳白、珠光、蓝、紫、橘黄等多种花色。其特点是质地坚硬，性能稳定，表面光滑，耐大气腐蚀，耐热、耐冻、不龟裂。其背面呈凹形有棱线条，四周有八字形斜角，使其与基层砂浆结合牢固。玻璃锦砖每联的规格为 325 mm × 325 mm。

陶瓷锦砖和玻璃锦砖的质量要求为：质地坚硬，边棱整齐，尺寸正确，脱纸时间不得大于 40 min。

2. 基层处理和准备工作

饰面砖应镶贴在湿润、干净的基层上，同时应保证基层的平整度、垂直度和阴、阳角方正。为此，在镶贴前应对基体进行表面处理。对于纸面石膏板基体，可将板缝用嵌缝腻子嵌填密实，并在其上粘贴玻璃丝网格布（或穿孔纸带）使之形成整体。对于砖墙、混凝土墙或加气混凝土墙可分别采用清扫湿润、刷聚合物水泥浆、喷甩水泥细砂浆或刷界面处理剂、铺钉金属网等方法对基体表面进行处理，然后贴灰饼，设置标筋，抹找平层灰，用木抹子搓平，隔天浇水养护。找平层灰浆对于砖墙、混凝土墙采用 1:3 水泥砂浆，对于加气混凝土墙应采用 1:1:6 的混合砂浆。

釉面砖和外墙面砖镶贴前应按其颜色的深浅（色差）进行挑选分类，并用自制套模对面砖的几何尺寸进行分选，以保证镶贴质量。然后浸水润砖，时间 4 h 以上，将其取出阴干至表面无水膜（以手摸无水感为宜），再堆入备用。冬季施工，宜用掺入 2% 盐的温水泡砖。

3. 镶贴施工方法

1）内墙釉面砖镶贴

镶贴前，应在水泥砂浆基层上弹线分格，弹出水平、垂直控制线。在同一墙面上的横、竖排列中，不宜有一行以上的非整砖，非整砖行应安排在次要部位或阴角处。

在镶贴釉面砖的基层上用废面砖按镶贴厚度上下左右做灰饼，并上下用托线板校正垂直，横向用线绳拉平，按 1 500 mm 间距补做灰饼。阳角处做灰饼的面砖正面和侧边均应吊垂直，即所谓双面挂直。

镶贴用砂浆宜采用 1∶2 水泥砂浆，砂浆厚度 6～10 mm。为改善砂浆的和易性，可掺不大于水泥质量 15% 的石灰膏。釉面砖的镶贴也可采用专用胶黏剂或聚合物水泥浆，后者的配比（质量比）为水泥∶107 胶∶水 = 10∶0.5∶2.6。采用聚合物水泥浆不但可提高其黏结强度，而且可使水泥浆缓凝，利于镶贴时的压平和调整操作。

釉面砖镶贴前，先应湿润基层，然后以弹好的地面水平线为基准，从阳角开始逐一镶贴。镶贴时用铲刀在砖背面刮满砂浆，四边抹出坡口，再准确置于墙面，用铲刀木柄轻击面砖表面，使其落实贴牢，并随即将挤出的砂浆刮净。镶贴过程中，随时用靠尺以灰饼为准检查平整度和垂直度。如发现高出标准砖面，'应立即压挤面砖；如低于标准砖面，应揭下重贴，严禁从砖侧边挤塞砂浆。接缝宽度应控制在 1～1.5 mm 范围内，并保持宽窄一致。镶贴完毕后，应用棉纱净水及时擦净表面余浆，并用薄皮刮缝，然后用同色水泥浆嵌缝。

镶贴釉面砖的基层表面遇到突出的管线、灯具、卫生设备的支承等，应用整砖套割吻合，不得用非整砖拼凑镶贴。同时在墙裙、浴盆、水池的上口和阴、阳角处应使用配件砖，以便过渡圆滑、美观，同时不易碰损。

2）外墙面砖镶贴

外墙底、中层灰抹完后，养护 1～2 d 即可镶贴施工。镶贴前应在基层上弹基准线，方法是：在外墙阳角处用线锤吊垂线并经经纬仪校核，用花篮螺丝将钢丝绷紧作为基准线。以基准线为准，按预排大样先弹出顶面水平线，然后每隔约 1 000 mm 弹一垂线。在层高范围内按预排实际尺寸和面砖块数弹出水平分缝、分层皮数线。一般要求外墙面砖的水平缝与窗台面在同一水平线上，阳角到窗口都是整砖。外墙面砖一般都为离缝镶贴，可通过调整分格缝的尺寸（一个墙面分格缝尺寸应统一）来保证不出现非整砖。

3）陶瓷锦砖和玻璃锦砖的镶贴

陶瓷锦砖镶贴前的准备工作，如基层处理、弹线分格与镶贴外墙面砖和内墙釉面砖基本相同。只是由于锦砖的粘贴砂浆层较薄，故对找平层抹灰的平整度要求更高一些。弹线一般根据锦砖联的尺寸和接缝宽度（与线路宽度同）进行，水平线每 1 联弹 1 道，垂直线可每 2～3 联弹 1 道。不是整联的应排在次要部位，同时要避免非整块锦砖的出现。当墙面有水平、垂直分格缝时，还应弹出有分格缝宽度的水平、垂直线。一般情况下，分格缝是用与大面颜色不同的锦砖非整联裁条，平贴嵌入大墙面，形成线条，以增加建筑物墙面的立体感。镶贴施工应由二人协同进行，一人先浇水润湿找平层，刷一道掺有 7%～10%107 胶的聚合物水泥浆，随即抹结合层的砂浆，厚度 2～3 mm，用刮尺赶平，再用木抹子搓平，抹灰面积不宜过大，应边抹灰边贴锦砖。

建筑装饰装修工程是建筑物能最终投入使用的不可缺少的一项分部工程，其施工质量的优劣直接影响建筑物的使用功能和其经济、社会价值，故应予以充分重视。

装饰工程主要有抹灰、饰面板（砖）、涂料等几种施工工艺，因其主要位于建筑物内、外部的表层，故对于材料的选择、施工工艺的设计、施工误差的控制等都有其特殊的要求。为达到装饰工程施工的质量要求，在各种具体施工工艺中，应主要注意解决以下3个问题：

（1）基层的良好处理，以保证面层与建筑主体基层可靠地连接。

（2）施工工艺合理，以保证材料的装饰功能及其他功能的充分体现和施工效率的提高。

（3）适宜、有效的施工误差控制措施，以充分发挥材料的装饰性能。

随着各种新型装饰材料的不断涌现，建筑施工要及时发展相应的施工工艺。学习好本章内容，对于全面掌握建筑施工这门课程是非常必要的。

思考题

1. 建筑装饰的主要作用是什么？
2. 一般抹灰按做法和质量要求如何分级？各级的具体要求是什么？
3. 抹灰为何要分层施工？一般抹灰各抹灰层的厚度是如何要求的？
4. 什么叫干挂法？与传统湿作业法相比有何优点？

参考文献

[1] 钟汉华. 建筑施工技术. 北京：邮电大学出版社，2008.
[2] 王守剑. 建筑工程施工技术. 北京：工业出版社，2011.
[3] 袁金艳. 房屋建筑学. 北京：北京邮电大学出版社，2013.
[4] 贾瑞晨，甄精莲. 地基与基础. 北京：北京邮电大学出版社，2009.

引用规范名录

[1]　《建筑地基处理技术规范》（JGJ 79—2012）
[2]　《建筑基坑支护技术规程》（JGJ 120—2012）
[3]　《建筑边坡工程技术规范》（GB 50330—2013）
[4]　《建筑桩基技术规范》（JGJ 94—2008）
[5]　《混凝土泵送施工技术规程》（JGJ/T 10—2011）
[6]　《钢筋机械连接技术规程》（JGJ 107—2016）
[7]　《建筑工程大模板技术规程》（JGJ 74—2003）
[8]　《建筑工程冬期施工规范》（JGJ/T 104—2011）